U0801848

基于物联网的“农超对接”的物流体系研究

孙琪恒◎著

吉林科学技术出版社

图书在版编目（CIP）数据

基于物联网的“农超对接”的物流体系研究 / 孙琪恒著. --长春 : 吉林科学技术出版社, 2021.6

ISBN 978-7-5578-8118-4

Ⅰ.①基… Ⅱ. ①孙… Ⅲ. ①物联网－应用－农产品流通－物流管理－研究－中国 Ⅳ. ①F724.72－39

中国版本图书馆 CIP 数据核字(2021)第 103047 号

基于物联网的“农超对接”的物流体系研究

JIYU WULIANWANG DE NONGCHAODUIJIE DE WULIU TIXI YANJIU

著　　孙琪恒
出 版 人　宛　霞
责任编辑　李永百
封面设计　金熙腾达
制　　版　金熙腾达
幅面尺寸　185mm×260mm　1/16
字　　数　300 千字
印　　张　13.25
印　　数　1—1500 册
版　　次　2021 年 6 月第 1 版
印　　次　2022 年 1 月第 2 次印刷

出　　版　吉林科学技术出版社
发　　行　吉林科学技术出版社
地　　址　长春市净月区福祉大路 5788 号
邮　　编　130118
发行部电话/传真　0431-81629529　81629530　81629531
　　　　　　　　81629532　81629533　81629534
储运部电话　0431-86059116
编辑部电话　0431-81629518
印　　刷　保定市铭泰达印刷有限公司

书　　号　ISBN 978-7-5578-8118-4
定　　价　53.00 元

前　言

物联网无论是在全球的制造业还是其他行业领域，均表现出极大的发展潜力。物联网应用在农业领域可激发出更高效的农业生产力，农业领域应用物联网可实现资源环境信息实时感知获取、农业生产过程管理的精细化，以及农产品流通过程中的质量安全追溯。农超对接供应链的进一步优化需要向信息化、网络化、自动化、智能化方向迈进，加强新技术的引进，并确保合作社和超市两个节点的利润提升。因此，将物联网技术应用于农超对接供应链模式中，可以实现在信息共享的条件下动态的生产和管理农产品，有效解决信息不对称问题，降低农超对接供应链中的采购成本、运输成本和相关管理费用等。

农超对接对农产品流通和超市的经营格局带来广泛而深远的影响，这种新的物流体系，不仅需要现代物流发展的支撑，还需要运输、仓储、包装等基础环节的合理规划，同时还要考虑农民、超市和消费者之间信息的畅通。农超对接物流体系有效减少了流通环节，改善了供需关系，对农产品流通模式和超市的经营格局带来广泛而深远的影响。

鉴于此，笔者撰写了《基于物联网的“农超对接”的物流体系研究》一书，本书共分为十二章，分别为：物联网时代的农产品供应链、物流与供应链的关系、物联网与物流的关系、物联网与供应链的关系、农业生产中物联网的应用、农产品供应链管理方法、农超对接的基础认知、农超对接的发展、农超对接的政策支持、农超对接的标准、农超对接协议签订以后的操作、农超对接信息平台的构建——以辽宁省为例。

本书结构严谨，内容翔实，通俗易懂。本着务实、求新与开拓的精神，在总结、研究、提炼的基础上，全面、系统地阐述基于物联网的“农超对接”的物流体系的内容。

笔者在撰写本书的过程中，得到了许多专家学者的帮助和指导，在此表示诚挚的谢意。由于笔者水平有限，加之时间仓促，书中所涉及的内容难免有疏漏之处，希望各位读者多提宝贵意见，以便笔者进一步修改，使之更加完善。

作　者

2021 年 3 月

目　录

第一章 物联网时代的农产品供应链

第一节 物联网基础认知

一、物联网的内涵

物联网（Internet of Things，IOT）是指通过各种信息传感器、射频识别技术、全球定位系统、红外感应器、激光扫描器等各种装置与技术，实时采集任何需要监控、连接、互动的物体或过程，采集其声、光、热、电、力学、化学、生物、位置等各种需要的信息，通过各类可能的网络接入，实现物与物、物与人的连接，实现对物品和过程的智能化感知、识别和管理。物联网是一个基于互联网、传统电信网等的信息承载体，它让所有能够被独立寻址的普通物理对象形成互联互通的网络。物联网被称为继计算机与互联网后的又一次信息化浪潮，迅速风靡全世界，成为全球瞩目的关键词。世界上多个国家和地区（如美国、日本、欧洲等）纷纷对物联网的规划布局展开了相关研究工作，并且很多国家把发展物联网技术列为国家重点战略，将物联网看成是振兴经济发展、确立国家科技优势地位的核心研究领域。

在中国，物联网技术建设上升到国家战略高度。目前，物联网概念及其相关技术已成为全世界研究的焦点和热点，物联网相关产业年平均增长率一直保持在稳定增长态势。因此，许多国家、企业都把物联网当作未来发展战略之一，投入大量的人力、财力、物力，以培育新的经济增长点。物联网被视为未来技术改革创新和促进经济发展的最重要、最有希望的基础设施。物联网的应用领域涉及多个方面，在工业、农业、环境、交通、物流、安保等基础设施领域的应用，推动智能化发展，使得有限的资源更加合理地使用分配，从而提高了行业效率、效益。在家居、医疗健康、教育、金融与服务业、旅游业等与生活息息相关的领域的应用，从服务范围、服务方式到服务质量等方面都有了极大的改进，提高了人们的生活质量；在涉及国防军事领域方面，虽然还处在研究探索阶段，但物联网应用带来的影响较大，物联网技术的嵌入有效提升了军事智能化、信息化、精准化，极大提升了军事战斗力，是未来军事变革的关键。

二、农业物联网的内涵及其作用

（一）农业物联网的内涵

农业物联网就是物联网技术在农业领域的综合应用。运用物联网技术对畜禽水产养殖、大田种植、设施园艺、农机管理等领域的各种农业要素进行数字化改造，从而实现对农业要素的“全面感知、可靠传输、综合处理、反馈控制”。

以物联网技术助力“传统农业”向“现代农业”转变，发展农业物联网对建设都市现代农业、提升农业综合生产经营能力、保障农产品有效供给、建立农产品质量追溯体系等都具有十分重要的意义。在传统农业中，主要是通过人工的方式获取信息，需要大量的人力，且效率较低。在现代农业中，应用物联网可以实时对农业环境、土壤信息在线监测。例如，监测环境温度、湿度、风力、降雨量、土壤墒情、酸碱度（pH 值）、氮素等，从而能够进行科学预测，帮助农民科学种植，提高效益，实现农业生产的标准化、网络化、数字化，促进农业转型升级，促进农业增效、农民增收。随着“智慧农业”快速发展，传感器技术、嵌入式系统、移动互联网、大数据分析挖掘等技术在农业中的应用逐渐成为研究的发展方向。物联网在农业上的应用非常广泛，主要包括：智能化生产管理控制、农产品质量安全、农业病虫害生物控制等多个方面。

（二）农业物联网技术发展对农业的作用

1. 促进农业生产智能化

通过农业物联网技术建立农业精准控制系统，将感应器嵌入农用机械、土地、灌溉系统等各种物体中，然后将“物”与互联网联合起来，利用智能分析技术对农作物田间和温室环境进行实时管理与控制。通过自动触发相关行为，如智能灌溉或自动调节温度，保证作物良好的生长环境，实现农业生产智能化。物联网、云计算、移动互联、“3S”［是指遥感（Remote Sensing），全球定位系统（Global Position System，GPS）和地理信息系统 Geographic Information System，GIS）］等现代信息技术和农业智能装备在农作物栽培管理、农作物病虫害综合防治、畜禽养殖管理等领域应用，通过农业环境信息和生物信息的采集、数据分析和模型模拟，通过最优管理策略和自动控制技术实现农业生产精细化、高效化管理；利用物联网技术开展农产品质量安全监测、监管和预警，提高农产品安全水平。

2. 实现农业管理精细化

传统农业中，主要是通过人工记录信息。通过传感器可以实时地收集环境信息、精准地获取土壤参数，从而进行环境数据的科学处理与预测，为农业专家做出决策提供主要参数。利用物联网技术可提高农业综合效益，实现农业的精细化管理，提高农民收入。例如，黄瓜、西葫芦、茄果、菜豆等植物不能长期忍受5℃以下的低温，10℃以下停止生长；耐热蔬菜生长温度要求在20~30℃，要求昼夜温差不低于10℃。精细化农业种植方式可以根据不同植物的特殊需要进行种植，保证果蔬在最适宜的环境下生长，能够实现增产增收。

3. 实现农产品加工自动化

在农产品的深加工技术与设备中，将农用传感器应用于移动信息装备制造产业、农业自动识别技术与设备产业、农业精细作业机具产业，使农产品的深加工设备向自动化和智能化发展。在品质分级阶段，利用计算机视觉、图像识别等技术进行农产品的品质自动识别和分级（如农产品表面缺陷和损伤的检测；根据大小、形状和颜色对果蔬进行自动分级），从而提升农产品加工过程的智能化管理水平，有效降低成本、提高生产效率。

4. 实现农产品流通高效化

通过构建农业信息网络服务体系，为农业经营管理决策者提供准确、及时、强大的技术方法与手段，以及丰富、便捷、高效和畅通的信息渠道，帮助提升管理效率，及时市场调控，使得管理更加科学、更加合理与最优高效。农产品价格和供求信息有利于引导农产品市场运行，指导农业生产安排，提高农业市场流通效率。农业物联网等信息技术推动电子商务发展，创建最快速度、最短距离、最少环节的新型农产品流通方式。

5. 提高农业环境资源管理效率

水资源、土地资源、气候资源等是农业赖以发展的农业生态资源，利用诸如遥感、地理信息系统、全球定位系统等物联网技术能够对农业资源进行勘查、信息采集、数据分析，实现对农业生态资源的高效管理和合理利用，推动农业可持续发展。农业环境污染也是困扰农业的主要问题，利用信息技术能够对农业环境进行动态监测和准确分析，为减少农业环境污染提供决策。这些都需要依靠农业物联网等信息化，并加以及时而准确的引导。建立农业资源与生态环境的信息在线监测系统，及时、准确地掌握农业生态环境的变化，及农业资源的开发与利用情况，为政府决策提供支持，从而充分利用农业有限的资源，实现农业的可持续发展。

第二节　生鲜农产品供应链

一、生鲜农产品供应链的相关理论

农产品是指在农业活动中获取的初级产品，如植物、动物、微生物及其产品。而具体农超对接中的农产品主要包括生鲜农产品及其初级加工品，如新鲜瓜果、新鲜蔬菜、鲜活水产品，以及新鲜的肉、蛋、奶类等。

生鲜农产品是我国消费者除粮食以外最主要的食物营养来源，在日常生活消费中占有重要的地位。生鲜农产品从广义和狭义上的理解略有不同。广义上的生鲜农产品包括初级生鲜农产品、冷冻冷藏生鲜农产品以及加工生鲜农产品。狭义理解是指种植、养殖形成的，未经加工或只进行初级加工的，可供人类食用的农产品，主要种类有水果、蔬菜、畜禽及其产品等。生鲜农产品是人类生活重要的必需品，对比其他产品，拥有以下显著特征：

（1）生鲜农产品作为人类必不可少的食品，具有购买频率高、消费量大的特点。

（2）生鲜农产品多种多样，不同的生长规律决定了其具有地区差异性和生产周期性的特点。

（3）生鲜农产品易腐易烂，流转过程中损耗风险大。这也对经营过程中的储存保鲜提出了更高的要求。

另外，生鲜农产品的经营有着不确定性，因为农产品的生长会受到天气、温度等多种因素的干扰，从而影响到生鲜农产品的产量和质量，最终反映在成交价格上。

二、农超对接模式下生鲜农产品供应链发展及其优化

（一）农超对接模式下生鲜农产品供应链的发展现状

1. 生鲜农产品供应链发展的模式分析

传统的农产品供应链是指以农贸市场为终端，农产品从产地经由农产品批发市场和零售市场到达消费者的供应链。传统的农产品供应链模式由于生鲜农产品具有周期性、地区性、易腐性、不耐贮存等特点，这种模式存在着较多的问题，如农户产品缺乏可追溯性，流通时间长、损耗大，生产经营没有达到规模化。现阶段人民生活水平不断改善，人们对

于生鲜农产品的要求也随之提高，这种传统的供应链模式已无法满足消费者安全、及时、健康等要求，农超对接模式的提出和发展应运而生。农超对接模式可分为以下四种类型：

（1）以农业合作社为中间纽带的农超对接模式。以农业合作社为中间纽带的农超对接模式是农户通过农业合作社与超市进行价格谈判和合作，农业合作社联合农户共同生产，为超市按时、按需、按质、按量提供生鲜产品，充分实现了供需之间的信息沟通和协调。合作社内部成员稳定，减少了信息成本与谈判成本，合作社代替超市对农民监督。农户不但可以通过向合作社的交货获利，还能够在交易结束后按照交易数量获得二次分配，通过参股获得股利。合作社此种分配模式能够最大化农户利益，真正将农超对接的利益返还给农民，因此以合作社为中间纽带的农超对接能够有益于农户利益的实现。但目前这种模式也存在问题，模式中的合作社在日常运行、人员管理方面还不够专业，须投入更多的人财物进行配套建设；而且信息化程度还比较低，导致信息传递及共享的效率低；同时由于缺乏有效的冷链物流运输设备，物流配送过程中生鲜农产品的损耗大，物流成本高。

（2）以连锁超市为核心的农超对接模式。以连锁超市为核心的农超对接模式的典型代表为“超市+基地”模式，指的是整条农产品供应链由超市完全主导农产品的生产、流通和销售环节。例如超市自建农产品生产基地、农产品加工企业等。麦德龙主导的“超市+龙头企业”模式属于完全超市主导的一体化模式的典型代表。通常情况下只有诸如沃尔玛、家乐福这样具有较大市场影响力的超市才会选择这种对接模式。农产品生产加工和传统零售业的经营方式有较大的差异，超市单独完成从农产品生产、加工到销售全过程，无疑将会大大提高管理成本。

“超市+基地”模式下开展农超对接的基本程序为：首先，超市根据市场情况确定采购需求。其次，由采购部负责人对相关基地进行实地考核评估，对符合要求的基地、合作社，超市会对其提出种植要求、验收标准等，并签订相关合同，将其设立为合作基地。签订合同之后，基地或合作社按照超市的要求进行种植，满足条件的农产品就会由物流配送中心直接配送到超市各门店进行销售。

（3）以农贸市场为核心的农超对接模式。以农贸市场为核心的农超对接模式是指农产品批发商在产地的农贸市场或者农户手中进行农产品收购，再通过中间商运送到销地批发市场分销，农贸市场的零售商从批发市场上采购商品到农贸市场进行销售。这种模式交易环节多，成本高，往往依据市场价格的不确定变化来压低收购价格，使农民利益无法得到保障。农产品从农户流通到消费者手中经过多个中间环节的利润盘剥，导致农产品终端价格虚高，而农民和消费者都没有得到实惠。同时，供应链条过长且节点多容易产生信息不对称，导致供需不平衡，出现价格扭曲，农产品在生产源头积压等现象。

(4) 以大企业为核心的农超对接模式。以大企业为核心的农超对接模式是指超市通过龙头企业为中介与农户开展合作。在面对农户水平参差不齐时，寻找符合企业发展战略的龙头企业，与之共同开发和建立农超对接基地。通过契约方式进行后向资源整合，集中采购农产品直接运送到超市农贸市场进行销售。这种模式下通过龙头企业减少了中间流通环节，同时龙头企业通过对农产品的深加工和包装来提高农产品的附加值，同时借助第三方物流企业核心优势降低物流成本。使龙头企业、农户和第三方物流企业之间的信息交流及时通畅。但这种模式下农户缺少价格谈判能力，中间企业会挤占农户的利益，从而导致大企业与农户间的合作关系不稳定，很难形成长期稳定的合作。

2. 农超对接模式下生鲜农产品供应链存在的问题分析

(1) 供应链各环节不连贯。供应链管理的关键是要求拥有能够相互依赖和支撑的合作伙伴，建立长期合作伙伴关系。而目前大多超市却没有能够长期固定的供应商，而诸如运输、包装、装卸等物流作业环节更是随机寻找合作伙伴。

高效的供应链应该保证供应链每个环节相互之间都是相扣的整体，各自明确分工，通力协作。供应链的参与者应该根据自己的核心能力通过形式效用、拥有效用、时间效用与地点效用来增加产品和服务的价值，而目前我国生鲜农产品的供应链并没有形成这样的增值分派体系。造成这种情况与供应链各环节不连贯，供应链不能高效运转，导致超市经营生鲜产品的成本较高。各节点信息的有效传递影响着供应链环节的连贯性和整体的效益，这时信息共享机制的重要性不言而喻。如果没有这种共享机制，当需求信息有变时，信息传达的时滞性会影响农民进行生产计划的调整。但如果信息共享机制得以完善，生产则可以通过订单预测的方式准确把握。因此，完善信息共享机制，促使供应链能持续协调运行是亟须解决的问题之一。

(2) 缺乏供应链稳定机制。农产品供应链的一致目标是供应链上的节点企业共同努力，使整条供应链达到最优，但目前供应链成员之间不能通力合作，存在博弈。如果出现风险或是损失，各主体都会选择直接把风险和损失转嫁给其他供应链成员，相反，如果有利益可图，各主体就会争先恐后，如此便会造成成员间的矛盾，影响供应链的正常运转，这暴露出生鲜农产品供应链缺乏稳定的协调机制。在农超对接的合作中，各主体间由于数量、质量和时间的违约可能引起不必要的争端。这些问题说明了超市与合作社之间存在博弈，也体现了目前生鲜农产品供应链缺乏稳定的合作机制，就产品质量、利益分配等没有一个具体标准，会使供应链成员在合作的时候出现利益纠纷，不利于供应链平滑运转。

(3) 合作社的经营管理水平较低。农业合作社的发展对于农超对接有着至关重要的作用，但是农业合作社的建立和组成是通过当地政府协调，参与的人员也就是当地的农民。

从组织管理上而言，大部分合作社都不具备科学的经营管理水平。农民在农超对接这个项目中，参与度不高。由于没有严谨的管理和引导，加入合作社的农民可能会受利益的诱惑，在生产过程中不能按照超市制定的有关标准进行操作，如在农药和化肥的使用中，选取低廉劣质的甚至有害的产品，这就注定了农产品在源头降低了标准和质量，达不到居民和超市对生鲜农产品的标准期望。在农超对接中，要大力注重农业合作社的发展，改善合作社经营管理水平，保证农产品的质量，提高农产品的标准，完成好其在生鲜农产品供应链环节中承上启下的作用。

（4）生鲜农产品的物流成本偏高。生鲜农产品的冷链网络涉及从冷链物流上游的生产基地到冷链物流中间环节的冷藏仓库、物流中心（农产品产地批发市场和销地批发市场）、配送中心、中间商和供应商等，最后到冷链物流下游的农贸市场、超市、零售商、酒店、餐馆、家庭等。整个过程所产生的效益取决于冷链物流各节点的有效衔接，根据调研，农产品的流通缺乏完善高效的冷链体系，致使生鲜农产品供应链的物流过程效率低、损耗高，物流成本不容乐观。生鲜农产品易腐烂需低温储存的特性决定了其流通过程的特殊性和高要求。我国冷链技术得到了一定的发展，但目前来看并没有起完善的冷链物流网络和优秀的冷链技术，无法控制生鲜农产品在流通中的损耗率。农超对接模式的合作中，超市并没有起到主导作用，物流运输的环节很多是直接通过农民合作社来负责，显然合作社基本不具备冷藏保鲜设备这类基础设施和冷链技术，致使农产品损耗较高。

（二）农超对接模式下生鲜农产品供应链的优化

1. 构建以超市为主导的生鲜农产品供应链的意义

（1）超市为主导的生鲜农产品供应链是推进我国农业规模化和产业化发展的重要动力。我国传统的农贸市场管理水平较低，经营分散，无法满足农产品标准化的客观要求，以超市为主导的生鲜农产品供应链的构建却有助于实现农产品生产经营的标准化。生鲜农产品生产者在超市的要求和督导下，就会自觉按照生鲜农产品的相关标准组织生产，进而促进农产品的标准化生产。

（2）以超市为主导的生鲜农产品供应链是实现生鲜农产品标准化和保障食品安全的重要手段。食品安全是消费者关注的前提，如何确保生鲜农产品的安全消费，是生鲜农产品生产和流通中的首要问题。但是传统农贸市场在销售环节很难有效控制生鲜农产品的质量，相比起来，现代化超市就能拥有完善的经营管理体系和监察体系，生鲜农产品的安全质量才能得以保证。

（3）以超市为主导的生鲜农产品供应链是提升生鲜农产品质量水平和增加农业收入的

重要途径。我国农贸市场经营的普通初级农产品将无法满足今后的消费需求，也很难通过创造产品价值提高农民收入。超市主导的生鲜农产品供应链的构建代表了生鲜农产品与超市的整体形象捆绑在一起，超市就会主观地对生鲜农产品质量、品牌、安全、规格以及包装等方面提出更高的要求，创造出高附加值的农产品。

（4）以超市为主导的生鲜农产品供应链的构建是生鲜农产品能够走出国门，提高国际竞争力的先决条件。因此，依托以超市为主导的生鲜农产品供应链，提高生鲜农产品的产业化和优质化是增强我国农业竞争力的必要条件。

2. 超市主导的生鲜农产品供应链环节的优化

（1）生产端的优化。

1）基地、合作社的标准化建设。要保证生鲜农产品的标准化生产和及时向供应链下游供应，使供应链每个环节都能有效衔接，作为农产品采集源头的生产基地与合作社必须有足够的人力物力和技术的支撑，使合作社能够学会先进的种植技术，通过利用先进设备进行规模化的标准农业生产。另外，在提高单个农民合作组织实力的基础上，政府应鼓励合作组织之间的联合，积极与区域内外的超市进行对接。组建联盟的领导团队，通过一定的合作平台，积极与超市建立合作关系。

2）生鲜农产品的规模化生产。农超对接要使农民、超市和消费者三方均能获益，就必须实现规模经济。大型的连锁超市可以发展多个直采生产基地，引导其实现标准化和高效化生产。在以超市为核心的供应链模式下，生鲜农产品以往的分散生产模式已转变为农业专业合作组织的标准化生产，进行订单式规模化生产。参考目前超市自建生产基地的实践经验，不仅保证了拥有稳定的农产品货源和质量，生产端通过超市的需求进行统一规模化的生产，也降低了生产成本和供需不平衡带来的成本。总而言之，生产端的农户进行规模化生产不但保证了生鲜农产品的质量，也使得超市这一销售端降低了采购的成本以及流通成本，有助于实现农业产业化与现代化的发展。

（2）流通过程的优化。生鲜农产品流通到消费者手中后的新鲜度，取决于供应链的成员是否能通力配合，构造一条周期短、消耗低、效益高的完整冷链物流。生鲜农产品的冷链物流是随着科学技术的进步、制冷技术的发展而建立起来，是以冷冻工艺学为基础，以制冷技术为手段，在低温条件下的物流现象，是需要特别装置，需要注意运送过程、时间，掌控运输形态、物流成本所占成本比例的特殊物流形式。它将果蔬产品的采收、加工、包装、运输、贮存、配送、销售、信息等诸方面有机结合起来，保证果蔬产品从采收后到消费前始终处于其生理所需要的低温环境。

超市牵头组织生鲜农产品供应链，可以加强各供应链成员之间的关系，组成从田间到餐桌的完整冷链物流，降低成本，提高质量。超市主导的生鲜农产品供应链，可以通过建立面向超市的配送中心，优化整个供应链，流通加工实现产品增值，规模采购降低采购价格，规模储存降低超市库存成本。

1）供应链成员之间保持合作伙伴关系。供应链成员之间应建立起相互信赖、利益共享、风险共担的合作伙伴关系，联手降低整个供应链成本，实现利润最大化。如果供应链伙伴缺乏协调，不但会降低生鲜农产品的品质，还会提高物流成本，使得生鲜农产品带来的利润大为减少。供应链成员应相互选择信誉好、实力强、规模相对较大的合作伙伴。选择合作伙伴应当考虑：供应链伙伴的信誉，上游合作伙伴提供生鲜农产品的价格、质量、服务、地理位置，双方组织文化的相容度，以保证生鲜农产品能够在供应链上长期保质、保量、及时、顺畅地流动。先进的物流技术是构建有效的冷链物流的基础。供应链成员应积极引进和推广生鲜食品运输、包装、装卸、搬运、储存和加工配送等方面的先进技术，实现物流活动的合理化。

2）基于仓库管理系统（Warehouse Management System，WMS）的冷链仓储管理。由于生鲜农产品供应链的易腐烂性，从生产端快速流通到超市的这一过程当然越短越好，而流通环节中必要的仓储管理不容忽视。WMS 是新一代智能仓储管理系统，它能智能化地完成库存操作和物料管理，从而提升仓库的运营效率，做到实时化的库存控制。在超市主导的生鲜农产品供应链中，WMS 在冷链仓储中的应用可以覆盖到存储策略和算法的高密度货架作业调度、货物存储的分区控制、混合及拆零的托盘的管理、操作安全控制、货品保质期控制、多货主管理以及冷链仓储计费等多个方面。生鲜农产品的流通都离不开冷链技术的支持，比如为了延长保鲜时间，在产地采摘的时候就需要进行预冷操作；储存过程中，需要采用自动化冷库技术等。

3）成立面向超市的生鲜加工配送中心。传统的生鲜农产品物流的环节都比较冗长，是从农户开始，经由收购商收购农产品，再由生鲜农产品供应商送到超市，最终到达消费者手中。而这样的供应链存在以下问题：生鲜农产品成本高损耗大；信息不共享导致失真，无法实现需求引导生产；农产品来源分散，无法对所有产品进行追根溯源；供应链成员合作意识差、随意性强等。在连锁超市企业经营中，配送中心是整个生鲜农产品供应链上的一个关键性“枢纽”，具有重要的地位。

3. 构建以超市为核心逆向生鲜农产品供应链追溯体系

对以超市为核心的农产品供应链来讲，在经营农产品的过程中，所面临的主要竞争对手不仅是其他超市主导的农产品供应链，更是以批发市场为核心的传统农产品流通模式。要想在市场竞争中立于不败之地，超市只有把自己定位在经营安全优质的农产品上，才有可能在竞争中处于有利的地位。为了实现这个目标，超市需要从源头做起，确立农产品安全标准，对农产品生产过程进行控制，通过信息记录和传递，清晰地划分责任，做到农产品流通全过程的可追溯。

（1）构建生鲜农产品供应链追溯体系完善的重要性。近年来由于农产品种植过程的不规范，致使农产品不再生态健康，食品安全问题日渐突出。因此，在我国食品安全问题日益突出的现状下，加强食品供应链的监管，建立可追溯体系已急不可待。可追溯系统的建立，不仅能将供应链的详细信息给消费者，也可以促进供应商不断提高农产品的质量。此外，也是为了适应我国对外贸易的需要。放眼国际，只有通过建立食品安全追溯系统，才可以满足国际贸易的发展趋势。

（2）构建农产品冷链物流信息追溯体系。第一，结合相应质量管理体系。生鲜农产品供应链追溯制度的建立和应用需要与其他质量管理体系结合起来。新鲜农产品供应链可追溯系统的建立应注意与其他质量管理体系相结合，相互促进，确保体系的有效运行。第二，加强冷链物流信息化建设，完善生鲜农产品供应链追溯系统。以超市为核心构建新鲜农产品供应链可追溯系统可以促进质量改进我国食品安全可追溯系统。我国生鲜农产品供应链的发展过程离不开对冷链物流的信息化建设，构建国家的食品安全信息平台。同时要支持流通环节过程的参与者加强安全生产记录管理，利用现有的企业管理和市场交易信息平台，建立农产品冷链物流信息追溯系统。

（3）注重可追溯机制的管理维护。可追溯制度的实施需要高度重视和积极维护，增加消费者对该追溯机制的信任。要想可追溯体系能够持续运转，需要供应链各环节的紧密配合。为此，处于供应链核心地位的超市应加强对相关企业的管理，激发供应链中的其他企业对建立可追溯机制的兴趣，整个追溯过程要秉承客观公正，确保信息采集和记录的准确性。

另外，超市应加强对消费者的标准化教育，加大对消费者的可追溯体系普及，增强消费者的追溯意愿。如果消费者对生鲜农产品质量追溯没有认知，供应链环节对产品质量的努力和维护就很难得到终端消费者的认可，农产品生产流通的标准化的正常开展就会受到阻碍，就更别提建立长久规范的可追溯体系了。因此，要提高老百姓对农产品安全的认知和认可程度，加强对消费者的可追溯体系普及，让老百姓成为质量追溯体系的有力监督者。

4. 构建信息管理机制

众所周知，信息平台对于实现供应链管理具有相当重要的作用，超市作为供应链中的主导者，一方面要配合当地政府建立物流信息平台，充分发挥电子商务的作用，通过物流信息平台将供应链的其他主体连接起来，务必做到对供应链的每一环节实时把控。在建立信息平台以后，要主动开发物流信息管理系统，提高信息一体化的水平，提升各环节的反应速度，保证流程的畅通无阻。同时还要完善信息管理机制，与上游的供应商加强沟通联系，信息共享。

超市作为生鲜农产品供应链管理的核心，要加强与农民合作，最好能够派出专业人员进驻农业基地。一方面与农产品的供应商建立良好的伙伴关系，另一方面还可以指导农民进行科学化种植和管理。对农产品的生产、运输、加工、配送各个环节加强管控。在这种科学的管理模式下，双方可以及时实现信息共享，有针对性地满足顾客的需要，实现双赢。在构建物流管理信息平台时，可针对实际情况具体制订实施计划，如果超市具备雄厚的资源基础和人才基础，则可以独立完成信息平台的构建；若农产品供应商和超市的实力相当，则可以双方共同研发，分担彼此的压力。同时也可借助其他资源，如聘请专业的信息开发团队，或者借助政府的力量推动平台的构建。

5. 生鲜农产品供应链发展的建议

（1）加强扶持农超对接的范围与力度。首先要给予企业融资的优惠政策，对生鲜农产品农超对接的信贷支持；其次对生鲜农产品基础设施的投入要增大。

应加强支持供应链环节中各企业主体的发展，提高农产品供应链的现代化和产业化程度。在基础设施建设上，改善运输条件，支持生鲜农产品物流体系的建设。大力扶持农户的生产建设，支持水库、大棚等农业生产基础设施的修建，充分调动农民生产的积极性。完善农产品流通绿色通道制度，建立保障农产品流通的制度体系。

（2）推动农产品流通主体的发展。要提高以超市为核心的农产品供应链的稳定性和运转效率，大力发展农产品流通主体十分重要。因此，要大力推动和加快连锁超市与农民合作组织的建设。在农产品供应链中，作为核心地位的超市需要不断增强实力，才可以有实力有能力有魄力带动整体供应链的发展。站在政府的角度，可以在税收、审批等方面给予一定的优惠政策，鼓励它们直接到源头产地采购，与生鲜农产品生产基地建立长期的产销合作或产销联盟，推动整个农产品供应链的持续稳定发展。

在农民合作组织的发展对策中，一方面要增强农民合作组织的实力；另一方面，鼓励合作组织之间进行联盟合作。政府部门对农民合作组织的发展除了给予一定的扶持资金，也要对其进行监督考核。在发展农业合作社的过程中，一定要激发农民参与的积极性。同时，政府要注重提高农民合作社的经营管理水平，引导超市或是其他媒介对合作社和农户进行生产技术培训，引导农民进行农产品的标准化生产。农业合作社通过专业化的生产技术和管理，高效完成组织生产的环节，增强与超市的对接能力。

随着国民经济的快速发展，人民消费水平的不断提高，生鲜农产品市场需求数量和结构都发生了巨大变化，政府、企业和消费者越来越重视生鲜农产品供应链的发展。超市主导的生鲜农产品供应链可以有效衔接供应链各环节，协调各成员之间的关系，组成从田间到餐桌的完整冷链物流，降低生产流通成本，实现生鲜农产品标准化和保障食品安全。这也是有效促进我国农业产业化和规模化发展与提高生鲜农产品质量和增加农业收入的重要途径。构建超市主导的生鲜农产品供应链，需要超市积极牵头，供应链各成员的通力配合，供应链各环节的紧密衔接，成立面向超市的生鲜加工配送中心，冷链物流技术的广泛应用，农产品可追溯体系的完善和相关安全法规的健全，公共信息平台的支撑。

第三节　物联网在农产品供应链的应用

第一，物联网在农产品质量追溯体系的应用。食品安全越来越受到国家和个人的重视，农产品的质量问题需要从源头抓起，建立一套可行的追溯追查体系。利用二维条码（QR code）或射频识别（RFID）技术，让条形码或电子标签记录农产品（如果蔬、禽肉等）的相关信息（如生产地、采摘人、屠宰地、农药、化肥用量等），真正实现农产品从“农田到餐桌”全过程的监控，一旦出现问题，可以进行质量追溯，发现问题的根源，并解决问题。

第二，物联网在农产品生产养殖中的应用。在农产品养殖园区传感器和智能控制系统，可对整个园区的生态环境进行检测，从而及时掌握影响园区环境的一些参数，并及时处理，确保农作物或家畜有最好的生长环境，以提高产量、保证质量。另外，可以通过便携式系统，使农户和专家可以即时交流，通过传递相关数据，对农户提出的问题进行即时指导。可以通过使用物联网技术，实现精准农业生产。

第三，物联网在农产品仓储管理中的应用。应用物联网的智能仓储系统，可以对农产品的出入库、盘点、移库、补货等实现实时监控和管理，还能对库房的安全进行管理，如采集库房的温湿度信息、货物的异常移动等，以确保及时发现库房安全问题。主要采用了RFID 技术、条码技术、传感器、视频监控等感知技术进行管理。先对入库货物贴上 RFID 标签，RFID 标签中有入库农产品的各项信息，入库时，贴有电子标签的农产品在入口处被阅读器识读，完成入库验货收货的任务，并将货物信息传送到数据中心进行实时更新，分配相应仓位，并确保农产品放在正确的仓位上。整个过程中，均可以保证农产品出入库数量的准确性、仓位的准确性、库存数量的及时更新，降低了出错率，提高了效率，降低了物流成本。

第四，物联网在农产品运输配送中的应用。以公路运输为例，物联网技术运用到运输管理，每辆车都要安装无线通信装置、全球定位系统装置、RFID 读写器、传感器等相关设备，把所有参与供应链上的物品运输的车辆纳入物联网，继而接入企业供应链管理信息系统。

首先，控制农产品物流配送的安全。农产品中尤其是生鲜农产品受环境影响较大，易腐烂变质，从而造成一定的损失。农产品物流配送中要注意对其温湿度的监控，利用物联网技术可实现对车内温湿度的控制。对于一些价值较高的农产品，需要用集装箱进行运输，可在集装箱上安装电子封条，当集装箱受到损坏、运输线路变更或延迟等意外情况发生时，管理者可通过电脑、手机或掌上电脑（PDA）迅速接收系统的自动报警。

其次，保障农产品及时、准确地配送。在配送阶段，可利用 RFID 技术实现农产品的自动分拣。让贴有 RFID 电子标签的农产品通过自动分拣系统以完成按车、按客户的准确、快速地自动分拣。传统的农产品运输过程中，无法进行信息的掌控。简言之，农产品离开始发地后，难以跟踪在途车辆和产品的信息。应用物联网技术在途货物和车辆贴上电子标签，运输线路的某些检查点位置安装天线构成 RFID 系统，或通过 GPS 系统，使农产品的供需方都可以随时了解到农产品当前的状态，实现对农产品运输的可视化管理。也可以及时和运输车辆取得联系，并且可以及时解决在途遇到的各类问题，并可为车辆提供实时调度，降低车辆的空载率，从而控制农产品物流成本。

第五，物联网在农产品销售中的应用。贴有电子标签的农产品放置在智能货架上，一旦农产品发生移动，会被自动识别，并向系统报告，当货架上产品的数量下降到某个值的时候会有相应提示，并进行及时补货。超市中基于 RFID 技术的智能秤可以正确地自动识别农产品的种类，并完成计价和打印小票。销售结账时更能实现一次性扫描，减少了结账排队的时间，提高了顾客的满意度。

第二章 物流与供应链的关系

第一节　物流与物流管理

从严格意义上而言，物流概念的物质实体是“物品”，运动方式是“实体流动”，与物流概念联系的概念有“物流管理”“商流”“信息流”和“价值流”等。“物流”概念只描述一个过程，它是管理的对象；而对这一过程的计划、组织、协调与控制活动则由“物流管理”概念来描述，即物流管理是为了以最低的物流成本达到客户所满意的服务水平，对物流活动进行计划、组织、协调与控制。物流管理的对象并不是货物本身，而是货物有目的的流动过程。该过程有两种状态：一是运动状态，即货物处于运输过程之中；二是静止状态，即货物处于贮存过程之中。因此，运输管理和仓储管理是物流管理最基本的活动。物流管理在本质上就是对一系列运输和仓储状态转换过程的管理。所有其他的物流管理活动都是由于这两个基本状态的保持或不断转换而引起的，都是为了提高运输和仓储的转换效率而展开的。这些活动经过抽象和提炼，共同构成物流管理理念的外延。

一、物流概述

不同时期对物流的不同理解和认识都反映了不同时期的社会生产力发展状况。用发展观点来思考，物流就是对人们为满足某种需要而组织社会物质运动的系统活动的总称。主要包括四个方面：第一，物流是有组织的活动。物流是人们有意识、有组织的活动，是为了满足人们某种需要而展开的活动。物流是建立在自然运动基础之上的高级运动形式，是政治、经济、社会和实物运动的统一。第二，物流是社会物质的运动。物流活动是物质实体的物理性移动，离开了社会物质的运动，物流就不再存在。第三，物流是一种系统的活动。物流是一个完整的活动过程，包含了为满足需要而实现社会物质运动的全部活动。对物流的理解应以系统的观念全面把握各个物流环节、物流要素的相互关系。第四，物流是一种有组织的活动。社会物质都是借助一定载体，通过一定的劳动组织实现物理性移动的。因此，物流活动不能离开相应技术工具、设施设备和劳动组织而独立运动。对物流的认识，也会因不同背景和不同的分类发生变化。简而言之，从不同的角度观察和研究物流，就会形成关于物流的不同理解和认识。

（1）从服务角度看物流，物流是制造商的产品工艺流程通过物料采购和实物分配这两个功能性活动，分别向其供应商和客户两个方向的纵向延伸所构造的一体化供应链。物流是以制造商为中心即以产品的生产制造和市场营销为主线，以相关信息协调供应商和客户行为的协作性竞争体系或市场竞争共同体。简单地说，物流就是为产品的生产制造和市场营销提供服务。

（2）从管理角度看物流，物流就是功能整合。就是将包装、运输、装卸、搬运、保管等各种功能性活动，用物流进行统筹的安排和协调。

（3）从资产角度看物流，物流的核心是在供应链中流动的存货。控制存货的数量、形态和分布，提高存货的流动性就成了企业可追求的“第三利润源泉”。物流就是对供应链中各种状态的存货进行有效协调、管理和控制的过程。

（4）从环境角度看物流，物流是一个有助于企业降低资源消耗，谋求可持续发展的重要途径和方式。这是绿色思想在商品交换活动中的重要体现，应逐步形成绿色物流的基本认识。

（5）从产业角度看物流，物流是一个蓬勃兴起的行业，是以物流为基本生产方式并通过市场为生产和流通提供专业化物流服务的新兴产业。经营者在发展中逐渐从生产与流通中分离出来，具有产业发展的基本特征。需要从物流产业发展高度认识和理解物流。

（6）从企业角度看物流，会因为企业生产经营特色而形成不同的物流。包括生产物流、销售物流、回收物流、废弃物物流等。

二、物流管理概述

物流管理是指在社会再生产过程中，根据社会物质实体流动的一般规律，应用管理的基本原理和科学方法，对物流活动过程进行计划、组织、指挥、协调和控制，使全部物流活动实现最佳的协调与配合，以降低物流成本，提高物流效率和经济效益。主要包括：对物流活动诸环节的管理，如运输、库存和包装等环节的管理；对物流系统诸要素的管理，如人、财、物、设备、方法和信息等六大要素的管理；对物流活动中具体职能的管理，如物流活动的计划、质量、技术等职能的管理。用系统的观念来思考物流管理的发展，一般表现为功能化、系统化、集成化、网络化四个阶段。

（一）功能化物流管理

功能化物流管理：运输、仓储、包装等物流的功能是在生产活动和社会经济活动中产生的，通常被作为生产经营活动过程的辅助环节来完成特定的功能，相互孤立地处于生产经营活动的从属地位。在物流概念形成之前，人类社会在产品交换行为中已经存在着广泛的物流活动。由于社会生产力发展，商品交易市场空间扩大，整个生产销售活动中的运输、储存和包装等功能性物流活动得到关注。但是，物流管理仍处于分散的、功能单一的组织与管理状况。

（二）系统化物流管理

系统化物流管理：由于社会生产力水平提高，管理理论的发展，物流管理逐渐由功能单一的分散管理发展成为一个完整的系统进行的组织与管理。系统化物流管理，就是指为了实现企业确定的物流系统的目标，提高向消费者和用户供应的效率，而对物流系统进行计划、组织、指挥、协调和控制的活动。追求在适宜的时间，以所期望的服务水准和最低的成本将原材料和产品配置到指定的场所。其特征是依据企业的经营战略，将存在于企业生产经营全过程的物资流动作为一个有机整体加以管理，以实现经营效益的最大化。系统化物流管理就是将与生产经营活动过程相关的原材料、在制品、零部件的流动和保管、制造支持以及销售物流加以整合的全过程管理。

运用系统化思想指导企业物流管理，一般分成三个阶段：系统研究，包括研究分析企业物流资源状况，各物流相关因素的关系以及企业物流存在的关键性问题，提出企业物流管理目标；系统性设计，为企业物流设计合理的系统方案并进行深入科学的系统论证；系统应用，采取切实可行的物流管理办法，实现物流系统化运作的最优状况。

（三）集成化物流管理

集成化物流管理：集成化物流管理就是实体供应管理、制造支持管理与实体分销管理的系统集成，包括从原材料、零部件等实件供应开始，通过生产加工过程的制造支持和产品实体分销链，直到将产品送到最终用户手中为止的实物流动的全过程。主要包括功能集成、内部集成和外部集成。

（1）功能集成：就是实现相关功能的集成化管理，即用实体供应管理、制造支持管理和实体分销管理来替代各单个物流活动（如采购、运输、仓储等）的分散管理。第一，实体供应管理包括采购管理与物料控制，它需要制订物料需求计划，优选供货渠道，并实现订货、购进运输、收货、验收、仓储、搬运的集成化管理。第二，制造支持管理包括生产计划与在制品库存控制，它需要制订生产计划，实现在制品搬运、储存、厂内运输的集成化管理。第三，实体分销管理包括产成品销售与配送管理，它需要进行需求预测，实现订单处理、成品库存控制、保护性包装、搬运、配送、顾客服务改善的集成化管理。

（2）内部集成：就是将实体供应、制造支持、实体分销作为一个完整系统的物流过程，实现其集成化管理，以使企业物流活动得到有效的控制。

（3）外部集成：就是指在内部集成的基础上，将集成范围扩展到企业外，实现企业与供应商、顾客的集成化管理。外部集成特别注重：建立企业与外部供应商、顾客之间战略合作伙伴关系，管理的焦点是要以面向供应商与顾客取代面向产品，通过加强相互间的协调与合作，进一步降低成本、减少风险，优化配置总体资源，提高整个集成化系统的运作效率，以获取更大的整体竞争优势。

（四）网络化物流管理

网络化物流管理：企业物流管理在现代信息技术和网络技术的支持下，能够整合企业内外各种物流资源，实现跨行业、跨区域的网络化物流管理，核心基础就是物流供应链管理。所谓供应链是由涵盖不同过程中活动的上下游企业链接而成的组织化网络，这个网络的功能就是开发双向最终客户交付产品和服务的价值。网络化物流管理就是对供应商和客户的上下游关系的管理以及与此关联的物流功能、物流资源、物流组织等进行管理，并以整个网络的最小总成本向客户提供最大的价值。主要包括以下方面：

（1）网络化物流管理是对互动界面的管理。供应链管理就是对存货流动（包括必要的停顿）中的商务过程的管理，是对关系的管理，具有互动的特征。现代物流管理必须对供应链中所有关键的商务过程实施精细的管理：需求管理、订单执行管理、制造流程管理、采购管理和新产品开发及其商品化管理等。企业物流的网络管理过程还包括从环境保护理念出发的商品回收渠道管理。

（2）网络化物流管理是对物流战略的管理。在企业运作的层次上，从实物分配开始，到整合物资管理，再到整合相关信息，通过功能的逐步整合形成了物流系统管理。在企业关系的层次上，有从制造商向批发和分销商再到最终用户的前向整合，有向供应商的后向整合，并通过关系的整合形成了物流网络化管理。从作业功能的整合到渠道关系的整合，使物流从战术的层次提升到战略高度。

（3）网络化物流管理是协商的机制。一般情况下，企业力图通过一个计划来控制产品和信息的流动，与供应商和客户的关系本质上是买卖关系，常常导致存货向上游企业的转移或成本的转移。企业采取供应链管理是为了谋求在渠道成员之间的联动和协调，就是通过分享需求和存货的信息来获取共同利益。

（4）网络化物流管理强调企业内外一体化。一般物流管理主要关注企业内部的功能整合，而网络化物流管理则认为只有企业内部一体化是不够的，需要实现企业内外一体化。供应链管理是一个高度互动和复杂的系统工程，需要考虑不同层次上的相互关联的技术经济问题，进行成本效益权衡。

（5）网络化物流管理对共同价值有着更大的依赖性。网络化物流管理是对供应链伙伴的相互信任、相互依存、互惠互利和共同发展的共同价值观的依赖。

（6）网络化物流管理是在“核心业务”基础上，通过协作整合外部资源来获得最佳的总体运作效果，是按照市场的需求，以品牌、知识、核心技术和创新能力所构成的网络系统来整合或重新配置社会资源。

第二节　供应链与供应链管理

一、供应链

供应链是围绕核心企业，通过对物流、信息流和资金流的控制，从采购原材料开始，制成中间产品以及最终产品，最后由销售网络把产品送到将供应商、制造商、分销商、零售商直到最终用户连成一个整体的功能网络。

（一）全球网络供应链

传统多层的供应链将转变为基于 Internet 的开放式的全球网络供应链。此时，企业具有双重身份：既是客户又是供应商。因为它不仅是通过网络进行交易，更是构成该供应链的一个元素。更特殊的是，在全球网络供应链中，企业的形态和边界将产生根本性改变。整个供应链的协同运作将取代传统的电子订单，供应商与客户间信息交流层次的沟通与协调将是一种交互式、透明的协同工作。这种全球网络供应链将广泛和彻底地影响并改变所有企业的经营运作方式，同时也将为企业带来更多的商业机会。总之，供应链是社会化大生产的产物，是重要的流通组织形式和市场营销方式。它以市场组织化程度高、规模化经营的优势，有机地联结生产和消费，对生产和流通有着直接的导向作用。

（二）企业内部供应链

在一个企业中，不同部门都作为一个环节参与了价值增值活动。企业经营的所有业务单元如订单、采购、库存、计划、生产、质量、运输、市场、销售、服务等，以及相应的财务活动、人事管理均可视为处于一条企业内部供应链中。这种供应链管理要求将企业各个业务环节的信息化孤岛连接在一起，使各种业务和信息能够实现集成和共享。

（三）产业供应链

产业供应链有时又被称作动态联盟供应链，因为在全球化大市场环境下任何一个企业都不可能发展所有的业务并保证成功。它必须联合行业中其他上下游企业，建立一条经济利益相连、业务关系紧密的行业供应链，实现优势互补，即充分利用一切可利用的资源来适应社会化大生产的竞争环境，共同增强市场竞争实力。因此，企业内部供应链管理延伸和发展为面向全行业的产业链管理，物流、信息流和资金流从企业内部扩展到了外部。产业供应链或者由物料获取并加工成中间件或成品，再将成品送到消费者手中的一些企业和部门的供应链所构成的网络；或者由市场、加工、组装环节与流通环节建立一个相关业务间的动态企业联盟来进行跨地区、跨行业经营，以更有效地向市场提供商品和服务完成单个企业不能承担的市场功能。通过这样一个环环相扣的供应链，多个企业能在一个整体的管理下实现协作经营和协调运作，实现资源和信息共享，从而增强了该供应链在大市场环境中的整体优势。同时也使每个企业均可实现以最小的个别成本和转换成本，来获得成本优势。

二、供应链管理

学界与业界都已将供应链管理能力作为企业一种重要的战略竞争资源。对于企业来讲，从供应链管理的角度来考虑企业的整个生产经营活动，对其提高竞争将具有十分重要的意义。概括地讲，供应链管理就是对供应链中所涉及组织的集成和对物流、信息流、资金流的协同，以满足用户的需求，从而提高供应链整体竞争能力。

（一）供应链管理的认知

1. 供应链管理的原则与目标

（1）供应链管理的基本原则。

1）以客户为中心。强调根据客户的状况和需求，决定服务方式和水平。

2）根据客户需求和企业可获利状况，设计企业的后勤网络。

3）倾听市场的需求信息。销售和营运计划必须监测整个供应链，以及时发现需求变化的早期警报，并据此安排和调整计划。

4）贸易伙伴间密切合作，共享利益，共担风险。

5）应用信息技术，实现管理目标。

（2）供应链管理的主要目标。

1）据市场需求的扩大，提供完整的产品组合。

2）据市场需求的多样化，缩短从生产到消费的周期。

3）据市场需求的不确定性，缩短供给市场及需求市场的距离。

4）据物流在整个供应链体系中的重要性，企业要克服各种损益，从而降低物流成本及物流费用水平，使物、货在整个供应链中的库存下降，并且通过供应链中的各项资源（人力、市场、仓储、生产设备等）运作效率的提升，赋予经营者更大的能力来适应市场的变化并做出及时反应，从而做到物尽其用、货畅其流。

2. 供应链管理的内容

供应链管理主要涉及 4 个主要领域：供应、生产作业、物流和需求。供应链管理是以同步化、集成化生产计划为指导，以各种技术为支持。尤其以 Internet/Intranet（互联网/局域网）为依托，围绕供应、生产作业、物流（主要指制造过程）和满足需求来实施的。供应链管理与传统管理模式的区别如下：

第一，供应链管理是集成化的管理。供应链管理是一种横向一体化的集成管理模式，把供应链所有节点企业看作一个整体，强调核心企业与相关企业的协作关系，通过信息共享、技术扩散、资源优化配置和有效的供应链激励机制等途径实现经营一体化。

第二，供应链管理强调和依赖战略管理。“需求和供应”是整个供应链中节点企业之间共享的一个概念（任何两个节点企业都有供应与需求的关系），同时它又是一个具有重要战略意义的概念。因为它影响或在某种程度上决定了供应链的成本和市场占有率。同时战略联盟又是供应链运作的基本原理，因此，供应链管理非常重视和强调战略管理。

第三，供应链管理的目标在于提高客户价值。与传统管理相比，管理目标不仅仅是降低交易成本，还在于通过改善服务水平来提高客户价值，客户价值是已给定产品或服务中所期望得到的所有利益。包括产品价值、人员价值和形象价值。客户的需求是拉动供应链的源动力，通过供应链从下游企业到上游企业传递。只有生产出具有较高客户价值的产品才能提高整个供应链的竞争力，维持供应链的稳定、运转和发展。

3. 供应链管理的意义与作用

供应链管理是面向客户并组织、集成和优化物流的有效方法，它使生产资料以最快的速度，通过生产、分销环节变成增值的产品，到达有消费需求的消费者手中。这不仅降低成本，减少了社会库存，而且使社会资源得到优化配置，更重要的是通过信息网络、组织网络实现了生产及销售的有效连接和物流、信息流、资金流的合理流动。因此，供应链管理是当前国际企业管理的重要方向，也是国内企业富有潜力的应用领域。我国企业在计划经济和短缺经济条件下，拼命争技改、抢项目、扩建厂房、更新设备，导致制造能力大量过剩，而销售和供应能力则很弱，是典型的“腰鼓型”呆滞式企业。供应链管理是我国大部分企业最薄弱的环节。中国企业结合自己的情况和条件，积极开展有中国特色的供应链管理实践，将对竞争实力的提高起到积极的作用。

（二）农超对接模式下的供应链管理

1. 农超对接与供应链的关系

农超对接是指农产品与零售连锁超市的直接联手，是未来我国农产品生产销售的主要模式。具体做法表现为：大型连锁超市直接向农民专业合作社或农民采购农产品，把企业产业链和农产品的供应链零距离衔接整合。农超对接供销模式，通过重新搭建农产品的销售渠道，打破了我国以往传统的农产品供应链构成模式，从而减少了农民所生产的农产品在进入市场过程前的流通中转环节，起到了既有助力于农产品销售通道畅顺和有效改善农村民生，同时又能稳定城市农产品物价和提高城镇居民生活质量的作用。

供应链通常被认为是从扩展的生产概念发展而来，它将企业的生产活动进行了前伸和后延。供应链一般由供应商、产品制造商、分销企业、零售企业、物流企业等基本要素所构成。供应链管理是指企业通过改善上、下游供应链的关系，是在满足一定的客户服务水平的条件下，为了使整个供应链系统成本达到最小化而把供应商、制造商、零售企业和物流企业等要素有效地组织在一起，来进行的产品采购、加工、运输、分销及销售的管理方法。

供应链理论从产生到发展至今，已分别经历了管理内容仅限于企业内部的物流管理过程阶段的物流链阶段、管理内容逐渐涵盖了产品的“供存产销”整个运作管理过程的增值链阶段和随着电子信息技术在现代企业管理中介体平台地位的确定及产业融合度越来越高的现状，目前它已成为一种企业管理体系和运营管理思维的供应链管理模式，并演变成了网络链阶段。

在农产品以直供的形式走入零售连锁超市的前提下，连接两个节点的媒介通常需要以相关的物流、信息流及资金流来实现。在这个整个供应链的实现过程中，农超对接真正的意义就是要以最少的物流环节、最小的品质损耗、最低的供应链实现成本，将最大利益留给农产品的生产者或供应者和零售连锁超市与消费者。由此，探求农超对接实现中新的供应链内容构成模式对农超对接工作的顺利运作和实现质量有着极其重要的意义。

2. 农超对接模式下的供应链模式

目前，在我国农村农业经营成本中，制约农民收入的最大难题无疑是烦琐的中间流通环节，这个问题集中表现在农产品的生产者无法从农业生产中获得应有的利益。在不同地区、不同农产品生产者及众多零售超市对此问题的反映中，都可看出农超对接要完成其初衷的工作意义，必须要在农超对接供应链模式上有所创新。

（1）“二元直供”的供应链模式。所谓“二元直供”供应链模式由农民专业合作社与零售超市构成，其主要特点就是将农超对接供应链中的节点单位精简为两个部分。这种“二元直供”供应链模式在农超对接工作中，将农产品在供应物流中的周转环节压缩为最少。构成这种供应链模式的两个主体分别为上游的农民专业合作社和下游的零售超市，并由这两个主体来完成农产品由供应商、加工制造商、物流企业和零售企业等供应链中各节点企业的所有工作。虽然供应链的构成主体被压缩，但供应链内所有节点企业的工作内容及职能却依旧完整，仅仅只是被重新集中，并在供应链中根据当地的具体情况进行重新分配。

在这种供应链模式中，作为上游的农民专业合作社不单只是对农产品生产的品种、产量、收购等工作环节进行统一的安排和指导，还要根据专业社社员的实际情况，利用农村闲余劳动力或家庭成员承担完成农产品的分拣、包装等环节的工作。这些节点的工作，具有劳动强度不大、对专业技术水平要求不高、工作时间可调整、空间较灵活等特点，参与人员只要进行初级培训即可上岗。“二元直供”的供应链模式对消化农村现有剩余劳动力和将农产品价格的附加值增值环节更多地留在农户手中，让农民直接受益，有着积极的促进作用。而作为农超对接供应链模式中不可或缺的物流环节，可以尝试由“二元直供”单位其中有条件的一方承接。这样从发展的长远意义上讲，对产销双方都能起到降低成本、互惠互利、锁住利润的作用。

（2）“三元协作”的供应链模式。所谓“三元协作”供应链模式由引入专业物流中介，与农民专业合作社、零售超市构成，其特点就是在农民专业合作社或农户及零售超市之外，物流环节依旧由专业物流单位完成。在“三元协作”供应链模式中，连接产销两端的介体是由第三方来完成的。这一环节的增加，必将造成农产品在流通环节收益的分散和流失，对于利润较低的果蔬类农产品的影响较大。但是，对于农产品的生产区域不是该农产品的消费区域，或其主产区和主销区不在同一个地方的农产品，考虑到农产品的供给、市场、交通及农产品时价等众多不可控因素的影响，“三元协作”供应链模式应该说是较合理的选择。这种供应链模式虽然加大了农产品的经营成本和合作难度，还可能会降低农产品物流作业的效率，但同时也有着专业化配送程度相对较高，对产销双边的市场、交通、生产和生活风俗等因素较为熟悉的优势。同时对于规模较小、实力较弱的农民专业合作社在农产品销售中，引入专业物流介入也有其必要性。

（3）多流向农产品的供应链模式。所谓多流向的农产品供应链是由当地供销合作社牵头，因地制宜，根据各地农村不同的生产基础、农产品不同的生产销售情况，建立的农产品供应链。多流向农产品的供应链模式基于利用供销合作社长期以来服务农村基层的良好工作经验和基础，响应和落实国家各种惠农政策，在引导农产品直接进入城市超市和城乡农产品批发市场过程中发挥主渠道作用的思路。

供销合作社在农超对接供应链模式构建中，可以为农产品产销两边搭建良好的合作平台。在农民专业合作社的农产品生产品种、数量、质量的指导中，可利用其从城市到农村的单位系统布局和管理优势，把城市消费群体对农产品的需求信息直接传递给农产品生产者；也可根据从农民专业合作社了解到的农产品生产信息为其联系城市零售超市、农产品批发市场、农产品消费大户进行直采；甚至还可以因地制宜，根据各地农村不同的生产基础、农产品不同的生产销售情况，为农民专业合作社和大型农户联系跨区域多流向的农产品集散地。在这种供应链模式下，其组成的节点单位并无固定，但因为有了同样起到在产销两端作用的供销合作社的介入，这种具有综合性的供应链模式变得更为灵活和实务。

在农超对接模式下，结合各地不同的经济情况、生活风俗等因素，重新构建合理、高效的农产品供应链模式，削减农产品中间流通环节，是实现农产品真实价值的基础，也是使农超对接工作能得以富有成效的核心问题。这就需要跳出传统的思维模式，顺应市场实际情况，选择或构建合适的农产品流通供应链，使农产品在流通中实现农民与消费者利益的双赢。而供销合作社也可在引导农产品直接进入城镇市场的过程中，为实现国家推进“对接”一边有效改善农村民生，一边可稳定城市农产品物价的初衷，充分发挥其主渠道的作用。

第三节　物流管理与供应链管理的关系

一、物流管理与供应链管理的主要区别

供应链管理起初主要强调物流管理过程中在减少企业内部库存的同时，也应考虑减少

企业之间的库存。随着供应链管理思想越来越受到重视，其视角早已拓宽，不再仅着眼于降低库存，其管理触觉伸展到了企业内外的各个环节、各个角落。供应链管理包含了从源供应商提供产品、服务和信息以增加客户价值，到终端客户的所有流程的集成，它不仅仅是物流的另一种称呼。供应链管理涵盖了物流中没有典型包含的要素，如信息系统集成、计划与控制活动的协调。物流管理与供应链管理的不同主要体现在：

（1）存在基础和管理模式不同。任何单个企业或供应链，只要存在物的流动，就存在物流管理；而供应链管理必须以供应链导向为前提，以信任和承诺为基础。物流管理主要以企业内部物流管理和/或企业间接口物流管理这两种形式出现，主要表现为一种职能化管理模式；供应链管理则以流程管理为表现形式，它不是对多个企业的简单集合管理，而是对多个企业所构成的流程进行管理，是一种流程化的价值链管理模式。

（2）导向目标不同。物流管理的目标是以最低的成本产出最优质的物流服务。对于不存在供应链管理的环境，物流管理在单个企业战略目标框架下实现物流管理目标；对于供应链管理环境，物流管理指供应链物流管理，以供应链目标为指导，实现企业内部物流和接口物流的同步优化。而供应链管理是以供应链为导向，目标是提升客户价值和客户满意度，获取供应链整体竞争优势。

（3）管理层次不同。物流管理对运输、仓储、配送、流通加工及相关信息等功能进行协调与管理，通过职能的计划与管理达成降低物流成本、优化物流服务的目标，属于运作层次的管理；而供应链管理聚焦于关键流程的战略管理，这些关键流程跨越供应链上所有成员企业及其内部的传统业务功能。供应链管理站在战略层次的高度设计、整合与重构关键业务流程，并做出各种战略决策，包括战略伙伴关系、信息共享、合作与协调等决策。

（4）管理手段不同。既然物流管理与供应链管理的管理模式和层次都存在区别，其管理手段自然也不同。物流管理以现代信息技术为支撑，主要通过行政指令或指导，运用战术决策和计划来协调与管理各物流功能；供应链管理则以信任和承诺为基础，以资本运营为纽带，以合同与协议为手段，建立战略伙伴关系，运用现代化的信息技术，通过流程化管理，实现信息共享、风险共担和利益共存。

二、物流管理与供应链管理的联系分析

（一）物流管理是供应链管理的核心内容

物流贯穿整个供应链，是供应链的载体、具体形态或表现形式（供应链的载体还包括信息流、资金流）；它衔接供应链的各个企业，是企业间相互合作的纽带。没有物流，供

应链中生产的产品的使用价值就无法得以实现，供应链也就失去了存在的价值。因此，物流管理很自然地成为供应链管理体系的重要组成部分，它在供应链管理中的地位与作用可以通过供应链上的价值分布看出：物流价值（采购和分销之和）在各种类型的产品和行业中都占到了整个供应链价值的一半以上。因此，物流管理是供应链管理的核心。有效地管理好物流过程，对于提高供应链的价值增值水平有举足轻重的作用。

（二）物流管理是供应链管理的一个子集或子系统

从各种关于物流管理和供应链管理的定义来看，物流管理承担了为满足客户需求而对货物、服务从起源地到消费地的流动和贮存进行计划与控制的过程。它包含了内向、外向和内部、外部流动，物料回收以及原材料、产成品的流动等物流活动的管理。而供应链管理的对象涵盖了产品从产地到消费地传递过程中的所有活动，包括原材料和零部件供应、制造与装配、仓储与库存跟踪、订单录入与订货处理、分销管理、客户交付、客户关系管理、需求管理、产品设计与预测，以及相关的信息系统等。供应链管理连接了所有的供应链成员企业。从这个意义上讲，物流管理是供应链管理的一种执行职能，即对供应链上物品实体流动的计划、组织、协调与控制。简言之，物流管理与供应链管理所涉及的管理范畴有很大不同，物流管理是供应链管理的一个子集或子系统，供应链管理将许多物流管理以外的功能跨越企业间的界限整合起来。

综上所述，物流管理与供应链管理在存在基础、管理模式、导向目标、管理层次以及管理手段等方面都存在较大的差别，但从管理范畴与内容上而言，物流管理是供应链管理的一个子集或子系统，同时也是供应链管理的核心内容。供应链管理是较物流管理更宽泛的一个概念，包括物流、市场营销、产品研发与设计等在内的所有业务流程的管理，其目的在于追求整个供应链系统的成本最低化、服务最优化及客户价值最大化；而物流管理是集中于货物、服务及相关信息有效率、有效益的贮存与流动的计划、实施与控制，是供应链管理的一部分，其目的是通过物流这一子系统的最优化为供应链整体做出贡献。

第三章 物联网与物流的关系

第一节 物联网与物流信息系统

随着智慧地球概念的兴起和演化，物联网也逐步成为研究热点。物联网是集传感器技术、互联网技术和通信技术为一体的将物体之间连接起来的网络。物联网实现让物体说话和与人类交流。物联网最早兴起于19世纪90年代，美国最早的施乐公司的可乐自动售货机就是物联网诞生的标志。物联网通过传感器技术、嵌入式技术和通信技术将人类与物体连接起来，将人类的意愿与物体进行交互，实现自动化。物联网最核心的技术在于传感器技术，传感器网络是物联网实现的底层硬件支撑。

在物联网诞生后，物流行业向智慧物流又迈进了一大步。基于物联网的物流充分利用了物联网的优势，将物流的仓储、配货、运送等阶段智能化控制。物联网通过传感器网络采集和上传数据，物流信息系统的服务器端进行存储、处理和下传命令。这种模式能充分发挥传感器廉价、大量、易通信的优势，又能将物流的过程免去了传统的人工监控、视频等手段。如果没有物联网，传统的物流通过人工监控可以及时监测出物流中的不良情况，或者通过视频摄像头来实时拍摄物流运送车内的情况，但是视频的质量比较差，而人工监测又是一种浪费人力的表现。物联网的出现让物流中的物品自己监督自己，并在发生不良情况时及时报警，形成智能化的物流。

通常，将基于物联网的物流分为三层，最底层的是感知控制层，它是物联网物流系统提供底层的硬件支撑，由大量分布的传感器节点组织成物流数据的采集网络，实时获取物品的仓储信息、配货信息、配送信息等，让管理人员能够随时了解物品的情况。比如配送过程中，传感器节点会传送出物品所在环境的温度、湿度、光照、位置、压力等信息。RF射频是传感器节点互相通信的信号，它是无线发射的，传感器模块负责数据的采集和转换。物联网物流系统的第二层是服务器管理层，该层负责接收感知控制层传来的数据并进行存储和处理。比如感知控制层传来的数据显示某易碎物品被碰撞，服务管理层接收到此数据后要发出报警，并及时处理。物联网物流信息系统的最高层是应用层。对于感知获取的数据，应用层可以随时读取和利用，并向服务管理层发出请求，控制感知控制层。服务管理层如果同意该请求，便会下发命令给感知控制层。

第二节 物联网在物流领域的应用分析

物流领域是最早涉及物联网技术应用的领域之一。从运输方式的维度，在公路运输、铁路运输、航空运输、水路运输、管道运输等五个领域都用相应的应用，而且应用情况基本相似。主要就是实现货物和运输工具的智能识别、定位跟踪和智能监控。例如：通过工程总承包（EPC）自动获取货物真实信息和身份，防止货物装卸错误、取送错误等情况发生。通过射频识别技术（RFID）电子标签和传感器等，掌控货物、运输工具、运输环境、运输路径以及驾驶员等情况，实现对货物和车辆的实时跟踪与监控，自动提供运输路线、运输时间等最优运输方案。从普通货物运输和特种货物运输的维度，在特种货物运输领域，如冷藏货物运输、危险货物运输、大件货物运输、集装箱货物运输领域的应用相对广泛一些。

一、物流领域应用的物联网技术

物联网技术在物流领域实际应用状况如下：

（1）运输领域常用的物联网感知技术。物流领域的物品不仅品种繁多、形状各异，而且时刻处于移动、交换过程中。为此，需要对运输中的物品进行识别、追溯、分类、拣选、计数、定位、追踪、监控，以及对特殊物品的性能及状态进行感知与识别。这就需要用到RFID技术、全球定位系统（GPS）技术、传感器技术、蓝牙技术、激光技术、视频识别与监控技术、红外技术感知技术。

（2）运输领域常用的网络通信与网络技术。在物流运输作业中，包含有大范围和区域范围内的线路运输与调度。要实现在物流运输过程中的物联网，需要集成多种网络通信技术和网络技术。在网络通信方面，常采用无线移动通信技术、M2M技术、3G、4G、5G技术、直接连接网络通信技术等；在网络技术方面采用互联网技术、局域网技术、无线局域网技术、无线通信技术和现场总线技术。

（3）运输领域常用的智能技术。物流运输系统具有复杂性、开放性和多样性。因此也会涉及广泛和复杂的智能技术。区域范围内的运输物联网系统包括：ERP技术、自动控制技术、专家系统技术等；大范围物流运输系统包括：数据挖掘技术、智能调度技术、优化运筹技术等。

二、物联网技术在物流领域的应用

（1）RFID技术在物流领域的应用。RFID技术是物联网中最关键和最核心的技术。RFID在运输领域的重点应用包括：第一，集装箱追踪与管理。能够实时记录箱、货、流信息，用智能集装箱电子标签记录开关箱时间和地理位置信息，实现集装箱运输全程实时在线监控。第二，货物和车辆的跟踪与管理。货运车辆上的RFID标签中包含车牌号、车辆载重量、车辆容积、司机信息、运输线路、车辆所属单位、货物信息等基本信息。第三，通过在托盘等装载设备上加装的RFID标签，实现托盘等装载设备的跟踪管理。此外，还在航空集装设备、货物追踪及行李管理、机场货运车辆的智能调度与管理等方面得到应用。

（2）GPS技术在物流领域的应用。GPS在货物运输领域中的应用主要包括：一是货运车辆运行管理。通过GPS技术对运输车辆和货物进行实时定位、跟踪、监控、调度等操作，同时提供报警功能确保车货安全，特别适用于对特种货物和专用车辆的定位跟踪、长途货运管理等领域。二是物流运输监控系统。通过车辆跟踪、路线规划与导航、话务指挥、信息查询、紧急救援等，对运输过程中车辆和货物进行监控管理和合理调度。三是网络GPS系统。通过公共GPS监控平台，提高了GPS的利用率，节省企业费用，降低物流运输行业总投资费用和总成本。此外也应用于智能港口物联网等其他领域。

（3）无线传感网在物流领域的应用。无线传感器网络是由监测区域内大量微型传感器节点组成，通过无线通信方式形成的一个多级的自组织的网络系统，从而协作地感知、采集和处理网络覆盖区域中感知对象的信息，并发送给观察者。无线传感器网络在物流领域的应用包括运输中的设备和车内环境监测、运输车辆与物品的跟踪与监测、危险品运输管理以及冷藏货物运输管理等。例如运输冷藏货物，温度必须控制在一定的范围之内，如果车厢内的温度高于或者低于规定的温度就发出报警，以便于采取相关处理措施，保证运输质量。

（4）智能机器人在物流领域的应用。智能机器人是物联网智能系统的执行者之一。将机器人纳入物联网系统中，利用机器人的自动化性能，实现智能作业与管理。目前我国智能机器人在汽车物流、烟草物流等领域已经得到广泛应用，目前在运输领域的应用主要是在两端的装卸环节，尤其是冷藏货物运输或标准化的运输环境。

（5）物联网技术在物流领域的集成应用。第一，运用GPS技术、RFID技术、传感技术等，建立运输过程的可视化智能管理网络系统。例如通过建立 GPS 智能运输管理系统实现货物实时跟踪与监控，实现货物运输的透明化、可视化管理。第二，运用 RFID、声、光、机、电等多项技术，建立自动化的物流配送中心，实现“四流”全面协同。第三，基于物联网的运输服务信息平台。一是建立智能货运与配货信息化平台，在线提供实时的货物信息、返程配货信息、导航监测服务等。如汇通天下的配货网站就是这样的物流信息平台。另一个典型应用是运用物联网技术，建立一个集装箱多式联运智能信息化管理平台。全程实时监控和跟踪集装箱货物，使货主、船公司、港口、海关等部门都能随时查询集装箱货物的实时状态信息，提高运输效率、安全性和透明度。

第四章 物联网与供应链的关系

第一节 农产品供应链中应用的物联网技术

一、农业信息感知技术

农业信息感知技术是指利用遥感技术、农业传感器设备、RFID、等相关技术在任何时间与任何地点，不受时空的限制对农业物体进行信息采集和获取。

（一）遥感技术

遥感技术是利用对电磁波敏感特性的遥感传感器，在不需要接触目标物体的条件下可以探测目标的物电磁波信息，可以对信息进行提取、判断、处理和应用的一门科学与技术。目前，遥感技术已经广泛应用于农业领域。利用遥感技术可对农作物进行遥感估产、作物长势监测、种植面积提取等应用。此外，遥感技术还可以检测出农业病虫害，可以在农作物刚遭受病虫害时就探测到这一光谱差异，及早发现农作物病虫害并及早进行防治。

（二）传感技术

传感技术、计算机技术、通信技术被称为信息技术的三大支柱。仿生学认为，传感器就是信息采集的“感觉器官”，通信系统是传递信息的“神经系统”，计算机则是处理各类信息的“大脑”。传感技术是利用各类传感设备从自然界中获取相应的信息，通常有生物量、物理量、化学量的传感器来获取信息。国外传感技术发展的主要趋势：一是注重系统性和传感器、处理与识别的协调发展。二是集成化程度高。比如信息处理与传感器的集成、数据集成与融合、硬件与软件的集成等。三是注重创新。用新的理论、新的技术研发新型传感器和软件系统。传感器向微小型化方向发展，提高其可靠性、便捷性、降低成本。这种做法效益巨大，极大程度增强市场竞争力。

农业用传感器的类型较多，常用的主要有以下四种：

(1) 环境信息传感器：作物的生长与温度、湿度关系密切，因此在农业生产监测中，空气温度、湿度的监测是主要参数。

(2) 土壤信息传感器：作物生长的关键因素是水分，利用土壤信息传感器感知土壤干燥度，精准用水。

(3) 二氧化碳传感器：农作物的光合作用和二氧化碳有直接关系，实时监测并控制二氧化碳的浓度，科学促进作物生长发育。

(4) 光照度传感器：植物的光照程度也影响它的生长发育，因此监测光照度信息对作物生长发育有重要作用。

目前国内已经在大田种植、设施园艺、畜禽养殖、果蔬储藏、农产品质量溯源等方面开展了试点应用，相关科研院所已开始进行农用感知设备的研制工作，包括温度传感器、湿度传感器、水体溶解氧传感器、盐度传感器等。但是与发达国家相比，我国农业专用传感器技术的研究还相对滞后，许多还主要依赖进口感知设备，大部分产品还停留在实验室中试阶段，在可靠性、低功耗、稳定性、小型化等性能方面还存在很多不足，实现大规模的产业化推广还有很长一段路和距离。

（三）二维码技术

二维码技术是比一维码技术更高级的条码格式，是用某种特定的几何图形按一定规律在平面分布的黑白相间的图形记录数据符号信息。二维码在水平和垂直方向都可以存储信息，比一维码有更大存储量，所以二维码技术的应用领域要广得多。二维码以其储存量大、抗损性强、成本便宜、备援性大等优势获得广泛应用。目前使用最为广泛的是手机二维码领域，用户通过手机扫描二维码就可以查看到丰富的介绍内容，免去再输入烦琐的网络地址。

二、信息传输技术

信息传输技术包括有线网络传输和无线网络传输等相关技术。农业信息传输技术是将涉农物体通过智能感知设备采集到信息数据，接入相应的传输网络中，依靠有线或无线通信网络，随时随地进行信息交互和共享。目前由于农业领域的特定环境要求，主要应用无线信息传输技术，如常见的紫蜂（ZigBee）、Wi-Fi 等都属于无线网络传输技术，近距离多使用 ZigBee 协议进行数据传输，远距离使用 Wi-Fi 技术。

（一）ZigBee 技术

ZigBee 技术是一种近距离、低功耗、低速率和低成本的双向无线通信技术，它主要是应用在距离短、功耗低且传输速率不高的电子设备之间进行数据传输。ZigBee 是一个无线数字传输网络平台，每个 ZigBee 数字传输模块可相互通信，节点间的距离从 75 米至几百米，甚至几公里，还支持无限扩展。ZigBee 具有简单、使用方便、工作可靠、价格低的特点，这也是它与 CDMA 网或全球移动通信系统（GSM 网）的不同点之一。每个 ZigBee 节点不仅本身可以作为监控对象，还可自动中转其他网络节点传过来的信息数据，也可以通过信号覆盖范围内，与其他多个不承担信息数据中转任务的子节点建立无线连接。

ZigBee 是一种无线连接网络技术，可在 2.4GHz、915MHz 和 868MHz 三个频段上工作，其传输的速率分别为 250kbit/s、40kbit/s、20kbit/s，传输的距离在 10~75 米范围内。

（二）Wi-Fi 技术

Wi-Fi 全称 wireless fidelity，是将有线网络信号转换成无线信号，是当前使用最广的一种无线网络传输技术，已在笔记本电脑、手机、PAD 等终端设备中得到了广泛的使用。其基本特点有：一是覆盖范围广，覆盖半径可达 95 米左右（蓝牙覆盖半径约 15 米）。二是传输速度非常快，可以达到 54Mbps（已经提升到 300Mbps），基本能够满足个人和社会信息化的需求。三是部署技术门槛比较低。厂商只要在人员较密集的地方设置“热点”，就可将互联网接入到该地区，人们利用移动终端就能享受到高速的互联网服务。

（三）无线传感网技术

无线传感网技术（WSN）是由若干具有无线通信与计算能力的感知节点，以网络为信息传递的载体，实现对物理世界全面感知，是自组织分布式网络。WSN 凭借其低成本、低功耗、微型化，及灵活的组网方式与便捷的铺设方式等特点受到广泛重视。物联网就是利用各种传感器设备以及由它们组成的 WSN，来感知整个物质世界。

WSN 中的传感器节点通常部署在采集数据对象的内部或附近，传感器通过自组织方式构成无线网络，整个区域内的信息可以通过多跳网络发送到汇聚节点并由汇聚节点发送到远程管理控制中心供进一步的分析和决策。在大田种植方面，目前已实现了对植物、土壤、环境的动态实时监控，设计了基于 WSN 的自动控制滴灌系统，并投入试点应用；在畜禽养殖方面，利用 WSN 传送动物信息，解决了饲养动物生理特征信息实时传输问题；在水产养殖方面，将水质监测 WSN 运用到了水产养殖业，实现了溶氧浓度和温度等参数的实时监控。针对不同的农业生产、加工、储藏、运输等环节和场所，选择适合目前市场需求、有利于农业现代化发展、有推广价值和综合性价比高的农业信息传输技术，是解决我国农业信息传输水平和节约生产成本的主要问题。

三、数据分析与处理技术

数据分析与挖掘就是从大量不完全的随机和模糊实际应用数据中，提取其中隐含的潜在有用的信息和知识的过程。对各类农业生产和应用来说，建立和执行规范化的信息分类标准，对各项农业资源和农情数据进行科学的存储与管理，完成数据组织的标准规范、数据采集、清洗、存储、分析、可视化以及统计挖掘等功能。

（一）云计算技术

云计算是一种可以随时随地方便地、按需地通过网络访问可配置计算资源的共享池的模式，可以通过最低成本的管理或与服务提供商交互来快速配置和释放资源。按服务类型分类，可以将云计算分为基础设施即服务、平台即服务、软件即服务三类。此外，还有日益兴起的“云安全”和基础设施搭建所必需的虚拟化。

云计算在解决农业生产中的分散性、封闭性、滞后性等特点方面具有比较好的优势，促进了农业领域的信息技术转向云计算方面发展。通过云计算来提升农业领域中网络信息服务管理水平，可有效降低服务与管理的成本。依托云计算技术构建农业数据中心，硬件设备会大量减少，如服务器、网络设备、机架、其他外设以及支撑设备等，机房管理也会变得更加简便。同时强大的云服务能力，为后续的应用系统部署、整合、数据的分析处理、对外提供云应用服务等提供必要的基础支撑。虚拟化，则是对现有设备和资源进行整合和再分配，降低建设和运维管理成本。

以上海农业应用为例，上海市农业委员会正开展“农业云”项目建设，搭建基于“云计算”的农业综合数据中心，充分整合农业物联网、农业生产管理服务系统与平台的数据资源，通过收集、集中存储和管理信息资源，支持跨部门、跨区域的数据共享和交换。然后对不同来源的数据进行清洗、转换、整合、编排，以支持海量数据处理、数据挖掘、数据分析和比较，为顶层决策支持服务。通过虚拟化方式来共享农业数据资源的计算模式，按照不同农业部门的不同需求，以不同服务的方式提供农户、企业和政府使用（如政府决策、综合办事、价格行情和信息指导等全方位、多角度的信息查询、决策、发布与使用），提升为农服务水平，实现跨部门、跨区域的数据共享和交换，提供宏观的预测预报数据依据，为领导决策提供全面、准确的数据保障。同时也可对单位其他的应用系统提供统一的、全面的数据服务。

（二）数据分析技术

数据是与自然资源一样重要的战略资源，大数据技术就是从数量巨大、结构复杂、类型众多的数据中，快速获得有价值信息的能力，它已经成为学术界、企业界，甚至各国政府关注的热点。农业数据来源广泛、种类繁多、结构复杂，蕴含较大的潜在价值，往往缺乏统一的规范标准。农业数据资源主要包括农业自然资源与环境数据，农业生产数据包括种植业生产数据和养殖业生产数据、农业市场数据（主要包括市场供求信息、生产资料信息、价格及利润信息和流通市场信息等)、农业管理数据（包括国民经济基本信息、国内生产信息、国际贸易信息、国际农产品动态信息和突发事件信息等）以及农业科学数据，等等。

物联网在农业领域中的应用，面临着一系列广域空间分布的信息获取、高效可靠的数据传输与信息互联，及面向不同应用需求和不同应用环境的智能化数据传输的技术问题。在传输层，主要要解决以下两个方面的共性问题：

第一，农业物联网自组织网络体系结构，在实际应用中，针对农业业务的不同应用情况，基于跨层设计方法研究农业物联网的复杂网络体系结构，在物理层和数据链路层之上重点分析定位节点图像、数据和能量在链路层和网络层的跨层应用，以及节点信息的可靠传输与远程拥塞控制；研究物联网节点的位置管理模型、研究能量管理模型、时间管理模型、安全管理机制等技术，设计适用的无线局域网、移动通信网和因特网等渠道进行数据传输，中继到监控中心。

第二，农业物联网感知节点部署模型，针对农业生产、农产品加工、农产品流通环节的不同特点，研究无线传感器等微型节能智能感应元件在检测区内对环境生物信息协同感知与采集方法，以及感知节点与控制中心全维度空间部署模型，构建低成本、全覆盖、实时监控的农业物联网物理层拓扑结构，提高网络的工作运行效率。

第二节　物联网在农产品供应链的应用实施

一、物联网在农产品供应链安全中的应用

农产品是大众日常饮食的重要食材，其安全直接影响大众的身体健康。农产品从种植

到大众的餐桌需要经历大概田间管理、收获、储存、运输、销售等众多环节，都会对农产品安全产生一定影响。物联网是科技发展催生出的新技术，将其应用于农产品供应链安全中，能实现农产品供应各环节的安全追溯，进而保证农产品的安全，保证大众的身体健康。

农产品质量安全问题的频繁发生，使农产品安全成为社会研究的热点和焦点。农产品质量安全问题不仅损害消费者的身心健康，也影响农业生产的发展，制约农产品的国际化竞争。农产品质量安全问题会造成社会经济的损失，影响社会稳定。农产品从田间到消费者的餐桌，要经历一长串供应链，涉及多个主体，监管难度和追溯难度比较大。在科技发展的推动下，物联网快速发展起来，将物联网应用于农产品供应链管理过程中，能通过对农产品供应链各个环节数据的采集及监测，实现质量安全管理的无缝对接，进而解决食品安全问题。

（一）农产品供应链质量的安全问题

1. 生产和销售分散性的安全问题

农产品供应链的形成是基于消费者对农产品的需求。单个农产品经营者或农民无法应对市场消费者的需求，为了应对消费者需求的变化，农产品加工者、农产品存储运输者、农产品销售者建立了风险共担且利益明确的供应链体系。农产品供应链解决了农产品需求的供给问题，降低了交易成本，但由于供应链上的主体多、环节多，导致整个供应链的农产品质量安全无法得到保障。农产品生产过程中土壤环境、农药化肥使用量、农产品加工过程中添加剂的使用、农产品存储过程的质量保证等，都影响农产品的质量安全。农产品的市场需求是影响供应链的内部原因，质量安全是影响供应链的外部原因，存在安全问题有一定必然性。

2. 生产和销售质量标准的安全问题

农产品供应链上的从生产到销售的不同环节，性质不同，组织分工不同，安全质量标准也不尽相同。特别是生产质量标准与加工质量标准完全不同，运输、包装、销售等环节的质量标准也存在一定差异性，导致整个供应链上的安全监管存在困难。从农产品质量安全监管主体来看，不同环节受不同主体监管，各监管主体出台的监管条例不同，容易出现重复监管或出现问题相互推诿的现象。

3. 生产和销售供应链的安全问题

农产品供应链上的不同主体之间，市场供求信息共享度高，但安全信息共享度低。供应链上的不同主体有自己独立的安全管理系统，与其他主体的安全信息无法兼容。目前我国农产品供应链的建设处于初级阶段，各主体在信息获取、处理等方面存在一定差异。大的农产品加工和运输企业建立了信息交流和质量追溯平台，并对收购的农产品进行编码，但未拓展到整个供应链，供应链未形成统一的监管体系，导致安全信息的对接存在壁垒，进而使食品安全问题频发。

（二）物联网在农产品供应链安全中应用的可行性

物联网是依托射频识别、红外感应器、激光扫描、全球定位系统等将特定的物品与网络连接起来，进而实现信息的共享，目的是实现物品的识别、定位、监管和管理。物联网是依托现代信息技术，实现信息源与物理源的有效整合，将事物数字化、信息化，进而实现人与人、人与物、物与物之间的信息化交互。依托物联网对农产品安全进行监管，能依托市场准入制度、信息查询制度、市场预警制度、移动执法制度等对农产品从田间到餐桌的全过程进行监督，并有效解决农产品供应过程中安全管理的薄弱环节，使安全信息更对称，使监管主体更清晰，使监管对象更集中。目前农产品供应链安全在技术上缺乏支撑，在手段上缺乏经营经验，而依托物联网进行农产品供应链安全管理，能依靠物联网的独特特征形成一个安全的农产品供应模式。

依托物联网构建的农产品供应链安全体系，信息透明，各环节无缝对接，抵抗风险能力强，体系结构更完善。首先，依托物联网构建的农产品供应链形成的是一个环形链条，物联网平台依托技术手段将供应链上的所有主体进行连接，形成点对点的对接体系，能及时、准确地追溯所有信息源。其次，信息透明。物联网使农产品的供应不再是田间到消费者餐桌的单向信息传递，而是通过物联网平台实现了餐桌到农民的信息反馈性传递。通过RFID标签和信息技术，供应链上的所有主体都能掌握各个环节的安全信息，使信息更对称。再次，抵抗风险能力增强。物联网实现了食品从生产到回收等各个环节的跟踪与监督，使食品安全透明呈现。供应链上的各个主体能根据物联网上的数据信息对相应的问题进行处理，能增强各主体共同应对风险的能力，进而增强供应链上各主体的市场竞争能力。最后，体系结构更完整。相对于传统的单向信息传递来说，依托物联网构建的环形供应链系统，组织化程度更高，各要素更完备。高效的食品信息管理体系、完备的物流配送体系、透明的食品安全监督体系，能为农产品安全的监管提供有效支撑。

（三）物联网在农产品供应链安全中的应用策略

1. 基于物联网构建农产品供应链的监管体系

第一，依托物联网进行农产品供应链安全信息的采集和整理。对供应链上的所有主体的产品，利用带射频的 EPC 电子标签技术和 EPC 身份卡进行实时信息采集，包括农产品种植过程的施肥、用药等细节，销售过程安全信息等，并依托技术将各环节的关键质量点采集的数据进行上传，使所有数据依托 EPC 绑定在产品上。在供应链上，每个产品个体都有自上而下的完整的信息追踪记录，为向上和向下追溯提供支撑。政府部门可依托对物联网数据的监管，实施预警、召回等信息的发出，消费者可依托数据进行购买农产品的信息查询。

第二，运用互联网进行信息传递。在依托物联网技术进行信息的搜集与整理后，要依托互联网进行信息的传递，包括农产品种植过程中土壤、水温、肥料、农药、病虫害等的监测信息，包括加工、存储、运输、销售等各个环节的产品安全信息等。依托物联网搜集的信息成为农产品供应链上安全信息的有效补充，同时使信息在传递和共享的过程中解决了信息不透明的问题。

第三，农产品供应链各个环节实施安全预警制度。依托物联网的信息搜集，并设置预警数据，之后依托互联网上传到行业专网或其他网络平台。预警信息可通过数据信息的界限进行智能自动处理，即自动预警。收到预警信息的专家依托人工对信息进行再次查验，目的是通自动和人工双重预警，保证农产品供应链不同环节的安全。

第四，建立农产品供应链质量安全的监管制度。依托上述的预警机制，自动预警和专家审核的预警信息可上传到政府的质量安全监督部门，政府质量安全监督机构对存在安全隐患的主体进行监管和强制改进。供应链上各主体接收到整改通知后，进行自身的安全检查，在消除产品安全问题后，将整改结果上传到网络平台，进而实现了从农产品供应到消费的全过程无缝对接。

2. 依托物联网构建农产品供应链的保证措施

第一，加强对物联网技术研究的投入，提高农产品供应链安全监管的现代化进程。各个供应链上的主体要依托协议将自己环节的安全信息与网络进行连接，并建立统一的物联网信息读入、传输、集成、处理、传递系统，目的是使农产品的识别、定位、跟踪、监管和处理等依托物联网实现虚拟一体化。

第二，加强供应链各环节的信息共享。对供应链上的大企业，要建立共享信息化平台，将自身的产品服务的所有环节写入电子安全标签，为其他环节提供高效的查询数据，以利于不同环节对农产品进行追溯。政府作为上级主管部门，要强化设施建设、网络平台建设，目的是实现物联网农产品安全信息的共享，提高供应链的安全水平。

第三，建立全方位安全监管机制。农产品供应链条是一个商业获益过程，也是一个社会公益过程。政府与供应链上的企业、监管部门等存在不同的价值取向，但终极目标是保证农产品安全，实现社会责任。政府可从顶层设计的角度，建立跨产业、跨部门的全方位农产品监管机制，并依托物联网技术实现公众的食品安全的保护。对食品安全的监管不仅是政府的责任，也是社会大众的责任，通过网络平台可以实现社会公众对产品安全信息的共同监督。

第四，加快物联网农产品供应链的推广。要先加强依托物联网构建的农产品供应链的示范，由政府牵头，针对不同农产品的不同特征，采用不同的信息搜集与读入方法，制定安全电子标签。用统一的标准要求农业生产企业、农产品加工企业等在原材料等环节按照规范实施。在示范的基础上要进行推广，积极邀请企业参与到推广活动中来，目的是依托国家部门、企业技术等加快技术的转化率。通过农产品供应过程安全问题的解决，实现以点带面，全范围铺开依托物联网进行农产品供应链安全监管工作。

总之，依托物联网构建农产品供应链，并对农产品质量安全进行监管是农产品安全管理的发展方向。物联网依托 RFID 技术和传感技术等，与互联网平台进行连接，使农产品安全信息实现环形传递，能解决农产品安全无法追溯的难题。依托物联网构建的农产品供应链能使农产品安全管理覆盖到每个主体和每个流通环节，从产品的源头到消费者的餐桌，达到安全追踪的要求，能保证农产品安全，进而做到以预防为主，以风险预警为辅的农产品安全保障体系。

二、物联网在农产品供应链管理中的应用

农产品供应链链条过长，各节点之间信息流通不畅，已严重制约了我国现代农业的发展。重视信息化平台建设的关键作用，将物联网应用于农产品供应链管理是现代农业发展的需要。

目前，中央一号文件连续多年聚焦“三农”问题，只有真正解决好“三农”问题，中国经济稳定发展才有保障，才能把握经济发展主动权。农业在整个国民经济中占有非常重要的基础地位，农产品物流在国民经济中也扮演着重要角色，将供应链管理思想引入农产品物流，并进行优化，可以提高农产品的流通效率，进而降低农产品物流成本，增加农民收入。

随着“感知中国”理念的提出，“物联网”一时成为国内的研究热点，也为农产品供应链的优化带来了契机，使农产品供应链的高效管理成为可能。物联网在农产品供应链管理中的应用也代表了未来农产品流通信息化发展的方向。

目前，对于物联网的研究，国内外还都处于起步阶段，不同领域的专家学者对于物联网的概念、特征、体系架构和系统模型等方面还缺乏统一的界定。但随着信息技术在全球

的快速发展，以及国内外对物联网研究的高度重视，继计算机、互联网和移动通信之后物联网必将成为新一轮信息产业浪潮。物联网在农产品供应链管理中的具体应用必将为农产品生产、流通的信息化发展带来极其深刻的影响，进而引领现代农业的发展。因此，物联网在农产品供应链管理中的应用具有非常重要的意义。

供应链管理是把供应商、制造商、仓库、配送中心、渠道商、消费者等有效地组织在一起，使整个供应链系统成本达到最小。农产品供应链是指农产品沿着农户、加工企业、物流中心、零售商以及消费者运动的一个网状链条，它在一定程度上能够提升农产品的竞争力。

由于我国农产品供应链管理各节点信息不通畅，使得广大农民在生产过程中存在盲目性，农产品有的生产过量而有的供应不足，造成农产品市场价格波动比较大；信息不通畅，还使得农产品从生产到销售所涉及的各环节成本被无形中加大。所以，必须重视信息化平台建设的关键作用，将物联网运用到农产品供应链管理中，优化农产品供应链，使得农产品供应链的高效管理成为可能。

（一）物联网在农产品生产过程中的应用

智慧农业是农业生产的高级阶段，通过传感技术等物联网技术对温湿度、土壤 pH 值、风力、光照等农产品生产现场的环境进行检测，收集农产品生产现场的环境信息，进而对收集到的相关环境参数进行智能分析、智能决策、专家在线指导等，确保农作物有最适宜的生产环境，从而获得高产量、高品质的农产品，实现农业的精准化种植、智能化管理。

（二）物联网在农产品加工过程中的应用

农产品通过加工可以提高其附加值，增加农民收入，解决农村富余劳动力就业问题，扩大农民增收渠道，因此农产品加工业是我国国民经济发展的重点支柱产业。随着我国劳动力成本的上涨和工作环境要求的提高，如何降低生产成本、确保生产安全成为需要解决的重点问题。

物联网技术可以把农产品加工过程中涉及的所有设备链接到电脑上，通过电脑终端下达生产指令，每台设备按照指令完成生产任务，有效控制每个生产环节，大量节省人力物力，降低加工成本。食品安监部门也可以通过物联网有效检测农产品加工过程。在农产品加工厂安装相关传感器检测装置，数据通过网络传输到信息平台，从而实现对农产品加工过程的实时监控，确保农产品加工安全。

（三）物联网在农产品仓储管理中的应用

将物联网应用到农产品仓储管理中，可以实现农产品仓储的智能化。通过传感器等物联网技术对仓库的温度、湿度、氧气含量等进行检测，并对采集到的信息进行智能分析，确保农产品保管所需的最适宜环境。当贴有 RFID 标签的农产品进出仓库时，在入口处被阅读器自动识读，RFID 标签中包含的入库农产品的各项信息被传输到数据中心，通过信息分析对农产品分配相应的仓位，将农产品放到正确的仓位上，提高仓库空间利用率。通过物联网技术可以对农产品入库、在库、出库进行实时监控，及时更新库存数量，确保出入库的准确性，实现农产品仓储的智能化。

（四）物联网在农产品运输配送中的应用

农产品离开始发地后，通过 RFID 读写器、传感器、GPS 装置、无线通信装置等物联网相关设备，可以实现对运输车内的温湿度控制，降低农产品的在途损失。当农产品车辆在途中发生意外时可以自动报警，管理者通过手机、电脑等终端设备接收报警信息并及时处理。通过物联网技术还可以及时了解车辆信息，对车辆实时调度，提高车辆的实载率，降低运输成本。在配送阶段，贴有 RFID 标签的农产品通过自动分拣系统可以实现自动分拣。将所有农产品供应链上的运输配送车辆都纳入物联网，对农产品运输配送过程实时监控，随时了解农产品状态，实现对农产品运输配送的可视化管理。

（五）物联网在农产品销售过程中的应用

贴有电子标签的农产品包含了生产、包装、储存、运输、配送等信息。通过生产日期、储存方法、保质期等产品信息，可以实现农产品在保鲜、有效期等方面的实施监控，最大限度降低农产品损耗。智能货架上的农产品一旦被消费者取走，会被自动识别，当数量下降到一定水平时，就会有相应的补货提示。在销售结账时，读写器可以将带有标签的货物一次性扫描，减少顾客排队结账时间，也节约了大量的人工成本，进而降低农产品销售成本。

物联网应用于农产品供应链管理可以提高农产品的产量和质量，确保农产品安全，实现农产品的精准生产。随着全球信息技术革命的不断深入，物联网应用于农产品供应链所面临的各项问题也将被一一解决，物联网的应用将成为衡量农业发展水平的重要标志，是未来农业发展的方向。

第五章 农业生产中物联网的应用

第一节 农业大田物联网系统应用

一、农业大田物联网集成监测系统建设

农业大田物联网根据大田作物生长需求，采集作物气象环境湿度、温度、照度、风速、风向、雨量、二氧化碳浓度等参数，土壤基质温度、水分、盐力、肥力等参数，以及水环境溶解氧、水温、pH 值、氨氮、总磷等环境参数数据，通过自组织无线网络、移动通信网络等方式组网、路由传输到系统网络节点或基站，网络汇集节点或基站处理及存储网络数据，根据所采集的上述作物参数通过服务器进行智能信息融合及决策，进而控制灌溉设备、施肥设备等执行器，实现作物生长环境的闭环调控。

（一）农业大田物联网设计

根据信息生成、传输及处理和应用的不同层次，可以将大田物联网分成感知层、传输层、处理层和应用层。

1. 感知层

感知层主要承担数据获取任务，在大田中部署各类传感器设备，采集环境参数、农作物生长发育状况、设备运行状态等数据信息，包括温度、湿度、二氧化碳浓度、光照强度、加热温度、风速、风向、降雨、霜冻、风暴等。上述农业传感器设备具有低成本、高可靠、低功耗等特点，适用于在复杂自然环境下的各类信息感知。

2. 传输层

利用无线通信技术与自组网技术组成传感网络，将感知层采集到的数据信息传输至传感器核心节点，并导入综合数据中心作为数据应用服务端，经过不断积累形成海量的基准数据，为远程预测诊断与反馈控制提供基础的决策数据。该传感网络具有多协议相互兼

容、自组织和高通量等特点，可以保障在复杂农业生产环境下的数据传输的稳定性、可靠性和及时性。

3. 应用层

应用层主要承担感知层数据的解析、展示与分析等应用功能。以大数据应用的分析挖掘为基础，建立智能控制系统，实现对现有环境的实时监测预警。通过设定环境参数阈值，实现自动化智能化控制。利用专家系统，结合通信技术，对农作物生长状态、传感器故障、病虫害防治及微环境监测等进行远程诊断分析与生产指导服务。通过建设该平台可以实现大田农业精准操作与智能化管理，并远程提供生产指导决策。

（1）环境参数可视化监控。结合三维实景图与传感器设备监测数据，显示环境变化情况及各设备工作状态，有效提升用户可视化体验度。

（2）反馈控制。针对农作物不同生长阶段所需要的环境参数情况，设定其控制的阈值，实现相关智能设备的自动化控制，将环境变量控制在适宜植物生长的一定范围内，体现大田农业的高效率。

（3）基于基准数据的远程生产指导服务。将本地传感采集数据与远程专家库提供的基准数据进行对比分析，为现场农业生产提供技术指导服务，辅助制订个性化生产管理方案，提高能源使用管理效率，为农作物病虫害防治提供决策支持。

（4）移动智能终端管理系统应用。结合手机短信服务等功能，通过发送查询命令，可随时查看当前环境状况与图像情况。通过互联网可访问服务器端的数据，获取农作物生产档案记录信息，实现农产品质量可追溯管理。

（二）大田物联网集成监测系统设计

搭建的大田综合感知平台用于农业大田的田间微环境的数据采集和监测监控，组建应用于农业复杂环境下的无线传感自组网络，可灵活高效地在农田大范围作业环境中进行部署实施，实现各种数据的精准服务与应用管理。

1. 农业大田应用集成传感网络设备

采用符合农业生产特性和应用环境的农业专用传感设备，采集农业大田环境中的大气温湿度、土壤温湿度、叶表温湿度、风速、风向、雨量、光照度、水位水量等农业环境参数的信息数据，解决目前应用于农业环境中的传感器稳定性特别差、成本比较高、集成性比较低，无法大规模、整体化推进应用大田农业物联网智能控制设备问题，有效提升大田生产智能化管理水平。主要设备参数如下：

（1）太阳能供电系统：采用太阳能与锂电池相复合系统，保障提供充足电源供应，保证系统长时间稳定运行，无外接电源可连续工作 3 年以上。

（2）田间微环境数据采集网络设备：数据采集中枢采用 ZigBee 无线自组网络技术，保证可靠传输距离 1.5 公里。

（3）风速风向传感器：稳定有效风速测量范围 0~30m/s，分辨率 0.1m/s。

（4）空气温湿度传感器（包括百叶窗）：可靠温度范围-40℃~80℃，可靠湿度范围 0~100%。

（5）大田水位传感器：测量范围 0~50cm 左右，测量精度 1mm 左右。

在大棚内西红柿与芹菜的田间布置的传感器节点，用于采集相应的农作物生长环境的温湿度等微环境信息。

2. 农业大田植株生长的感知平台

大田植株生长感知平台主要用于监测和研究植株生长各个阶段的状态信息。平台搭载了各类植物生长传感器以及微型摄像头，能够对植株的各种生理指标和环境指标进行全方位的监测与研究。主要设备参数如下：

（1）太阳能供电系统：采用太阳能与锂电池复合的电源系统，能够提供充足电源供应，保证系统长时间稳定运行。

（2）数据采集传输设备：数据采集采用 ZigBee 无线自组网络技术，传输距离 1.5 公里左右。

（3）微型无线摄像头：图像分辨率 50 万像素左右，无线传输距离 100m 左右。

（4）叶面湿度传感器：可靠测量范围 0~100%，测量精度+/-3%RH。

（5）叶面积温传感器：范围在-30℃~60℃，测量精度+/-0.2℃。

（6）植物果实生长传感器：测量范围在 30~160mm，分辨率+/-0.001mm。

（7）植物茎干生产传感器：测量范围在 0~+-3ml/h（相对值）。

（8）日照时数传感器：光谱波长范围 400~1100nm，测试范围 0~2000W/m^2。

（9）空气温湿度传感器：温度范围在-40℃~80℃，湿度范围在 0~100%。

（10）土壤湿度传感器：相对湿度范围在 10%~100%。

3. 农业大田空中移动感知应用集成设备

基于空中巡航实时监控设备，实现对大田病虫害监测与防治、田间施肥喷药等生产管理应用。无人机采用八旋翼飞行器，控制比较灵活。可实现垂直起降、精准悬停等功能。通过搭载多光谱视觉感知传感设备，可以实时采集农作物生长光谱信息，分析农作物的生长发育情况，实现对大田苗情、病虫害发生等生长发育过程的观测监测。空中移动感知应用集成设备可根据设定的飞行路线在空中自主巡航，分析实时视频数据，发现有可疑的病虫草害痕迹信息，就可手动操作飞行器悬停在相应位置，进行近距离监测观察并拍摄照片，帮助植保人员加强病虫草害预警预报，可节省大量人力成本。主要设备参数如下：

（1）无人机主体：八旋翼机体，载重量10公斤左右，飞行时间30~45分钟。

（2）飞控系统：具备智能动态平衡，抗风强度5级，含故障保护控制系统。

（3）GPS导航系统：可实现50个预设点的路径循迹自动导航，可设定飞行高度和飞行速度。

（4）无线图像传输系统：可实现3公里半径无线实时图像传输。

（5）搭载传感器：空气温度传感器范围在-40℃~80℃，空气湿度传感器范围在0~100%。

4. 农业大田物联网集成监测系统应用

大田物联网集成监测系统应用主要是物联网技术在产前农田基本要素资源管理、产中农情监测预警和精细农业作业生产以及产后农机耕作指挥调度等领域的具体应用。主要包括墒情气象监控、农田环境监控、施肥用药管理监测、大田作物病虫害诊断与预警、农机指挥调度管理、生产过程精细作业等方面。

由于农作物的生成过程较为缓慢，因此将无线传感器网络（WSNs）用于农作物生产信息监测时，必须保障其能够持续工作很长一段时间。而传感器节点的电池容量有限是传统WSNs能够持续工作的一个主要瓶颈问题。为延长WSNs的生命周期，通过给传感器节点安装能量收集模块，传感器节点就可以从外部资源中持续获取能量，例如太阳能、热能、风能等能量和RF能量等。在其工作过程中除了遇到硬件的故障问题外，只要节点消耗的能量低于节点获取的能量，那么能量采集无线传感器网络（EH-WSNs）就将可以持续地开展工作。

例如，上海农易信息技术有限公司研制的可充电式农业无线传感器网络节点，该节点安装了4块太阳能电板进行太阳能的收集供电，并将收集的太阳能存储于内置的可充电电池中以备后续工作使用。然而传统WSNs和EH-WSNs的不同能量供应模式，使得基于传统WSNs的分簇路由协议并不能应用到EH-WSNs中。此外在EH-WSNs的实际工作过程中，不同的传感器节点具有不同的能量吸收获取效率。例如，对于以太阳能作为能量来源的传感器节点来说，处于阳光充足区域的节点所获取吸收的能量要多于处于阴暗区域的节点。此外节点在夜间也不能获取能量。因此为了保持节点持续开展工作，可充电传感器节点在可充电的时间范围内必须存储一定的能量以供未来需要时使用。但是，传感器节点的可充电电池的容量是有限的，如果该电池一旦充满，那么获取的能量将直接丢失。因此基于以上特征，针对EH-WSNs，设计合理的分簇路由协议就显得尤为重要。

二、基于农业物联网的大田智能灌溉系统

基于农业物联网的集成检测系统获取的大田数据，对大田实施智能灌溉的作物需水量智能预测和水资源的高效分配优化。

（一）农作物的全生育期

农作物的全生育期可以分为若干个生育阶段，以水稻为例，可以分为返青、分蘖、拔节孕穗、抽穗开花、乳熟、黄熟等六个生育阶段。不同阶段灌溉水量不足均会对最终的产量有影响，尤其是其中的分蘖、拔节孕穗、抽穗开花、乳熟等四个阶段。

（二）农作物水分生产函数优化模型

农作物需水量是指作物在适宜的土壤水分和肥力条件水平下，经过正常生长发育，获得高产时的植株蒸腾、棵间蒸发与构成植株体的水量之和，在实际计算中认为作物需水量在数量上就等于高产水平条件下的植株蒸腾量与棵间蒸发量之和。作物需水量一般通过降水及灌溉供给。影响作物需水量的因素很多，作物需水量的大小受到物理作用与生理作用的综合影响。各种作物和同一作物在不同地区、年份或栽培条件下的需水量各不相同。根据大量实验数据表明，作物需水量与温湿度、日照、风速、辐射等气象条件、土壤含水状况、作物种类及生长发育阶段、农业技术措施、灌溉排水措施等有关。这些因素对需水量的影响是相互关联且错综复杂的，目前尚无从理论上给出各因素对需水量影响的确切机理模型。目前对作物需水量的计算和预测算法主要有以下方面：

（1）彭曼公式法。彭曼公式法根据彭曼推导出来的公式计算作物蒸腾量，是灌溉用水量的主要预测方法，这种方法需要较为庞大的气象数据库。

（2）时间序列拟合法。时间序列拟合法利用增强现实（AR）、ARMA 和时间序列模型（ARIMA 模型），建立时间序列模型来预测作物蒸腾量。

（3）灰色系统理论。灰色系统理论包含灰色关联分析、灰色建模、灰色预测、灰色评估及灰色决策等方向。预测范围较广，在数据较少的情况下十分有效。

（4）回归分析法。回归分析法依据因果分析，寻找作物需水量相互作用的影响因素，构建回归模型，能够较好应用于长时间的需水量预测中。

（5）人工神经网络预测模型。人工神经网络预测模型利用神经网络理论，构建气象因子联合预测作物需水量。虽然可以实现输入到输出的非线性映射，但存在收敛速度慢、易陷入局部极小点等缺陷。

（三）农作物生育期内非充分灌溉的水量优化

非充分灌溉是指在灌溉水不能完全满足作物的生长发育全过程需水量的情况下，以作物水分生产函数为理论依据，将有限的水，科学合理（非足额）地安排在对产量影响比较大并能产生较高经济价值的需水临界期供水，从而建立合理的水量与产量关系及分配模式，在水分利用效率、产量、经济效益三方面寻求有效均衡，实现经济效益最大化。

（1）有限水量在作物生育期内优化分配问题。有限水量在作物生育期内优化分配问题可以描述为：对有限灌溉供水在作物各生育期阶段灌溉水量上进行最优分配，使得在有限供水的情况下实现作物产量的最大化。这里考虑在总供水量分别为充分灌溉总水量的40%、60%和80%的情况下，解决供水量在各生育期合理分配的问题。根据作物各生育期的一系列约束条件以及特征参数关系建立起有限水量在作物生育期内优化模型，模型包括阶段变量、决策变量、状态变量、系统方程、目标函数、初始条件以及约束条件等。

（2）基于萤火虫优化算法的非充分灌溉制度。萤火虫优化算法（GSO）作为最新的群智能优化算法之一，具有较好的多峰函数优化和局部搜索能力，且具有更好的收敛速度和精度，并易于工程实现。GSO算法的仿生原理是：将搜索空间中的点模拟为自然界中的萤火虫个体，将搜索和优化过程模拟成萤火虫个体的吸引和移动过程，将求解问题的目标函数度量成个体所处位置的优劣，将个体的优胜劣汰过程看作为在搜索和优化过程中用好的可行解取代较差可行解的迭代过程。

第二节　设施农业物联网系统应用

物联网是以互联网为核心，综合了射频识别、传感采集、网络传输和智能处理等技术的新一代信息技术，是信息产业发展的又一次浪潮。目前，物联网技术已被广泛应用到国民经济发展和人们生产生活中，涉及智能交通、环境与工业监测、政府工作、公共安全与管理、医疗卫生、农业生产、家居生活以及情报搜集等多个领域，实现了人类社会与物理系统的整合，使人们的生产和生活更加趋于“智慧”化，大幅度提高了生产效率和生活便利程度。

近年来，随着物联网技术的不断发展，在农业领域的应用主要涉及大田种植、设施农业、水产与畜禽养殖等。设施农业是推动现代科技与传统农业结合，带动农业转型升级的最直接表现形式，已成为现代农业的重要标志。近年来，在政策、需求和投资的拉动下，设施农业取得了长足的发展。另外，设施农业是当前农业与物联网技术结合最为紧密的产业，发展迅速且应用模式多样，其前景十分广阔，依托物联网技术将充分发挥设施农业的优势，有效提升其生产效率和现代化水平。但目前仍存在诸多问题亟待解决，需要从多个方面进行技术攻关与政策引导。

一、设施农业物联网技术的应用意义

目前，设施农业物联网技术尚无权威定义，但其概念体系正在逐步形成。设施农业物联网，即在农业设施控制环境内，运用各种传感器设备，收集温度、湿度、光照、土壤以及气体浓度等相关参数，通过各种仪器仪表实时显示或作为自动控制的参变量利用无线网络传输到处理系统，以作物最佳生长发育条件为依据，通过智能处理系统进行操作和管理。可以为设施农业精准调控提供科学依据，达到提高劳动生产率、土地产出率、资源利用率和农产品安全率的目的。设施农业物联网的主要架构有三层：一是感知层，主要利用各种传感器进行物体的识别和信息的采集，包括光照、温度、湿度、气体、土壤、植物生长发育状况、病虫害等，获取植物生长环境与发育状态的各类信息；二是传输层，这部分是农业物联网的中枢，它由不同类型的传输网络和“云计算”平台等智能处理系统组成，主要负责信息传递和处理决策；三是应用层，它是整个物联网和应用者之间的接口，与设施农业的具体生产需求紧密结合，实现物联网在设施农业中的智能和精准应用。

近年来，设施农业物联网技术不断发展，在感知技术、数据传输技术、智能处理技术等方面取得了可喜进步。在感知技术方面，其核心主要体现在数字补偿、网络化、智能化和多功能复合上，新型传感器大量采用新材料和新工艺，灵敏度、适应性和可靠性不断提高，涌现出很多高科技新产品，主要朝着嵌入式、微型化、模块化、集成化和网络化方向发展。目前，无线传感网节点的器件都集成在一个芯片中，实现了传感、计算和通信功能一体化。在智能处理技术方面，由于农业领域已进入大数据时代，流数据处理技术、分布式处理技术和云安全技术得到广泛应用，有效提升了农业大数据智能处理水平。

二、设施农业物联网技术的应用现状

自 1999 年美国麻省理工学院提出物联网概念以来，发展物联网技术成为提升各国科技水平的重要手段，美国、日本和韩国等发达国家均提出各自的物联网发展战略。与此同时，物联网技术在农业尤其是设施农业上的应用越来越广泛。我国农业物联网的研究虽起步晚，但发展快。自 2009 年我国将物联网产业发展提高到国家战略高度以来，物联网技术已广泛应用于农业尤其是设施农业生产。例如，北京市开展了物联网在设施农业方面的应用示范，开发了墒情监测系统，实现了设施农业环境监测和水资源精细化管理，同时，构建了设施农业企业种植最低规模和最低运营年限理论模型；新疆生产建设兵团应用精准生产物联网技术，实现了节水、节肥、减药；江苏省则利用基于物联网的智能农业管理平台，实时监测设施农业生产环境，并进行精准化生产管理；中国农业大学在内蒙古开展了日光温室群物联网试点工作；国家农业信息化工程技术研究中心根据我国设施特点研发了“温室娃娃”监测设备和相应的小范围墒情监测系统。同时，相关物联网企业在对设施农业物联网产品的研发中也占有较大比重，围绕设施环境智能监测、灌溉施肥控制、作物生产管理等方面开发了各类硬件设施设备和应用软件系统，促进了设施农业物联网技术的快速发展。

三、设施农业物联网技术的应用问题

我国设施农业物联网技术虽然取得了一些成绩，但由于产业基础薄弱，科技水平较低，市场化程度不高，目前仍处于起步阶段，有许多问题需要解决。

（一）硬件设备的竞争力较弱

设施农业物联网技术应用中传感器是核心，目前，我国的农用传感器功能单一、特色性差、准确性低，占有的市场份额不足 10%，主要依赖进口。由于产业和技术发展时间短，设施农业物联网相关企业的产品研发制造大致处于同一水平，缺乏分工合作而导致恶性竞争，龙头企业尚未出现，产品研发很难有大的突破。标准化体系的构建是我国农业物联网技术占领制高点的关键，尽管已形成了一些标准，但由于对其认识的不一致，标准制定进程缓慢，跟不上产业发展的步伐，目前尚未形成公认的、合理的、权威的技术标准体系。

（二）应用软件产品开发不足

目前，国内的设施农业物联网应用在数据监测上多，而用于智能控制上的少，主要原因是缺少相应的软件产品。设施种植的同一作物在不同的发育时期，对环境条件要求不一样，不同作物对环境条件的要求也不一样，需要针对不同植物或同一种植物不同生长发育阶段，确定水、肥、光、热等需求参数，开发专用型专家决策系统软件。此外，一些环境信息尤其是湿度变化动态与病虫害关系密切，利用物联网系统建立环境条件与病虫害的监测预警系统，将为病虫害的发生、发展预测预警，减少农药的用量，提高产量、品质和效益提供帮助。

（三）基础设施配套尚不完善

一方面，由于我国农业生产没有大规模实现信息化，设施农业物联网所需要的配套基础设施并不完善，地区间存在较大差异，出现了技术与基础设施条件不协调的问题。基础设施建设和维护需要的资金量大，投资回报周期长，而我国的设施生产多以小农户为主，物联网设施所需资金偏高，大面积推广仍有一定的难度。另一方面，农业物联网技术的应用对从业人员的科技文化素质要求较高。目前，我国农业从业者文化素质普遍偏低，接受新鲜事物的能力相对较弱，相关技术人员也不能清晰和全面地认识农业物联网技术应用的重要性和前景，学习的积极性不高，推广的主动性不强，不利于农业物联网产业的健康发展。

四、设施农业物联网技术的应用措施

（1）促进科研创新，提升产品核心竞争力。目前各国的发展都要掌握发言权和主动权，必须提高农业物联网技术和产品创新能力，坚持走引进集成创新和自主创新相结合的道路，在信息感知、信息传输、智能处理和应用软件等关键核心技术方面取得突破，自主研发具有核心竞争力的软硬件产品。

（2）制定相关标准，构建统一完善的标准化体系。标准化是发展设施农业物联网的基本保障，应加快标准化体系建设，围绕产业发展需求制定涉及关键环节的各项标准，包括信息感知标准、信息服务标准和信息应用标准，逐步整合形成技术体系，同时做好推广应用工作。另外，要构建完善的政策法规平台，为设施农业物联网健康发展提供保障。

（3）增加财政投入，加大基础设施建设力度。广大农村的信息化基础设施普遍不完善，由于设施农业物联网服务体系的构建一次性投入大且公益性较强，需要加大政府财政资金投入力度，加强示范引导，通过示范工程的建设推动设施农业物联网技术的应用，为农村地区建设、发展、创新农业物联网提供物质保障和资金支持。

（4）整合多方资源，构建农业信息服务体系。整合农业技术推广单位、农业科研机构和农业院校三个部门的人才和技术资源，建立统一、开放、多功能的农业信息服务体系和长效机制，以设施农业物联网发展中的现实问题和需求为导向开展相关工作，形成公共机构、高等院校、研究单位、企业以及农民共同参与并科学分工的良好局面，在分工基础上，充分调动各方主体的积极性。

（5）加强人才培养，建设高素质从业人员队伍。我国设施农业物联网技术发展和应用推广的关键是人才，应加强农民和农业技术推广人员对农业物联网的认识和学习，培养专业技术人才；依托推广部门、高等院校、科研院所和相关企业加强教育培训，提供多层次和多种形式的技能培训，为设施农业物联网的健康稳定发展提供人才支撑。

（6）拓宽融资渠道，推动产业健康快速发展。目前，我国设施农业物联网产业普遍存在着融资速度慢、融资规模小、融资路径单一的弊端，应尽快建立多元化融资体系，通过风险投资、股权融资、银行贷款、民间金融和国外资本等多种形式筹集资金；积极引导传统农业龙头企业加强与信息技术企业的合作，并适时培育专业农业物联网服务提供商，以促进农业物联网产业健康稳定发展。

我国是设施农业大国，但受科技水平和生产模式的制约，与设施农业强国尚有一定差距。物联网技术是推动信息化、智能化与农业现代化有机融合的有效切入点，也是我国设施农业现代化发展的主流方向，要实现设施农业大国向强国的跨越，就必须加快拓展物联网技术在设施农业应用中的广度和深度。尽管目前我国设施农业物联网产业的发展还存在诸多问题，相信通过政府的政策引导和财政投入、行业组织的标准制定和平台搭建、科研部门的技术攻关和试验示范，以及企业和农民的市场开拓与应用，我国的设施农业物联网产业必将拥有十分广阔的前景。物联网技术在设施农业中的广泛应用，也将颠覆传统生产管理方式，实现我国农业生产技术的革命。

第三节　果园农业物联网系统应用

环境条件对于农作物的生长情况具有很重要的影响，农作物生长环境中的温度、湿度、光照情况，以及土壤中富含的无机盐等营养成分的种类和数量，这些因素都极大地影响着农作物的生长以及农业生产率。利用物联网技术对这些环境条件进行实时的监测和管理，能够有效地提高农作物的生产率以及农产品的质量。例如，我国已经利用相关的物联网技术，在大棚种植中进行环境监测。通过将环境中各影响因素的参数及时地监测出来，并通过数据分析利用相关设备进行及时的处理和控制。使农作物的生长环境更加合理、科学，从而极大程度地提高农作物的产量和质量。除此之外，物联网技术的利用，可以有效地减少农业生产过程中的人力和物力。例如，物联网技术人员可以对农作物的生长环境进行远程监控，当环境中的各影响因素的参数发生变化时，技术人员能够在远处通过与农业环境信息相连的电子设备了解到相关的数据变化，然后及时地通过相关技术设备进行处理，及时地改善环境因素，给予农作物最佳的生长环境。

在传统的农业生产过程中，农作物种植后，需要人工进行管理，如施肥、浇水等。这种人工管理不仅浪费人力和物力，而且人为的判断不够精准和科学，可能会影响到农作物的正常生长，以及农产品的产量和质量。比如在施肥的过程中，如果施肥时间不当，有可能会影响到农作物的出芽率，或者是出现烧苗等现象；施肥少，会使农作物所需要的营养成分不足，影响到农作物的生长及产量；另外，土壤含水量会直接影响到农作物的光合及呼吸作用，从而影响到农产品的质量。物联网的利用，有效地解决了这些问题，不仅节省了大量的人力，而且还能够为农作物的生长提供最合理和科学的管理与控制，从而提高农产品的质量和产量，有效地增强我国的经济效益。

我国果业在农业中占据着关键地位，同时果业的发展也与广大果农的利益息息相关。近年来，逐渐成熟的物联网技术越来越多地应用于精准农业生产和品质管理。通过传感器信息采集、多元数据融合以及物联网等多种技术的结合，在果园中建设监测系统实时监测果树生长环境，实现农业生产过程的自动化、智能化、科学化管理。光照、温度、土壤和水分等环境条件都会影响果树的生长和水果的发育，但是对这些环境信息的大规模采集和不间断监测产生了大量冗杂的信息，因此增加了数据处理和管理的难度，需要较高的投资成本。在传统果园中，果树的生长、种植以及病虫害的判断是通过人工进行管理和监测的，不仅耗费人力物力，而且依赖于果农的经验，带来了不确定性和不稳定性。随着物联网、传感器和通信技术的飞速发展，实现果园数字化、信息化是未来发展的趋势，对果园各种环境数据、果树生长相关数据进行实时监测、智能分析具有重要意义。

作为一个传统的农业大国，我国农业生产离数字化和信息化管理还有很长的路要走，针对以往水果生产的环境监测方法留存的数据复杂、采集难度高、监测效率低下、造价及维护费用高昂的问题，本书利用物联网技术，结合低延迟、采集范围广的传感器通过无线的方式组成传感器网络并接入互联网，设计并开发了一个基于物联网技术的果园环境监测系统。

一、基于物联网的果园环境监测系统结构

在果树的生长过程中，气候和环境因素起关键性作用，可以直接影响果园的年总产量和果品的质量。因此，为实现果园管理的自动化、智能化，实现高产高质量的目标，对诸如光照、空气温湿度和土壤温湿度等影响果树生长发育的条件变量进行及时精确的监控是十分必要的。

环境监测系统基于多种环境传感器采集环境数据，并将数据通过网络上传至采集服务器，在网络（Web）端和APP端查询和管理环境数据。系统总体结构分为：数据层、服务层、应用层。

（1）数据层。数据层是物联网的基础层，通过多种感知终端实现对物联网内果园信息的

多方面采集，包括土壤含水量、空气温湿度、CO_2浓度、光照强度等重要环境参数。这些信息将被智能采集节点接收，对其进行统一解析并处理后，通过网络上传至服务器存储。

（2）服务层。服务层主要对实时采集的果园环境参数进行分析、处理，并保存至数据库服务器进行持久化存储。应用服务器接收数据请求并进行相关的业务处理，最终将结果返回给终端用户。

（3）应用层。应用层通过 Web 和 APP 两种方式为各种用户提供可视化展示，帮助科学种植，使用户能够更方便、直观的使用本系统。

二、果园环境监测系统的技术选择

果园环境监测系统的关键技术包括三个部分：采集环境监测数据、对采集的数据进行传输和有效处理以及果园环境监测系统应用。智能采集节点与环境传感器通过串口通信方式采集数据，最终通过 4G 网络将数据传输到数据采集服务器。环境监测系统所要处理的数据通常具备以下特点：种类多、数量大、实时性等。因此，设计开发的服务器采用异步 I/O 模型，实现自动接收与存储环境数据，同时可较好地应对数据量大及并发上传的情况。果园环境监测系统以 Web 和 APP 两种访问方式为果农、专家和管理员提供查询和管理数据服务。

果园环境监测系统实现了对果园多种环境数据的查询，并对数据进行可视化分析。当果园专家需要查看数据变化曲线时，首先进入 Web 监测管理应用系统，选择空气温度数据，系统将空气温度数据以折线图形式进行可视化。用户也可以输入特定的位置查看某一区域内的温度数据，同时，用户也可以选择时间，查询某一时间范围内的温度数据变化。

基于物联网技术的农业环境监测系统包括数据层、服务层、应用层三个部分，具有实时性、自动化、连续性等特点，可以很好地解决传统环境监测中面临的数据采集困难、实时性差等问题。系统已经在某果品基地投入使用，从使用效果来看，该系统运行良好，可以使管理者实时、准确地掌握各种环境参数，实现了大面积果园的自动化、智能化管理。

第四节　农业生产物联网系统应用

农业生产在我国占有重要的地位，在农业生产上进行智能的、科学的管理，对于提高农产品质量以及农业生产效率具有重要的作用。物联网技术在农业生产中的利用，能够有效地促进农业现代化和信息化的发展，从而改变我国粗放的农业管理模式，提高农业生产的效率。

农业生产在我国的经济发展中具有举足轻重的地位，随着社会的发展，人民的生活水平不断提升，各种信息技术不断发展与进步，使我国的农业生产方式也在不断发生着变化，信息化与现代化的农业生产方式逐渐取代了传统的、粗放的生产方式。在经济发展日新月异的当代，技术与科技已成为各个行业发展与竞争的决定性因素。若想将我国的农业不断发展与壮大，就必须掌握核心的技术手段，利用现代化、科学化的方式进行管理与发展。而物联网技术在现代农业生产中的应用，是推动农业发展，提升农业生产效率最有效的手段。

我国是农业发展大国，农业生产经济直接影响到我国经济的稳定性。但是由于农业生产的技术不足，经济效益低下，务农人员越来越少，很多强壮劳动力都选择外出打工，致使农业发展受到严重的不良影响。当前，农业生产手段单一，技术落后，使我国的农业生产的经营模式仍旧局限于个体。没有相关的科学技术能够对农业生产进行大规模的、系统化的管理。而个体经营使种植的作物散乱、小众，无法做到大规模的生产和管理。致使农业生产发展落后，无法紧跟经济市场的变化。且在农业生产过程中，由于缺乏科学的管理，使农作物的生长环境得不到有效的、科学的监控和管理，致使大部分的农业种植区，即使进入到科技时代，仍旧在重复着传统农业生产方式。这严重地影响到了农业生产效果，使农业生产经济的发展举步维艰。

另外，农产品的质量和食品安全等问题也严重地影响着我国农业生产经济的发展。由于缺乏科学的技术手段，致使农产品的质量检测不够规范和标准，使大量品质有问题的农产品流入到市场，影响到农产品的售卖效益。且在农产品的制作和生产过程中，由于缺乏严格的监控和管理，使食品安全问题成为我国当前亟须解决的难题。

一、物联网在农产品质量检测上的应用

随着时代的进步，我国的经济有了很大的提升，人民的生活水平得到了极大的改善。因此，人民对于生活需求的品质越来越重视，而农产品的质量也受到人民越来越多的关注。农产品的质量水平会直接影响到人民的健康、生活的品质以及国家的经济状态。因此，对于农业和食品业来说，产品质量是决定其发展的直接因素。

目前，物联网在农产品质量检测上的应用，成功地解决了农产品质量的监督和管理问题，使进入到市场的农产品质量有了保障，人民能够安心地购买和食用。为了确保农产品的质量水平，很多地区利用物联网技术建立了“农产品质量安全追溯系统”平台，其通过对农产品质量的要求进行标准划分。并实时地对农产品的质量进行监控和管理，从而建立一个有关于农产品质量安全的数据库。利用数据库中对农产品质量要求的标准，检测农产

品质量，不符合数据要求标准的农产品不允许进入到市场。此外，在质量检测过程中，会对通过检测的农产品进行编码，在农产品生产包装的过程中通过编码监控能够有效地了解到产品的质量和品质，从而达到每一个农产品，从在农田中出来到被用户购买这期间的产品质量都能够得到有效的监管和保障。物联网在农产品质量检测中的应用，不仅使进入到市场的农产品质量得到了保障，还使农产品能够更快、更新鲜、品质更好地进入市场。

二、物联网在食品安全检测上的应用

食品的安全性直接影响着我国人民的健康，近些年来，我国发生了很多由于食品安全造成的事故。而食品安全事故的根本原因就是缺乏对食品从生产到销售的过程中的严格监控和管理，从而导致大量的伪劣产品流入到市场，造成食品安全事故。利用物联网技术对食品从生产到销售的整个过程进行实时的、严格的监管，能够有效地减少食品安全问题。目前，我国在很多地区都已经利用物联网进行食品安全检测，并应用了“食品安全追溯系统”平台，对食品生产过程中的选材、加工和销售进行全程的追踪和监管，从而高效地确保了食品的安全性。例如，现在已经在成都等地应用的物联网电子溯源秤，就是对物联网在食品安全检测中的应用方式。其主要是利用物联网技术，在市场的经营店中安装电子溯源秤，消费者能够根据食品上的收银条追踪和查询食品出产地、加工地以及质量检测标准等方面的信息，从而让消费者放心购买、安心食用。

物联网技术在农业生产中的应用，为我国农业发展带来了极大的益处，有效地提高了我国农业经济效益和发展，为我国经济稳定和可持续增长做出了极大的贡献。物联网通过信息加工、数据库的建立等科学手段，为我国的农业生产提供了最好的发展策略。例如，农作物生长过程中的环境监测、农产品的质量检测以及食品安全的追踪溯源等，都有力地促进了农业生产的发展和进步。

第五节　农产品物流物联网系统应用

一、农产品物流及其框架构建

（一）农产品物流

尽管现代物流的概念及其在实践中带来的巨大收益已被广泛认可，但是在农产品流通

领域仍然不存在明显的三流分立的前提下，农产品物流研究仍属前瞻性的，具有一定风险。

1. 农产品的分销通路

与流通渠道关系较为密切的概念还有分销通路（distribution channels）。特别是从我国谋求加入世界贸易组织开始，人们日益熟悉并开始研究分销通路的概念。在世界贸易组织的《服务贸易总协定》中，没有使用流通和商业等词汇，而广泛地使用了“分销”一词。另外，分销与流通是一对密切联系的范畴，二者都表示商品从生产者向消费者转移的活动与过程，但是角度不同。分销是微观企业角度的问题，而流通是宏观社会角度的问题；在管理学中是分销问题，在经济学中是流通问题；从个体的角度看是分销问题，从整体的角度看则是流通的问题。因此，商品流通渠道和分销通路没有本质上的差别，只是所属学科和分析问题角度上的差异。供应链则是比较新的概念，是随着现代物流概念的引入而进入人们研究视野的。

2. 农产品的流通与农产品物流

（1）流通与物流。流通理论是通过剖析流通与生产过程、流通与社会再生产其他环节的相互关系，系统地研究和阐述了流通在社会经济运行中产生与发展的历史过程，以及在整个社会经济过程中的地位、作用和职能。一般认为，流通是以货币为媒介的商品交换行为，是运动着的具有交换价值的物质在流动中寻找通道并得以实现的过程。流通具有双重含义：一是以货币为媒介的商品交换，其结果是商品价值补偿和创造所有权效应；二是指实物在空间上的流动和时间上的延续，其结果是创造了商品的时间效用、空间效应和形质效应。另外，与其同时伴随着价值补偿和使用价值移动而产生的各种信息及其流动，也是流通过程的重要组成部分。信息活动覆盖着整个商品流通过程，是商品流通过程中一切经济活动内容的客观反映。

物流就是物品从供应地向接收地的实体流动过程，根据实际需要，将运输、存储、装卸、搬运、包装、流通加工、配送、信息处理等基本功能实现有机结合。自从中国引入物流概念以来，许多专家学者都曾对其进行解释，但由于观察事物的角度不一样，对物流概念所做的解释也不尽相同。有人把物流看作是流通运动的一个组成部分，这是站在流通的角度而言明物流概念的；也有人把物流看作是社会再生产的一个环节，这是站在生产的角度来解释物流概念的。然而，不管人们怎样解释和表述物流概念，有一点认识却是共通的，那就是他们都认为物流是物质资料的实体性流转。换言之，他们把物流看成是“物”和“流”的有机结合。

由以上分析可以看出，流通是人类社会物质运动和流动变化的总和，是人类社会经济发展中的客观过程，而物流是这一过程的一种表现形式。

（2）农产品流通与农产品物流。农产品物流作为农产品流通的一个必要组成部分，已经被涵盖其中了。

1）传统农产品物流活动的特征决定了其作为一种附属活动被涵盖于整个流通活动中。被涵盖的原因主要有以下三个方面：

第一，传统的由商流、物流、信息流“三流”对流通的划分是以流通过程为视角的，划分的目的是更好地揭示存在于物质流动背后的社会交换关系，揭示使用权转移后面的社会价值的让渡与实现过程。物流的存在是客观的。对于传统物流而言，其作用仅体现为运、存、包装、装卸、流通加工及物流信息的收集与处理等功能。因为它们在流通运行中是被作为成本项进行管理的，因此决定了对物流的研究多侧重于相对各种功能而言的技术处理和成本节约。换言之，当物流单纯以功能性活动为特征从属于流通活动的时候，必然被涵盖于对总体流通的研究之中。

第二，由于农产品流通在国计民生中的重要地位，在我国由计划经济向市场经济转轨的过程中，农产品流通所要研究的重点问题是体制的变革，体制变革所带来的巨大影响使人们忽略了对具体的物流活动改进的需要与研究，从而最终使对农产品物流的关注仅局限于体制演变的范畴之内。

第三，长期以来，存在于农产品流通领域的商物不分，使得农产品物流必然表现为一种隐含的模式，从而失去了独立研究的价值。在计划经济时期，农产品的销售机构有着严格的地域、系统和等级的划分，机构之间难以互通，物流活动各自承担，没有任何的专业化物流业务。在农村改革之后，逐渐允许包括农户和各类组织在内的主体进入农产品市场，但是物流仍然被作为商流的附属活动，只是随着商流环节的变化不断地由各类主体重复执行，并没有被专业化和独立出来。

2）农产品物流概念的独立性没有被强调，而是经常被涵盖于其他问题的研究之中。表现为：第一，被涵盖于流通背景与环境的研究当中。比如对交通、仓储等直接与物流相关的基础设施建设，一直都只是被当作流通运行的环境而受到关注。第二，被涵盖于流通技术的研究之中。贮藏、运输、保鲜等技术的研究和实践，尽管事实上都是与物流相关的问题，但经常只是以流通技术的概念来概括。

从任何一个维度对农产品流通的研究都涵盖了对农产品物流的研究。比如：对流通体制的研究，必然包含涉及物流的制度及其变迁；对流通主体的研究，必然包含主体的物流行为以及基于物流行为而形成的组织间的相互联系；对流通运行的研究必然包含各种物流业务运作的方式、环境和行为选择。

（3）现代物流理念已赋予物流概念一些新的内涵：第一，物流的顾客服务职能日益突出，物流成本的最小化已不再是物流活动的最终目标。以满足顾客需求的程度作为评价物流有效性的标准，使物流实践更多地关注通过满足顾客需求而获得顾客认可，更多地关注通过获得效率与效益的均衡来完成物流活动的价值创造，从而实现企业经营的战略目标。第二，供应链管理已成为现代物流实践的代表形式，单个组织之间的竞争转化为供应链与供应链之间的竞争。能否深谙分工的本质，成功地扩大物流业务的外延，适时地将其融入某一条供应链中，已成为组织提升物流能力获取竞争优势的关键。

但农产品物流终究不同于工业物流和商业物流，它具有自己的独特性。我们可以从诸如准时制（JIT）、快速反应（QR）等名词注意到工业物流及供应链管理注重的是流程再造，是厂内物流和厂外物流的连续性整合。而农产品物流领域的重点问题则有所不同，因为农产品的大众生产、大众消费的特点及产品较小的差别化程度，使得物流链上各组织主体间相互选择的余地很大，这很容易造成物流链的动荡。另外，农产品的易腐易烂的鲜活特性要求物流时间尽量缩短。显然，在保证农产品物流系统的有效客户反应能力与物流链的动荡之间，是难以兼容的。因此，对于农产品物流而言，确定各类物流链条上组织之间的相互选择和关系，做好维护关系稳定性的制度设计是重要的。

无论研究的侧重点是否不同，在农产品流通领域，如果要根据现代物流理论强调物流系统的整合和优化，首先就必须将农产品物流的概念独立出来，将基于物流功能性活动而产生的各种社会关系总和统一在这一概念下，才能加以研究，探寻通过现代物流的理论研究与实践改善农产品流通效率的途径。

（二）农产品物流的框架

农产品流通越发展，对农产品物流进行独立研究的意义越大。根据农产品流通发展过程中所呈现出来的主要特点，对农产品现代物流的研究必须要建立在以下三个前提之上：第一，以现代物流理念重新审视农产品物流；第二，要重视农产品性质的不同所造成的农产品物流特性的不同；第三，重视农产品物流主体之间联系的特殊性质。

（1）农产品分类。农产品种类繁多，既有粮食、棉花、油料等量大、面广、生化性能相对稳定的大宗农产品，又有水果、蔬菜、畜禽等易腐易烂的生鲜农产品。农产品种类不同、与消费的衔接特点不同，交易特性和物流特性也不尽相同。因此，依据生物特性和物流特性对农产品的种类进行划分，是农产品物流研究得以深入的前提条件。

（2）农产品物流体系。依据系统的概念，农产品物流体系是指与农产品物流相关的各个要素相互作用、相互联系构成的一个有机整体。本书将与农产品物流相关的要素划分为物流主体、物流通路、物流功能三类，认为不同的主体在一定的制度约束下，选择不同的通路，以不同的组织形式执行物流功能，就形成了具体的物流活动。所有物流活动及包含其中的各类关系的总和，构成农产品物流体系。农产品物流体系是实行现代物流战略的舞台。

（3）农产品现代物流战略与供应链管理。农产品现代物流战略的执行分为三个阶段：第一，选择物流模式，即组织物流活动的形式；第二，打造物流链条，即在某种物流模式下寻求总体利益的增加和各方利益的协调，以形成稳定的物流链；第三，评价物流绩效，并形成反馈机制，以追求物流模式的不断创新。三阶段统一在供应链管理的思想下进行。

（4）组织与制度。农产品物流与其他行业的物流有很大的差异。工业品依靠现代物流获取价值增值的原因在于工业品从原料到制成品之间已经形成高度分工，这使企业间形成天然的相互需要，同时存在于各个层面上的产品差异性会使供应链各节点的相互选择本身就存在增值的潜力，流程再造与各环节匹配形成的增值能力又成为维系供应链稳定的条件。农产品则不然。在现有农产品流通领域，农产品从生产者手中到达消费者手中，如果是生鲜农产品，几乎不经过任何加工。因此，在整个供应链条上，各节点间不是制造分工引起的上下游关系，而是由职能分工引起的相互竞争关系。在这样的前提下，如何从瓜分流通利润的竞争转变为谋求整体增值的合作，最重要的是创新制度安排和组织形式，保证潜在利润的可得并能够合理地分配到各个环节。

（5）支撑条件。农产品现代物流战略的执行以不断革新的物流技术和日益完善的基础设施为支撑，因此，研究农产品物流，不能忽略这两个方面的问题。当然，物流技术的变革与基础设施的建设更多地与社会总体科技水平和经济发展阶段相连，在农产品现代物流体系中具有外生变量的性质。

二、农产品物流中物联网系统应用

电子商务快速发展趋势下的现代物流日益多样化，传统物流暴露出运营成本高、效率低、服务迟滞等缺陷，为此要引入物联网技术和手段，探讨和设计农产品智慧物流体系，更好地顺应新的市场需求，使农产品物流行业焕发新的活力和生机，促进物联网、大数据与农产品物流的高度融合，促进农产品物流产业的降本增效，推进农产品智慧物流的快速发展和进步。互联网对农产品物流产业带来了全新的思路，考虑到传统物流成本过高、质量安全无法保障、农产品浪费严重的问题，要充分引入物联网、大数据技术和手段，设计和构建农产品智慧物流体系，推进和完善基于物联网的农产品智慧物流系统，提高农产品智慧物流企业的绩效性。

农产品物流是供需双方之间以销售而进行的农产品实体流动，包括农产品运输、存储、流通、加工等活动，体现出自身的特殊性，尤其是鲜活农产品的收获贮藏、装卸运输有其独特的特性，对物流运送的要求较高，特别在筛选、清洁、分级、包装、预冷等环节中，对物流的要求较高，是整个农产品物流供应链上的重要环节。为此，要有效降低农产品在流通期间的产品消耗，确保农产品新鲜优质。基于物联网的农产品智慧物流采用先进的激光、红外、无线射频、传感器、编码、定位、无线、数据库等技术，对农产品智慧物流过程中的包装、仓储、运输、配送、装卸、信息处理等环节进行智能感知、数据分析、实时处理，优化调整农产品智慧物流运输方案，实现农产品物流的规划智慧、跟踪智慧、创新智慧、系统智慧，体现出对农产品智慧物流的智能分析、优化决策、系统支持、自动修正和及时反馈等特点，实现农产品货物由销售方向向购买方向智能移动的过程，使销售方获得最大化利益，购买方享受到最佳的物流服务，促进农产品智慧物流的可持续发展状态。同时，还要构建基于物联网的农产品智慧物流一体化体系，分析和处理海量的农产品物流数据，提高农产品物流服务质量和物流响应速度，通过农产品的可追溯智能网络系统进行物流过程的实时交互和反馈，形成农产品智慧物流的供应链，全面涵盖农产品生产、购销、运输、存储、配送、加工、信息交流等过程。

因此，要引入物联网、大数据等先进技术和方法，搭建基于物联网的农产品智慧物流信息化网络平台，转变农产品物流业的信息孤岛现象，加强各部门之间的互联和互通，全方位地打造农产品智慧物流体系生态圈，提升农产品物流经济效益从以下方面着手。

（一）搭建城乡间的智慧物流网络

（1）重构物流基础设施体系。调整和完善城乡之间的物流体系，优化升级当前地区内的铁路、水路、公路等运输条件，完善农产品物流基础设施建设，调整和优化各物流点、仓库及通信系统，促进农产品智慧物流的协调整体发展。

（2）重构物流配送体系。借助于物联网、大数据等技术，搭建城乡物流配送一体化的智慧物流配送体系，整合各个物流平台的数据信息，及时对外公布农产品物流配送状态，进行完善、透明的物流信息评价。

（二）强化各方企业的合作与链接

要搭建并完善农产品电商交易平台，采用“物联网+实体农批市场”的物流战略模式，发挥电子商务快捷、低成本的优势，拓展农产品交易渠道，吸纳更多的企业，打造平台型经营模式，引导农产品电商经营小微企业进入农商城，推进农产品商户经营活动的产品创新和服务创新。同时，加强建设各地的电子商务服务点、物流仓储和配送服务中心，实现农产品物流商城与酒店、学校的长期配送合作服务，推行虚拟市场与实体市场、线上与线下同步交易的农产品物流营运模式，提升农产品物流配送的效率。

（三）运用物联网技术统筹农产品物流环节

1. 加强物流运输的智能把控

要以物联网、大数据技术为支撑和依托，充分利用信息通信技术、定位技术、导航技术，进行农产品智慧物流运输的整体、全面规划和设计，加强对农产品物流运输的把控，要对各个农产品运输车辆进行定义标签、认证等管理，实施农产品物流运输车辆识别和认证，并利用定位、导航系统进行农产品运输车辆的实时可控，快速、及时准确地反馈农产品物流相关信息。同时，还要加强对农产品运输车辆冷链的监控，合理利用仓储物流先进技术、安全节能环保的制冷系统，实现高效的冷链物流服务，并通过车辆智能系统实时反馈车辆冷链输送的情况，减少农产品冷链物流运输的风险。

2. 加强农产品仓储规划管理

要充分利用大数据技术和方法，进行农产品仓储的统一规划和全过程监控，涵盖生产物资、农产品入库、数据采集、加工等过程，实现整个存储过程的可控性和可追溯性。同时，在安装传感器及智能化系统的条件下，实现农产品仓储的可视化管理，重点监控农产品仓储中的温度、湿度等参数，进行智能化的提示和调整，较好地提高农产品智慧物流仓储管理效率。

三、管控农产品的物流质量安全

要利用物联网、大数据技术构建追溯系统，实现对农产品物流数据信息的统一采集和整理，实现农产品物流过程的可追溯管理。可以采用编码的方式对农产品进行标签，涵盖农产品生产者、物流信息及销售状态等信息，做到发现问题即时追溯。并实现信息平台的可视化，使人们可以通过信息平台实时查询农产品的生产销售过程，如农业生产过程中的耕作、施肥、收割等，全面查询农产品的详细信息，实现农产品生产销售的透明化、可监控化。另外，还要加大现代农业知识的灌输，鼓励农民发展现代农业，完善绿色农产品标准化生产基地，引导整个农产品物流体系的组织性和合作性。

四、完善农产品物流支撑体系架构

相关部门要制定相应的法律法规约束和规范农产品智慧物流行为，以适宜的扶持政策引导智慧物流的发展，并进行农产品智慧物流的总体规划和部署，制订配套的运营方案和运营体系，确保农产品智慧物流主体竞争的公平性和可持续性。从资本市场来看，基于物联网的智慧物流要投入更多的资金，要有足够的资金搭建农产品智慧物流软硬件体系，促进农产品智慧物流的发展，并为农产品智慧物流提供技术支撑，如无线射频技术、云计算、人工智能、决策支持系统等，提高农产品智慧物流运输、仓储和配送。从人力资源条件下看，还要培养和管理农产品智慧物流专业人才，使之成为农产品智慧物流可持续发展的原动力，合理制订农产品智慧物流人力资源规划，做好内部员工的物流专业知识培训，顺应物联网下农产品智慧物流业的发展潮流。

综上所述，基于物联网的农产品智慧物流是时代所趋，要分析当前农产品智慧物流体系的设计方法和实施路径，加大农产品智慧物流的硬件投资和基础设施建设，搭建基于物联网技术下的农产品物流信息化平台，在农产品智慧物流各环节引入大数据思维和理念，提高农产品生产、运营、运输、配送等环节的效率，最大限度提高农产品的价值效应，促进农产品智慧物流业的快速发展和提升。

第六章 农产品供应链管理方法

第一节 快速反应

一、快速反应的特征

快速反应（Quick Response，QR）就是为了实现共同的目标，零售商、制造商和供应商之间相互配合，以最快的方式，在适当的时间与地点为消费者提供适当的产品和服务，即以最快的速度、最大地满足消费者需要。

快速反应采用的技术主要有条形码、销售终端（POS）扫描、电子数据交换（EDI）运输包装标志、自动补货系统、供应商管理库存和联合产品开发等。快速反应以制造商和零售商建立战略合作伙伴关系为前提，关键是相互信任、相互沟通、共享信息，但不是所有的贸易伙伴都能变成战略合作伙伴。战略合作伙伴需要具备的条件包括：关注顾客需要；行业领先性；长远观点和目标一致性；资源投入程度高；学习能力强。

快速反应策略的实施过程，就是业务流程重组、供应链再造的过程。快速反应首先要求打破企业内部的组织障碍，实现内部经营业务集成；其次要重塑制造商与零售商的关系，采用先进的管理技术和信息技术实现企业间的业务集成。一般而言，快速反应供应链具有四个特征：第一，市场敏感性——快速对最终顾客的需求做出反应；第二，组织虚拟性——供应链所有的成员借助信息技术实现信息共享而创建一条虚拟供应链；第三，过程集成性——供应链各成员之间业务流程整合成一个整体，共同制定战略，各企业专注于核心业务而将其他业务外包，相互依赖和信任；第四，协作网络化——供应链中的各企业通过同步化运作和通力协作形成一个网络化的整体，充分利用各自优势和能力，从而获得供应链的灵活性。

二、快速反应供应链的构建原则

（1）谋求共赢。核心企业发起而构建的供应链，必须兼顾供方、顾客及相关方的利益，才能具备基本的存在条件。供应链共赢就是在相互信任前提下的合作，相互信任、相互依托、相互推进、相互沟通成为合作的关键。

（2）协调性。供应链上的企业必须同步、协调运行，才有可能使各个企业都能受益。只有这样，才有可能使各个企业都能快速一致地做出有效反应。

（3）足够的柔性和韧性。构建快速反应供应链，必须革除企业旧的经营思想，认识到供应链管理不是一种单纯的操作方法，而是一种重塑管理者对企业战略的再认识。当市场情况发生变化时，供应链必须做出敏锐的、协调的应变。显然，符合市场变化的供应链管理应该具有足够的柔性和韧性。

三、快速反应在农产品供应链中的应用

（1）建立以超市体系核心为农产品供应链管理流通模式。在现代化的超市中，通过配备完善的信息管理系统等，能对销售终端市场信息的采集、分析、加工等做出及时、准确的分析和总结，直接传递给上游的供应商，缩短了流通渠道，减少了信息失真，有效地保证了信息快速、安全、准确的传播。

（2）建立一体化且具有整合功能的农产品电子商务平台。农产品电子商务平台应该是一个一体化的系统，应该从整体出发，综合考虑，将所有信息进行整合，真正达到信息的共享和高效利用，从而减少信息冗余和错误，提高信息流动效率，为农产品供应链上的参与者提供支持决策。

（3）鼓励农户建立自发的合作组织。通过自发合作组织，农户之间可以建立起互动和社会联系。为鼓励农户之间建设自发的合作组织，地方政府可以发挥一定的作用，如为这种自发组织提供活动场所，提供一定的活动资金，建立农户之间的信息交流平台等。

（4）建立农产品供应链战略合作伙伴关系。建立农产品供应链战略合作伙伴关系，能降低供应链总成本、降低供应链上的库存水平、增强信息共享水平、改善相互之间的交流、保持战略伙伴相互之间操作的一贯性，产生更大的竞争优势，以实现供应链节点企业的财务状况、质量、产量、交货、用户满意度以及业绩的改善和提高。与供应链各方建立战略合作伙伴关系，具体可以包括：积极地寻找和发现战略合作伙伴，在合作伙伴之间建立分工和协作关系，合作各方共同为提高供应链的反应速度、降低成本、更好地满足消费者对农产品的需求而共同努力，并努力建立一种利益分享的机制。

（5）建立具有比较优势的农产品生产基地。根据各地的实际生态环境以及当地的种植历史和经验，选择本区域优势农产品的生产和开发。这样可以形成生产、运输和配送等规模效应，降低了流通成本，并且由于大面积种植优势产品，农户之间的信息共享、经验共

享就会更高，相应的上下游配套措施也会更集中和齐全，也就实现了农产品生产的集群效应，如山东寿光的蔬菜、河南鄢陵的花卉、甘肃定西的土豆、浙江舟山的水产等。

（6）组建核心企业。从供应链的结构来看，实施供应链管理需要确定一个居于主导地位的核心企业。供应链中的核心企业可以是农户组建起来的合作社或协会，也可以是由实力强大的运销商形成，也可以是一些农业龙头企业。当然，第三方农产品物流服务商、专业的农产品超市也是核心企业的来源。近年来，各地政府推动农业产业化的政策制定主要是围绕一两个主导产业，集中资源扶持几个具有较强领导能力、凝聚力及管理能力的龙头企业。政策的扶持促进了资源的集中和优化配置，客观上为实施供应链管理提供了必要的条件。

（7）利用第三方物流服务。由于第三方物流服务商专业性强，又具有规模和范围经济，可以利用他们的力量对农产品进行相应的运输和储存。当然，在农产品交由第三方物流服务商进行运作的时候，要考虑到现有的大量中小型运销商，这方面政府部门可以给予指导，引导他们未来的职业方向。

（8）大力发展农产品超市。目前消费者购买农产品的主要地方是各种类型的农贸市场，农贸市场主要是由个体和私营的老板为主，每个老板各自负责自己的采购和销售，经常会出现恶性的价格竞争，这对农产品的供应链管理带来了很大的成本，并且降低了效率，加深了供应链结构的复杂性。通过把农贸市场逐步转变为农产品超市，可以发挥超市的规模效应，并且超市有自己的一套严格采购标准，可以提高农产品的安全性，而且超市对阻止农产品价格的恶性竞争有一定的效果。

（8）农产品标准化、条码化管理。农产品标准化问题一直是制约着农产品流通的问题，传递正确的产品信息是发生交易行为的前提，对此，农产品电子商务网站和农产品企业应加强标准化管理，实现农产品生产和流通的规范化、标准化。

（9）加强信息系统的建设。网络的控制管理和信息交换服务，包括与其他涉农系统的信息交换和共享；建立和维护国家级农业数据库群及其应用系统；协调制定统一的信息采集、发布的标准规范，对区域中心、行业中心实施技术指导和管理；组织农业现代化信息服务及促进各类计算机应用系统，如专家系统、地理信息系统、卫星遥感信息系统的开发和应用。种植业、畜牧、渔业、农业科技教育、农产品市场等领域已初步形成了一批自下而上的信息采集系统，这些为提升农产品供应链的运作效率以及科学决策提供了有力的保障。在加强信息系统建设时要注意供应链上各伙伴之间的信息系统的集成，从而加速相互间信息的沟通和共享。

（10）联合预测和开发产品。通过运用先进的信息技术，各农产品供应链上的主体密切合作，高度共享供需信息，共同为满足最终消费者的需求而进行联合的预测，并可对农产品进行联合的开发。

（11）提高供应链主体的整体素质。对于农产品供应链管理而言，客观条件虽然重要，但人的主观能动性却起着主导作用，观念是行动的先导，只有观念改变了，才能推动农产品供应链管理的全面发展。所以要加强这方面的教育和引导，使农户和部分农产品企业改变传统观念，让其充分认识到农产品供应链管理的可行性、必要性和紧迫性，加快农产品的流通速度，降低成本，更好地满足消费者的需求。

基于快速反应的农产品供应链管理，旨在通过快速反应的供应链运作方式达到提高农产品流通速度，降低农产品物流成本，最大化供应链价值，提高生产效率，增加农民收益的目的。为促进农业发展，提升农产品在国际市场的竞争地位，应不断加强和完善基于快速反应农产品供应链管理的实践。

第二节　有效客户反应

一、有效客户反应的特征

有效客户反应（Efficient Consumer Response，ECR）是一种分销商与供应商为消除系统中不必要的成本和费用，并给客户带来更大效益而进行密切合作的一种供应链管理战略。ECR 的目标是建立一个具有高效反应能力和以客户需求为基础的系统，使零售商与供应商以业务伙伴方式合作，以提高整个供应链的效率，大幅度降低成本和库存，提高服务水平。ECR 的核心在于要求供应商和零售商共同关注消费者的需求，把以往用于谈判的精力转移到了解消费者的需求并为之做出努力，让消费者少付出金钱、时间、精力和风险而获取更好的品质、更新的创意、更多的信息、更加方便的商品。

实施“有效客户反应”这一战略的思想，首先应联合整个供应链所涉及的供应商、分销商以及零售商，改善供应链中的业务流程，使其最合理有效；然后，再以较低的成本，使这些业务流程自动化，以进一步降低供应链的成本和时间。具体地说，实施 ECR 需要将条码、扫描技术、POS 系统和 EDI 集成起来，在供应链（由生产线直至付款柜台）之间建立一个无纸系统，以确保产品能不间断地由供应商流向最终客户。同时，信息流能够在开放的供应链中循环流动。这样才能满足客户对产品和信息的需求，即给客户提供最优质的产品和适时准确的信息。

有效客户反应采用的技术主要有：POS 扫描、电子收货系统、EDI 计算机辅助订货（CAO）、持续补充（CR）、数据库营销、品种管理和直接转运等。有效客户反应，以引入有效商品管理、有效补货、有效促销和有效新产品四大管理方法为显著特征。有效商品管理通过了解顾客购买行为和偏好，将商品范围限制在高销售率的产品上，定期适当调整商品的分配空间，有效地利用店铺空间和店内布局来最大限度地提高商品获利能力。有效补货通过 POS 数据共享、电子数据交换、持续补充和计算机辅助订货（CAO）将正确的商品在正确的时间，以正确的价格、正确的数量和最有效的配送方式送给消费者，努力降低交货时间和系统成本，从而降低商品售价。

二、有效客户反应系统的构成要素

ECR 有四大要素，分别是：第一，快速产品引进：最有效地开发新产品，进行产品的生产计划，以降低成本；第二，快速商店分类：通过第二次包装（如为满足不同订单需求，将一个运输包装中的产品进行不同的包装，并赋予不同的包装标志）等手段，提高货物的分销效率，使库存和商店空间的使用率最优化；第三，快速促销：提高仓库、运输、管理和生产效率，减少预先购买、供应商库存及仓储费用，使贸易和促销的整个系统效益最高；第四，快速补充：包括电子交换以需求为导向的自动连续补充和计算机辅助订货，使补充系统的时间和成本最优化。

三、有效客户反应系统的实施技术

（一）计算机辅助订货

计算机辅助订货（CAO）是通过计算机对有关产品转移（如销售点的设备记录）、影响需求的外在因素（如季节变化）、实际库存、产品接收和可接受的安全库存等信息进行集成而实现的订单准备工作。计算机辅助订货的运行依赖于库存系统。库存系统由恒定的最高库存和最低库存之间的一个恒定的订货点所控制。位于最高库存与最低库存之间的库存水平为安全库存。由于零售商在销售点通过扫描客户所购商品上的商品条码，计算机系统就会自动更新商店的销售数据库和库存数据库中的有关数据。

随着商品的不断出售，其对应的库存水平也不断地下降。当库存低于恒定订货点时，计算机就会自动“报警”并自动生成一个新的订购单。当该订购单经零售商确认以后，零售商便可通过使用 EANCOM 订货单（ORDERS）报文，向供应商传送订单，并且可自动更新零售商的订购单操作应用系统。因此，CAD 是一个由零售商建立的“高效率消费者反应”工具，应用计算机辅助订货使得公司能够配合客户的要求，控制货物的流动，达到最佳存货管理。

（二）连续补充程序

连续补充程序（CRP）改变了零售商向贸易伙伴生成订单的传统补充方式，它是由供应商根据从客户那里得到的库存和销售方面的信息，决定补充货物的数量。在库存系统中，订货点与最低库存之差主要取决于从订货到交货时间、产品周转时间、产品价格、供销变化以及其他变量。订货点与最低库存保持一定的距离是为了防止产品脱销情况的出现。最高库存与订货点之差主要取决于交货的频率、产品周转时间、供销变化等。为了满足“降低库存”要求，供应商通过与零售商缔结伙伴关系，主要向零售商频繁交货，并缩短从订货到交货之间的时间间隔。这样，就可降低整个货物补充过程（由工厂到商店）的存货，尽量切合客户的要求，同时减轻存货和生产量的波动。

CRP 成功的关键因素是在信息系统开放的环境中，供应商和零售商之间通过进行 EANCOM 库存报告（INVRPT）、销售预测报告（SLSFCT）和订购单（OR-DERS）报文等有关商业信息最新数据交换，使得供应商从过去单纯地执行零售商的订购任务转而主动为零售商分担补充存货的责任，以最高效率补充销售点或仓库的货品。值得注意的是，为了确保这些数据能够通过 EDI 在供应链中畅通无阻地流动，所有的参与方都必须使用一个通用的编码系统来标示产品、服务以及位置。EAN 物品的编码和位置是确保 CRP 顺利实施的唯一解决方案。

（三）交接运输

交接运输是将仓库或配销中心接到的货物不作为存货，而是为紧接着的下一次货物发送做准备的一种分销系统。因此，交接运输要求所有的归港和出港运输尽量同时进行。交接运输实施的成功取决于三个因素：交付至仓库或配销中心的货物预先通知；无论交付包装的尺寸或原产地如何，仓库或配销中心要具备利用自动数据采集（ADC）设备对所有交付包装的识别能力；具备交货接收的自动确认能力。

供应商利用 EANCOM 发货通知（DESADV）报文向仓库或配销中心提供装运货物的预先通知。报文发送方可发送唯一标示后勤和/或交付的贸易项目的 EAN 系列运输包装箱代码（SSCC）和/或 EAN 物品编码。在交货地，仓库或配销中心可利用 ADC 设备扫描接收到的货物包装，核查其是否与供应商发出的货物匹配，并自动生成 EANCOM 收货通知（RECADH）报文以便传回供应商。在交货地点利用扫描技术可使仓库或配销中心自动处理交付的货物，并自动跟踪货物的下一项分销事宜，使其正确到达最终目的地。

（四）产品、价格和促销数据库

产品、价格和促销数据库对 ECR 概念的有效运作是至关重要的。离开这些数据库，ECR 系统的诸多好处就不能实现。这些数据库必须对供应链上所有的信息结点都是可存取的。供应商和零售商拥有产品细目校准将消除在贸易的许多节点上通常出现的种种错误，如：由于使用专用物品代码而出现的错误产品运输，在销售时扫描出错误价格的产品，出现在供应商发票上不被买方接受的产品等。在 EANCOM 中，有两个报文涉及产品税、价格和促销数据的通信：价格/销售目录（PRICAT）报文和产品数据（PRODAT）报文。这两个报文都具有从数据库中生成、修改和删除产品的功能。除此之外，供应商还能通过这两个报文向客户传送其产品的 EAN 物品编码。

（五）种类管理和空间管理

为了在提高周转率的同时不失品种多样性和购物便利性，提高单位销售面积的投资收益率，ECR 系统采用了两种新的管理技术，即种类管理和空间管理。种类管理就是不从特定品种的商品出发，而是从某一种类型的总体上考虑收益率最大化。以软饮料为例，不考虑品牌，而是从软饮料这一大类上考虑库存、柜台面积等要素，按照投资收益率最大化原则去安排品种结构。其中有些品种能赢得购买力，另一些品种能保证商品收益，通过相互组合既能满足顾客需要，又能提高店铺的经营效益。空间管理是使商品布局、柜台设置最优化。ECR 系统的空间管理是与种类管理相结合的，可以取得更大的效果。就是要根据店铺的位置设置种类商品的位置，店铺的空间分配要考虑商品种类的要求，品种的搭配又要考虑能分配的空间。通过两者的结合实现单位面积销售额和毛利率的提高，并最终加速商品流转。

第七章 农超对接的基础认知

第一节　农超对接的理论内涵

农超对接一般指的是农户和商家签订意向性协议书，由农户向超市、菜市场和便民店直供农产品的新型流通方式。目前，主要是为优质农产品进入超市搭建平台。

一、农超对接的参与者

（一）农民

农业是关系到一国国计民生的基础产业，如何保障农产品生产，提高农户种植积极性，提高农民收入，是经济发展诸多问题中必须解决的重要问题。目前农民（外出务工者除外）主要的收入来源是销售农产品所获得的收入，而农产品传统交易渠道复杂，农产品从农民手中到消费者手中，一般都要经过四五个流通环节，经常是农民将产品卖给小批发商，小批发商再次转卖到大型批发商手中，之后再由大型批发商分散销售给分销商，最后才会由分销商销售给超市或者零售商。环节繁多，流通成本过高。这样造成的结果是产品销售的利润更多的是被流通环节获得，农民获利最少，同时层层加价使农产品出现或产生价格的波动，进一步加大了农产品的销售难度。

农超对接为农产品提供了良好的销售平台，极大地缩短了农民和消费者之间的距离，大型超市基本上其自身就具有完善的配送体系，优质的农产品通过超市的现代化物流配送，以最短的时间快速进入千家万户（消费者），有效地解决了生鲜类农产品的销售难题，而且超市作为直接的销售者，掌握着第一手的销售数据，有着灵敏的市场嗅觉，可以及时为农户生产何种产品提供有效的信息。同时，农超对接可以增加农民在这个价值链上的就业，农民可以从事配送、仓储等工作。

（二）消费者

传统农产品销售过程的中间环节很多，使农产品的价格层层增长。此外由于物流业刚起步，在每个环节的运输过程中都或多或少地存在一些产品因装卸不当、安放不当、产品损耗等现象带来的成本增加等问题，因此给消费者购买农产品带来不便。这里以蔬菜的传统销售流程为例：首先，农户或者是当地的农业合作社，将自己的农产品销售给收购商，而后收购商在其收购价格的基础之上加价 5%~10%左右卖给本地市场的批发商，然后由本地批发商再加价 15%~20%左右卖给销地的批发市场，再由销售地的经销零售商加价 30%~35%卖给终端的消费者。在此过程中，也不排除还有更多层级的经销商和更多的复杂环节，那么“蔬菜”经过这样的一种流通渠道到达末端消费者家中，价格至少比农户出售时翻了 1~2 倍。而农超对接可以为消费者提供更多便利。

（三）农业合作社

农民专业合作社是农村经营的主要模式，农村专业合作组织蓬勃发展，有效地助推了农村经济的持续向好发展，积极地促进了农民收入的进一步增长，有效地加快了现代化农业经营体制改革步伐，其本身具有强大的动力、发展的活力和未来潜力。农业合作社和家庭农场的商品化程度高，农产品产量大，对于农产品的生产、销售和流通等多个环节，特别是对于提高农业服务专业化水平方面，将有效发挥积极助推效应，必将为超市及外部市场与农户的对接打造出一个高效的、科学的、有序的发展环境。

通过农业合作社、家庭农场为超市提供农产品，可以有效地克服以往农户规模相对较小、产品供应不充足的问题，从而也提高了农产品的流通效率，降低了流通成本。同时农业合作社和家庭农场在对外进行经济活动中实力远比单一的农户本身更为强大，在与超市等进行谈判，甚至是最后的利润划分中更可以占据主动和优势。

（四）超市

超市的经营是直接面对市场的，拥有着非常庞大和稳定的顾客群，因而可以及时、充分、有效地把握市场信息导向，在农超对接中发挥其极为重要的主导性作用。一般而言，超市由于其经营产品多样，分布区域广泛，资产规模庞大，并且拥有着十分丰富的经营管理经验，同时，又具有较为良好的知名度、信誉度以及非常充足的资金。目前，“超市”已经逐步成为商业、零售业的主流，在整个第三产业发展中占据了重要的地位，在扩大内需、促进国民经济发展中起到了极大的作用。

“超市”依据它自身发展的需要，必然就决定了它要向上游供应链、应环节、供应商溯源的经营特点，“农产品”对于超市而言，已经成为保证其销售的基础性，且成为不可缺少的重要商品。如果向其供应链上游追溯，自然就是要尽可能地减少中间物流环节，农超对接也是超市自身发展的要求。而且超市一般都自有配套的物流运输系统，使其具有较强的农产品加工配送能力，完全可以承担农超对接中的物流配送问题，而且作为比较完善的零售企业，连锁超市的物流管理一般具有更高的效率。

农超对接之后，农产品可以直接进入超市销售，保证了农产品的数量、价格和品质，可以提高超市生鲜食品的销售收益率，从而将吸引更多的消费者进行消费，这样就可以直接地对超市营业额产生积极的拉动，带动超市的整体运行。

（五）监管部门

传统的农产品销售方式，由于其流动性较大，难以监察，无法有效保护消费者的权益，不合格的农产品一方面侵害了消费者的利益和生命安全；另一方面影响了质量好、安全高的生态农业基地生产的优质农产品的发展。而农超对接，不仅减少了流通环节，而且固定的产地和稳定的销售地点，有利于监管部门对整个食品销售流程进行监管，保证食品从产地到餐桌的安全，农超对接销售模式的生产、加工、运输和销售过程都可以受到监管，能够有效地消除食品安全隐患。

二、“农超对接”模式特点

关于“农超对接”模式的定义，较有代表性的包括：“农超对接”模式，即超市直接向生产者采购农产品或者生产者直接将其生产的农产品销售给超市的产销对接方式；“农超对接”模式是指农户和超市签订意向性协议书，由农户直接向超市供应农产品的新型农产品流通方式；“农超对接”模式是农户或者农户联合成立农民专业合作社与超市通过签订契约形成的产销直接对接合作的农产品流通方式。

“农超对接”模式实际上是一种农产品流通的生产者与终端零售商越过其他中间环节直接对接的扁平供应链模式。农户与合作社通过直接对接期望实现的是农产品稳定的销路、流通成本的节约、满意的销售价格、较大的销售规模、灵敏的市场需求信息等，超市通过直接对接期望实现的是具有良好合作信誉的供应商、优质的货源、流通成本的节约、相对较低的收购价格等。“农超对接”模式的出现、发展，既是农民组织化和农业规模化产业化、现代化发展的契机，也是连锁超市供应链不断优化的一种必然，还可以为消费者带来更多的实惠，有利于较好地解决流通环节多、成本高、分配不合理等带来的障碍，也为流通模式、流通体制改革提供了一种有效的解决思路。根据对接的特点与运行状态，“农超对接”模式主要具有以下特点：

（1）合作直接性。农超对接双方不再经过流通领域的中间商直接实现商品交易，而是通过对接产销直接见面，形成扁平供应链合作模式。这有利于降低交易成本、提高流通效率、畅通市场信息，实现理论上的双方利益最大化。

（2）动态选择性。对接双方合作期限具有不确定性，在合约期内开展合作，并不排除在合约期满后，双方根据市场需求变化和价格波动，选择新的合作伙伴。即使在合约期内一方违约，另一方也可以依据契约的违约条款，维护权益或者退出合作。

（3）资源整合性。对接双方一旦达成合作，即可在契约约定的框架下，整合仓储与物流资源、技术资源、部分人力资源、营销资源，共享部分市场消费需求变化的信息资源，形成联盟式的整合发展态势。

（4）整体协调性。对接双方在满足消费需求、降低交易成本、分担市场风险、应对气候变化、应对市场竞争、保持合作稳定等方面，依据契约规定，保持供应链各环节整体协调，消除不利因素，化解合作障碍，一定程度上努力实现共同发展目标。

（5）主体互动性。对接双方为了加快双方的磨合，促进合作的深化，优化供应链体系，共同提高合作的质量与水平，必然会主动地建立有效的协调机制，保持有效的沟通，特别是超市一方还会依托自身的综合实力优势对农户和农民专业合作社进行带有社会责任性质的扶持、帮助、指导。

三、“农超对接”模式系统

“农超对接”模式系统是为实现特定的发展目标，由市场利益主体、市场客体及实现主体间有秩序合作行为的相对独立又相互联系的调节管理机制与外部影响因素等构成的运作体系，即对接模式以对接双方利益最大化为目标，在农户、农民专业合作社、超市的参与下，围绕农产品直接对接，通过调节与管理机制的作用及政府的正面影响实现模式功能的运作系统。具体而言，其目标是通过对接实现农超双方利益最大化；参与主体是农户、合作社与超市；直接对接交易的是符合市场需求和双方产销组合的产品；保证对接秩序是实现外部市场内部化的调节与管理机制；重要的外部影响因素是政府的扶持与补贴。

“农超对接”模式系统主要由对接的市场主体、客体、运行与管理机制、外部影响因素与发展环境构成。市场主体即农户、合作社和超市，在没有成立农民专业合作社时，农户属于个体参与；在农户自愿合作成立专业合作社这种特殊的法人组织时，农户属于有组织的参与。市场客体即农户合作社和超市对接后进行交易的农产品，它在农户个体参与时是小规模和较少品种的；在以合作社法人组织参与时是规模化和多品种的。

对接的运行与管理机制由两部分构成，即通过合作契约保证对接运行的利益分配、成本控制、风险约束等市场调节机制，以及实现供应链高效率的综合管理机制；两者既遵循市场机制的调节作用，又通过外部市场内部化作系统的统一协调与管理。外部影响因素即政府的调控，是指在“农超对接”模式发展中政府的引导、扶持、促进与规范产生的影响作用。外部发展环境是指系统运行的农产品市场标准化要求、城乡商业网点发展布局水平、商业设施的完善程度等。

四、“农超对接”模式发展

“农超对接”模式发展有两种对接方式，即正向对接和逆向对接双向对接方式。正向对接方式是从供应链上游到下游的对接，逆向对接方式是供应链下游到上游的对接。这里重点讨论“农超对接”模式逆向对接方式。“农超对接”模式的逆向对接是指超市与农户、农民专业合作社在利益驱动下，通过签订合作契约，以超市经营的产品为交易对象，借助于正向对接建立的模式，以成本管理、利益分配、风险管理等为调节机制，以供应链上游农户和其他农村消费者为服务对象的工业品营销对接方式。逆向对接方式实质是超市对正向对接方式的价值开发与利用。

“农超对接”模式的逆向对接方式本质上与正向对接没有差别。所不同的是供应链的起点变成了超市连锁企业，终点变成了超市连锁企业资助下农民专业合作社建立的加盟超市连锁企业的终端店，签订的对接契约内容包含了逆向营销工业品（契约可以分开签，也可以整合签订）的有关内容和相应的约束条件，明确各自的权利义务，还可以节约谈判成本，合作社也可以因为市场优势而获得某种谈判实力的提升。

随着我国新型城镇化的发展进程，农村经济的逐步发展，农村消费市场不断扩大，工业品消费量增加，这将为城市超市连锁网络发展带来巨大的商机。以往各个时期政府倡导开展的工业品下乡活动效果并不明显，其发展瓶颈是农村市场虽然总体规模较大，但是购买力极为分散，超市深入农村发展成本很高，因此望而却步，农村市场工业品消费辐射的主力是家庭日杂店和小型便民超市。在农民专业合作社及正向“农超对接”模式快速发展的背景下，超市连锁企业已经完全具备了借助“农超对接”模式的供应链开展逆向营销工业品的有利条件。

农民专业合作社在超市的扶持下开办面向农户和其他农村消费者销售服务的中型加盟超市完全可行。农户在合作社劳动已经形成了经常性的消费人流，可以兼顾合作社劳动和便捷购物。超市与合作社的对接将承载更为科学合理的流通功能。因此，利用正向“农超对接”模式的渠道资源发展逆向对接方式时机已经成熟。逆向对接的意义主要包括以下方面：

（1）发挥“农超对接”模式的优势，进一步降低成本、提高效率与效益。正向的农超对接，追求的是减少流通环节，降低流通成本，提高流通效率和效益，但不可避免的是农户、合作社送货及超市采购的运输工具返空问题，这些成本都需要分摊到双方。开展逆向对接，双方签订对接契约，规定逆向对接的内容和约束条款，在投入不大的情况下，通过合作社建立卖场，农户可以享受到超市大批量进货的优惠，合作社可以不必承担农产品送货功能并可获得销售利益，农民也可以增收，超市可以解决物流运输中的返空问题，工业品销售规模还可以进一步扩大，在管理模式做出调适和优化的情况下，可以实现农户、合作社和超市的多赢。

（2）变单向营销为双向营销，深度拓展消费区域，繁荣农村市场。双向对接充分地利用了单向对接的所有供应链管理资源，变单向营销为双向营销，既拓展了超市连锁企业的目标市场区域和营销的规模，使工业品营销的供应链长度深度延伸，又可以促进农村商品市场的繁荣，改善农户生活。

（3）创新营销渠道模式，完善流通体系功能，优化流通结构。以往的农产品流通渠道结构无论有多少类渠道，其实都没有解决双向流通问题。“农超对接”模式的逆向对接实质上是营销渠道的一种创新，它不仅完善了流通渠道的功能，还可以探索一条优化流通渠道结构的新路，升级流通模式。

第二节　农超对接的功能

一、减少流通环节，扩大交易规模

“农超对接”模式的交易成本是指实现合作和交易所要花费的全部成本，当交易行为发生的时候，伴随交易过程产生的搜寻成本、信息成本、议价成本、决策成本、约束和监督交易成本、违约成本等。简而言之，它包括所有在农产品生产过程中不直接发生的成本。

“农超对接”模式的实现，减少了传统流通模式的环节，缩短了流通的时间，增加了交易的频率，扩大了交易的规模。农户、合作社与超市之间直接对接，减少了中间环节，节约了生产者与终端销售商在合作伙伴搜寻、信息获取、议价、多次决策的成本，以及分配多环节切割利益或层层加价导致的价格上升，也避免了对诸多中间环节交易农产品的检测，最大限度地避免了不确定性的影响，从而最终降低了交易费用；流通时间的缩短，减少了农产品的损耗，也增加了交易次数，提高了流通的效率，并且由于农户的组织化发展，使规模化交易成为现实，节约了仓储、运输、配送的成本，增加了合作各方的收益。

“农超对接”模式使农超双方建立了相对长期稳定的战略合作伙伴关系，形成了一种类似联盟的组织，双方的交易有了组织保障机制，决策的连续性也提高；合作伙伴之间逐步建立起相互信赖和具有承诺关系的互信机制，在合作中会经常进行沟通和协商，在冲突发生的时候，可以避免过于烦琐的讨价还价、各类履约风险，谈判费用和监督费用得以降低；对接模式使合作的组织形式发生了变化，合作的业务流程实施了再造，打破了原有的职能界限，管理水平提高，技术手段更为先进，供应链各个节点发生的费用不断降低，物流运作更加合理化，减少了合作的不确定性，增强了合作组织的市场竞争力。

“农超对接”模式的发展，一定程度上形成了外部市场内部化。模式组织体内部管理协调具有与市场管理协调刚好相反的三大特征：一是在内部管理协调中农超双方不是完全相互独立的；二是内部管理协调无疑是有计划的直接性协调；三是内部的管理协调把不确定性降到最低。这就使得通过模式内部管理优化的方式解决矛盾成为可能，通过外部不稳定合作的方式来协调农超之间矛盾发生的成本会降低。

二、稳定市场价格，提供更多实惠

从与传统渠道模式对比的角度看，“农超对接”模式环节更少，没有参与切分利益的其他强势中间环节加入，客观上降低了中间环节加价的力量；对接模式成立的要素之一是双方有契约约束，并且要考虑相应的短期违约成本以及远期合作者形象受损带来的持续的负面影响。超市的经营策略是通过统一采购实现规模化采购和物流运输，并通过连锁门店快速覆盖市场，进而保证卖场售价较低目标的实现，以吸引更多的消费者，实现量的扩大，获取更多的规模化效益。显然，对接模式内在的抑制价格特点和超市本身低价经营策略内在特点的要求都是指向抑价和稳价的。

基于以上原因，由契约约束的收购价以及由超市经营策略定位要求的零售价都将相应地保持稳定。即使农产品生产成本上升、自然灾害等不可抗力因素导致的供应量减少或者反过来出现生产量大幅增加，造成合作社农产品积压，对接双方契约中有些条款可能会加以弥补，但基本的原则是不变的。总体上而言，对接模式流通的农产品价格与外部市场相比理论上应该低于其平均水平。

“农超对接”模式的实施，稳定了农户合作社的农产品销售价格，保障了农户的收入水平。而且，较之于以往没有组建合作社开展农超对接合作而言，农民因为有了稳定的销路和可预见的销售效果，收入显然是得到了保障和增加。对于最终消费者而言，消费者总是可以分享到对接模式收购价相对稳定、没有其他中间环节加价和超市低价经营策略与形象维护等带来的利益。因此，“农超对接”模式的存在，起到了稳定农产品市场价格，增加农民收入，为消费者带来实惠的明显作用。同时，超市也将因为企业形象较好的效应而获得长期稳定的利益。

由于“农超对接”模式的发展具有诸多的优势，近年来对合作社的发展、超市发展“农超对接”模式的税费减免、费用补贴、专项扶持等也逐步增加，一定意义上而言，“农超对接”模式发展也承载了政府部门的公共职能，使得对接模式在促进稳定农产品价格、保障农民收益和消费市场平稳方面发挥了相应的作用。

三、提升农产品品质，保障消费安全

随着市场的不断发展，人们收入水平的提高，农产品安全问题越来越受到消费者和政府的关注。传统农产品流通渠道普遍具有合作的不稳定性、交易的多变性、产品品质衡量的主观性、产品销售责任的不明确性和不可追溯性等弊端，“农超对接”模式的出现和发展，为消除这些弊端提供了一条有效的路径。

“农超对接”模式在发展中，市场外在因素压力和模式内在因素要求农产品质量必须达到优质、安全、卫生等标准。市场的外在因素包括消费市场对质量要求的传导机制和市场规范的约束机制。消费者对农产品品质的要求是根据市场的发展而不断提高的，消费者的选择就是超市的市场压力，这种传导机制是长期存在的；政府相关部门为了维护良好的市场秩序，站在农产品安全角度对市场的规范和约束也是必然的，这是行使公共管理职能的要求。“农超对接”模式内在因素要求主要体现在超市经营理念、超市经营规范以及由此产生的主导对接模式供应链体系全程质量管理规范等方面。

超市是现代商业企业，其经营理念要求质量至上；超市是高度产业化的管理组织，它对产品品质的管理是其管理的核心内容，入店销售的农产品必须达到预定的质量标准；由超市主导的对接模式供应链体系保证产品质量的关键节点是农产品生产环节、加工环节、仓储运输环节、销售环节，重点是品种的优越性、生产技术标准、收获的保质标准加工的规范标准、仓储与装卸运输技术标准、在途时间控制标准、销售环节的保质标准等，一旦开展农超对接，原则上都将进入合作契约，成为对接模式约束内容，这就对农户、合作社的农产品生产提出了高于原来的质量管理目标和门槛，不能达到将会付出违约成本。所以，“农超对接”模式的质量管理体系理论上对对接模式流通的农产品质量具有强硬约束作用，将能够促进产品质量的不断提高。

另外，农产品消费安全问题也是农产品质量的重要问题。“农超对接”模式的建立，通过政府部门的引导和促进，超市的主导和要求以及农户和合作社的自觉意识提高与对接模式行为的约束，市场机制模式内部管理机制、政府调控机制相结合，可以把生产、技术、产品的标准化程度的提高和质量认证的推行向前推进一步，在品种优选、农药使用、品质与安全保障体系规范化方面迈上一个新的台阶，从而不断提高农产品安全与消费安全水平。

“农超对接”模式的推进，一定程度上固化、明确了产销关系和各个环节的质量与安全责任，使得消费者在超市购物发生农产品安全责任事故，开展消费权益维护有了组织基础，这对政府倡导的农产品全程质量追溯体系的建立极为有利，实现农产品的品质从农田到餐桌的全程控制有了可靠的保障。

四、提升资源配置效率，促进结构调整优化

“农超对接”模式的发展不仅是一个农产品流通渠道创新问题，通过对接模式综合机制的作用，它还可以对流通资源配置、流通体系的发展与优化以及农业产业结构的调整产生积极的影响，具体表现在以下方面：

第一，农超双方可以充分利用对接模式资源，既发展正向对接，又开展逆向对接，实现农产品进城与工业品下乡的同步发展。

第二，通过对接模式的发展带动与示范效应，既使对接模式不断优化，又促进其他类型的流通模式吸收借鉴“农超对接”模式的发展经验，提升供应链管理水平，进而使农产品流通体系整体得到优化和升级。

第三，对接模式要求的产品技术品质、结构、规模、管理标准、经营设施电子商务技术运用等方面，可以通过“市场—对接模式—农户和农民专业合作社”的机制促使农户与合作社主动提高匹配水平，实现农户与合作社层面的结构调整与优化。

第四，通过农户与合作社带动一批与之配套的种植养殖户、种子公司、农机公司、农药化肥企业、农业技术研究机构、包装企业第三方物流企业、农业发展融资机构、基础设施建设企业等逐步调整优化经营结构，推动农业产业化发展水平的不断提升。

第三节 农超对接的实现条件

一、对接双方的组织性

“农超对接”模式实现的基础条件是对接双方的组织性问题。农户属于分散的小生产者，通过自愿联合建立农民专业合作社后，组织化程度得到提高，但由于合作社发展的初期发展的不平衡性，农户、合作社与超市比较仍然属于相对落后的一方。即使是超市由于受到农业组织发展不充分，流通领域发展不规范的影响，也存在进一步提高组织性的问题。

（一）农户与合作社组织性

农户通过自愿联合建立农民专业合作社是一个从个体到组织的过程。合作社的建立初步地解决了与超市合作要求的组织化、规模化问题，但总体上看合作社的法人治理结构、决策结构与模式、与农户间的利益分配模式、资金来源与投入规模、生产与技术管理水平、物流配送能力与管理水平、营销管理水平等方面与超市的要求仍存在距离，这一点得不到有效解决，对接的态势仍然是倾斜的，合作社不仅没有主导权，对等的谈判力也不能有效保证。从整体上完善法人治理结构，加大多种形式的投入，扩大生产规模，重视人力资源建设与管理，优化组织结构与功能设置，提高管理水平十分必要。

（二）超市与对接系统组织性

超市作为现代形态的商业组织，其组织化程度总体较高，经营规模较大，特别是大中型连锁超市更是如此。但这并非说超市没有提升的空间，相反它需要承载两方面的任务：一方面，超市需要进一步提高经营管理水平，保持较高的组织化水准，以应对来自同行的横向竞争。为此，在决策水平、融资规模、战略布局、经营规模、合作模式、新的商业科技应用和管理现代化程度等方面仍需要不断发展。另一方面，超市主导“农超对接”模式的发展，还必须引导、带动对接模式成员的组织化水平不断提升，站在超市经营发展的视角，这也是超市组织与发展的一部分。

二、资源的互补性

在社会分工专业化的产业发展格局下，形成合作意味着组织之间各自能获得需要的利益，存在资源的互补性。开展农超对接的农户、合作社与超市间同样存在各自的资源优势，对于希望获取外部资源优势的一方而言，拥有自身的资源优势才能与合作方交换优势，形成新的合作优势。因此，资源的互补性成为“农超对接”模式实现的诱导性条件。

（一）超市拥有市场资源优势

超市处于对接模式供应链下游市场端，拥有大量消费者，掌握了市场信息资源、行情资源、卖场资源、商业品牌资源，这对于农户与合作社而言是稀缺资源；农户与合作社希望通过对接合作，能最大限度地使用市场资源借船出海；超市希望通过直接对接合作，以市场优势资源换取其他资源，如生产资源、产品资源、土地资源等，实现优势的互补性。

（二）农户、合作社拥有产品和劳动力资源优势

农户与合作社处于对接模式供应链上游生产供应端，拥有广袤的土地、富余的低成本劳动力和循环不断的农产品供应能力，这对于处于供应链下游的超市来讲是稀缺资源；超市希望通过直接对接合作，将外部资源优势内部化，形成相对稳定的优质农产品供应基地；农户与合作社希望通过直接对接合作以丰富的土地资源、生产资源、劳动力资源、产品资源等换取超市优势市场资源，以实现相对优势的互补性。

（三）超市拥有物流配送与管理资源优势

超市连锁企业设施设备齐全，冷藏、运输、配送等能力较强，市场管理经验丰富，企业管理水平较高，尽管投入较大，但由于其一企多店的连锁经营模式具有很强的广泛覆盖市场的能力，可以实现大规模的农产品吞吐，其经营成本和售价都相对于传统企业为低，对供应链上游的农户与合作社能起到带动作用；此外，超市对庞大连锁体的现代经营管理能力、供应链管理能力优势也是显而易见的。这些管理资源优势对解决自身和农超对接中的供应链管理问题，带动农户与合作社提高综合管理水平有很强的现实价值和意义。

三、对接模式的耦合性与效益性

（一）对接模式的耦合性

耦合性是指组织间联系，即“农超对接”模式系统结构中各管理模块间相互联系的紧密程度的度量。对接体系管理模块间联系越紧密，其整体的耦合性就越强。各管理模块间的耦合性高低取决于其直接对接规则衔接的精细度、联系的方式和传递信息的有效性。

具体而言，“农超对接”模式的耦合性主要体现在系统传输的管理信息与数据耦合，供应链各管理环节与管理模块的信息数据共享耦合，对接模式体系各管理模块的控制性信息与数据耦合，对接体系各管理模块间信息与数据的执行与协商性耦合等几方面。对接模式耦合性的本质是管理体系契约的合理性，信息的通达性、准确性、共享性，管理调控规则的科学性，对接行为实施中的反馈性和协调性等。“农超对接”模式管理体系耦合性的特点是各管理模块的耦合性越强，则独立性就相对减弱。

在“农超对接”模式中，双方的耦合性极为重要，它属于对接模式实现的操作性条件，主要用于解决规则性、秩序性问题。“农超对接”模式实践中，合作契约是基本的对接合作规则与约定，但是实施当中，产销信息、市场信息与数据，供应链管理环节的信息、数据衔接与共享，管理控制性指令与执行，合作摩擦的调适与磨合等都是很现实的问题。

（二）对接模式的效益性

农超双方开展农超对接的最终目的是实现双方的利益最大化，因此，直接对接合作必须考虑的就是对接模式的效益性问题。所谓的效益是指“农超对接”模式给双方带来的利益贡献，它包含直接效益和间接效益两个方面。直接效益指对接模式的成本与收益核算效益以及风险控制带来的效益；间接效益即通过直接对接合作为双方带来的企业与组织形象、社会责任履行产生的正面效应。“农超对接”模式的效益性属于对接模式实现的动力条件。

1. 对接的直接效益

“农超对接”模式的实施，使得生产环节与终端销售环节直接对接，减少了交易的中间环节，提高了流通的效率，扩大了交易的批量，加强了扁平供应链的科学管理，降低了产品损耗，稳定了产品供应的货源，最大限度地避免了交易的不确定性风险，其效益优势是明显的。具体表现在交易成本节约，规模化优势得以稳定发挥，多环节切割利益的格局被打破，超市采购价格的稳定性增强，农户实现了增收，超市零售价格尽管总体上低于零售市场平均水平，但由于其稳定性提高，市场覆盖区域较大，购买频次与购买量呈现不断增长的势头，从而使超市能够实现收益的提高。

在对接合作的初期，由于超级在物流设施建设、运输工具购置等方面投入有所增加，但随着对接模式的成熟化，这种成本部分已经分摊给了农户与合作社，部分由于批量的持续增加被合理地消化。

2. 对接的间接效益

“农超对接”模式的不断发展，间接效益也得到了不断提高。一方面，对接模式的良性效应为农业的发展、农业产业结构的调整和优化、农户的增收提供了有效的途径；在对接运行过程中，超市对农户与合作社提供了各个环节的指导和帮扶，乃至经济上的补贴、让利，树立了良好的社会形象；另一方面，超市通过对接模式的实施，优化了销售卖场的经营结构，提高了管理水平，稳定了零售价格，赢得了消费者的良好口碑，增进了企业品牌形象。

在发展农超对接的过程中，政府部门通过引导性政策给超市一定的政策性补助，但超市经常投入得更多，并且有意识地加强了本地农产品的采购，并在产品质量标准化管理质量认证和农产品追溯体系建设方面承担了部分社会责任。

第四节 农超对接的实现机制

“农超对接”模式的实现机制是指对农超双方对接运行发挥调节作用并达成目标的机制。一方面实现机制主要依靠市场发挥作用；另一方面市场并不完善，还需要政府发挥积极的作用。所以，可以把实现机制分为市场实现机制、政府引导调控机制两类，二者共同构成以市场实现机制为主要调节方式，以政府引导调控机制为辅助机制的混合实现机制。

一、“农超对接”模式下的市场实现机制

市场机制是指通过市场自发的竞争与交换来配置资源的方式，也即通过市场供求、价格、竞争、风险等要素间相互联系与相互作用机理来配置市场资源，调节市场运行的作用机制，它也是市场运行的实现机制。具体而言，发生作用的机制主要有供求机制、价格机制、竞争机制、风险机制等。本质上而言，市场机制是三大基础要素相互结合、相互制约

的一个循环运动过程，其循环的动力是市场活动参与主体的经济利益。市场机制或市场实现机制具有自发平衡供求关系、传递市场信号、促进技术创新、调节收入分配、降低交易成本、提高市场实现效率等经济功能。就理论而言，完全竞争下的市场机制可以实现帕累托最优，也即最优经济效率。

“农超对接”模式的市场实现机制可以从两方面来认知：一是对接模式参与成员在市场供求、价格、竞争、风险等机制的作用下，开展市场交易活动，进行竞争与合作，以实现追逐更高经济利益的目标。这是一般意义上的在市场自发竞争与交换作用下，配置资源并获取利益的市场实现机制作用方式。二是把对接模式作为一个整体来看，它存在一定的内部性，虽然市场实现机制的作用发挥得仍然比较充分，但需要适当地注意到这种情况，把作为单个的参与者及作为对接模式整体两方面整合考虑。

“农超对接”模式的基本市场实现机制是市场供求机制、价格机制、竞争机制和风险机制，具体体现在对接模式运行过程中，又可细分为以价格为基础的主体利益分配与调节机制、成本管理与分担机制、风险管理与分担机制、系统整合发展机制、动态均衡发展机制等。“农超对接”模式下的市场实现机制，主要包括以下方面：

（一）“农超对接”模式下的利益分配与调节机制

1.“农超对接”模式下的利益分配

“农超对接”模式下的利益分配是基于交易来实现的。利益分配的外在表现是交易价格，其深层问题是交易成本、风险等问题。在“农超对接”模式运行过程中，双方都会监控市场需求、生产成本、物流成本，销售成本以及市场受到外部因素影响带来波动的不确定风险，并预测其供货价去除生产成本、销售成本和税金（或者零售价去除进货价、销售成本和税金）后的净收益，然后再做同类交易横向比较，在此基础上通过谈判敲定合同价格。因此，利益分配的基础参数是市场需求波动变化、平均生产成本升降、平均市场销售成本升降以及税金等，比较参数是整个行业同类交易的市场行情，关键因素是买卖双方基于自身组织化程度高低、市场供求态势约束下的谈判力等的综合利益博弈。

利益分配系统实质上由三个部分构成：一是主体与客体，即交易双方“农”“超”和交易的农产品；二是基于市场需求、成本、风险预估、整体市场行情比较判断以及交易双方实力强弱带来的谈判力大小的预测、决策博弈系统；三是基于可持续发展的交易双方交易合同调控完善系统，它涉及交易前约定价格和条件，随着市场变化出现波动后需要做出调整和约定的完善并保持交易连续性的补充约定。

2.“农超对接”模式下的调节机制

“农超对接”模式下的主体间利益自调节机制的核心问题是影响、调节与平衡利益，在主体间形成利益动态均衡的内在机制。“农”与“超”之间发生着农业风险、生产成本、供货能力与批量、物流成本市场供需矛盾、市场服务深度、主体间谈判力强弱等一系列的可导致利益调节的影响因素，它们通过农产品的价格博弈、生产成本变化刚性调节、交易条件商定物流运输成本变化的制约、市场风险波动的约束等机制发挥着双方利益调节的作用。

“农超对接”模式的主体间利益自调节机制的形成和作用，主要是源于双方不可避免的来自生产方向的压力、市场方向的压力，以及来自中间环节的物流运输、供方服务深度、需方经营管理模式风格或战略的变化，迫使交易各方通过谈判，形成契约，实现自我利益的保护，同时也实现“农超对接”模式整体利益动态最大化。这种主体利益自调节机制在正常情况下不会失去调节作用。当农业生产出现不可抗力原因，市场出现交易成本更低合作联盟模式或者超市方有更多的更经济的选择以及经营模式发生新的变化时，这种自调节机制将会中断或者在新的交易条件基础上达成新的契约，形成新的主体利益调节机制。

（二）“农超对接”模式下的成本管理与分担机制

“农超对接”模式的成本管理有三个层次：一是微观层面上的农户、农民专业合作社的生产成本、销售成本和管理成本的管理，连锁超市的进货成本、销售成本和管理成本的分项目具体管理；二是中观层面上的农户、农民专业合作社连锁超市的内部成本系统管理；三是“农超对接”模式供应链上的企业协同性的成本整合管理。微观层面上和中观层面上的成本管理属于供应链上企业内部的成本管理，企业协同性的成本整合管理是受市场行情、双方签订的合同约束下的供应链整体宏观性成本管理。

“农超对接”模式的成本分担，既有农超双方独立性的一面，又有整个对接体系共同承担的一面，只是基于“农”“超”在不同的时期所处的市场优势地位，成本分担中也相应地会有所体现，只是在度的把握上双方以模式继续成立为前提进行博弈。成本分担机制概括来看有三个层次，三个层次共同作用，互相制约，共同平衡，形成动态分担自调节机制。

第一个层次：农户、合作社、超市内部成本管理，其重点是建立经营管理涉及的各方面各环节的成本节约以及成本管理约束内部机制。这个层次的特点是企业成本内控机制建立与作用发挥。

第二个层次：“农超对接”模式供应链的生产、采购与物流配送、面向终端的农产品销售三大阶段的成本控制与分担问题。这个阶段的特点是，农超双方分别承担生产和面向终端的农产品销售阶段的成本后，对供应链内部中间环节发生的成本按照一定的机制进行分担。目前多数情况是由双方市场优势因素导致的谈判强势，来确定中间环节成本的约定。例如，有的是由农业合作社来承担物流成本，有的由超市方承担了采购与物流配送的成本。

第三个层次：面向消费者的终端销售环节、农产品生产环节发生的滞销、减产带来的供应链宏观成本的上升。由于市场需求受到多种因素的影响会产生正反向波动，处于供应链终端的超市方可能会承担市场需求减少带来的采购产品过剩的降价和损耗，导致的超市总成本的上升；由于农产品减产、过剩带来的收益减少损失、过剩降价损失与损耗，会导致农户与合作社总成本上升。两个方面的总成本上升，对“农超对接”模式良性发展都存在危害，都会影响双方的利益，最终需要农超双方，在交易合同中进行预先约定，对可能的成本上升和损失进行预分担。比如生产方过剩、需求不振等出现的成本上升、利润下降，在合同中做一个调节幅度性质的规定，超市遇到生产过剩时适当增加采购量，销售方需求不振时生产方适当减少送货等。

（三）“农超对接”模式下的风险管理与分担机制

“农超对接”模式的发展受多元综合因素影响，它不仅受到农业生产、合作社管理综合因素的影响，还要受到市场综合因素影响以及连锁超市经营管理综合因素的影响，风险是多方面的。因此，其风险管理也是多层次的。在农户、合作社一方的众多风险中，需求风险是根本性的，它深刻地影响着生产、管理、储运等环节，交易风险是现实性的，它直接制约着农产品的实现；生产的不确定性、管理的不稳定性、储运的安全与否都是必须要面对的风险因素。在超市一方，必须面对市场波动与需求的不确定性风险、物流运输与配送的安全与成本变化风险、超市之间直接竞争风险以及超市方经营管理水平及失误造成的风险。

“农超对接”模式作为一个整体，首先，必须共同面对和管理市场需求波动、价格行情变化、整体生产成本上升、物流成本上升造成的风险和不确定性，这是共同体合作的基础，也是合作协议要以一定的形式明确和规定的，以共同消化和规避这些风险，同时也减少交易风险；其次，在合同签订前后，作为次级风险管理体系，农户、农民专业合作社、超市需要在内部对生产、经营管理、竞争等进行风险评估和管控，确保风险在内部体系得到控制。

"农超对接"模式风险管理与分担也是其供应链整体风险分担与各环节内部风险管控问题。农超双方开展合作对风险会有基本的研判，首先，需要做风险的分析，明确风险来自哪些方面；其次，对风险进行基本层面的评估，测量风险的级别和双方的承受力；再次，根据互利互惠合作的根本原则，洽商风险在双方合理的承受限度内的分配，然后以交易合同的形式形成约定（小额交易也存在口头约定的现象）；最后，农超双方各自按照自己的内部风险管控模式，消化各自分担的风险，以实现风险最小化。

农户或合作社最根本的风险是需求风险、生产风险，也需要控制好储存运输和管理方面的风险；超市方最根本的风险既有需求的风险，也有采供物流的风险，同时由于超市面临着终端零售市场的激烈竞争和规模化经营管理的复杂性，内部风险管控还必须建立预警机制，制定风险防范的系统措施。

（四）"农超对接"模式下的系统整合发展机制

"农超对接"模式的运行与发展不是一种单一主体的发展，而是一种"农超对接"模式供应链的系统发展。因此，其供应链系统必须整合发展，才能实现该模式的整体发展，也才能使模式的各项功能得以发挥，实现共同的可持续发展目标。

供应链系统整合发展的关键要素是："农超对接"模式两大主体，即"农"方和"超"方的发展目标方向的一致性、利益机制的契约规定性、风险分担与管控的一体化，以及模式发展的供应链各环节发展的整体协调性。在对接模式供应链的起始端，农户、合作社追求的是农产品销路的稳定性，农产品价格的稳定性，农产品销售风险的规避，实现农产品销售利益的最大化，而这些预期都可以通过"农""超"双方科学合理的契约约束得以保障。

在对接模式供应链的末端，超市追求的是合理的农产品进货价格、质量的稳定性，农产品的市场接受度高，销售稳定，市场波动小，市场风险小，实现超市进销差的最大化，利润最大化、稳定化，而这些问题由于有与供方的契约约束，可以有最大限度的保证。"农""超"双方的农产品生产的市场实现、超市销售市场发展目标完全是一致的，是一个利益共同体，也是风险约束共同体，根本上而言是一个供应链协同发展共同体。"农超对接"模式是一个整体，其供应链发展也自然是整合发展，内在机制在于发展目标一致性、整体利益一致性、供应链上下游局部利益具有协同性。

（五）"农超对接"模式运行下的动态均衡发展机制

"农超对接"模式的长期、动态的优化发展，取决于农户、合作社与超市之间的发展均衡，否则就难以存续下去。在双方发展的过程中，从合作关系、短期利益、长期利益几个维度可以描述其动态均衡发展的机理。最根本的均衡在于利益均衡，这并不是说双方得到的利益是平均的，而是在市场动态发展过程中，通过契约的约束，双方在价格、成本、风险方面通过合作主体的博弈，能够达到相对的均势，实现各自在特定市场态势下总体利益预期。只有这样，“农超对接”模式才有存续的可能与发展的基础。

在运行层面，农超双方必须保持关系均衡，这里的关系是指互相之间的博弈互动的业务合作、人际交往以及“农”和“超”各自与竞争者的关系处理。如果说利益均衡是本质，那么关系均衡事关利益能否实现，实际上就是双方都极为重视的实现机制性质的均衡。不仅如此，因为关系均衡强调合作、协调与竞争，能妥善进行竞争因素影响下的合作关系动态调节，对于“农超对接”模式的发展优化和保持稳定性也具有基础性作用。

目前的“农超对接”模式基本上还是“农”方供应农产品，“超”方组织市场销售的正向业务格局，开展反向业务，进行反向营销，把农村市场需要的工业品有组织地，通过连锁企业在镇乡村合作社布点中小型连锁店、加盟店辐射下去，实现双向营销业务均衡，加强合作双方市场资源利用和市场深度开发，潜力很大。

二、“农超对接”模式下的政府引导调控机制

在市场经济发展中，市场实现机制发挥了基础性的资源配置功能，它是资源配置最优化的基础和根本。但由于现实市场发展几乎不可能满足完全竞争市场的各种假设条件，所以，市场实现机制也存在着一些不足。即使可以满足假设条件，也仍然不能解决收入不公、自发竞争下的经济无序波动等问题。因此，市场失效是客观存在的。

市场失效主要表现在：①公共服务产品难以形成合理的市场价格，也影响了其资源配置的优化；②具有外部性的产品价格不能准确反映市场属性，外部性的存在不能使市场资源配置最优化；③资源稀缺性和规模经济作用形成卖方垄断，其排斥竞争的特点使资源配置机制阻断，无法实现帕累托效率；④市场主体的独立分散性，导致信息不对称和市场活动盲目性。

对于“农超对接”模式发展而言，市场实现机制的基础性作用、核心作用固然重要，但市场失效问题也不能忽视，特别是在对接模式发展不充分的阶段更是如此。比如，农户、农民专业合作社、农业的发展与农民增收问题，农业产业化经营、农业技术升级问题，农户种植结构不适应问题，农超对接中农业水利设施与仓储物流配送设施的建设问题，“农超对接”模式发展的不充分问题，消费者权益保护问题，市场秩序不够规范的问题，市场信息在合作社与超市间的不对称问题，农超对接中的风险与不确定性问题等。解

决这些问题，需要政府相关部门的介入，并在不影响市场实现机制作用发挥的前提下，行使经济职能、社会职能和政治职能，引导和调控“农超对接”模式的良性发展，以达到对接模式资源配置合理化。

“农超对接”模式的政府引导调控机制，就是政府部门为了应对市场失效而履行经济、社会与政治职能，采用一定的手段，对农超对接中市场机制无法发挥作用的领域进行引导、促进、扶持、规范的调控机制。政府部门实施引导、调控措施的目的是优化发展资源的配置，降低市场失效的影响，推动“农超对接”模式的发展，不断优化流通体系的发展结构。

“农超对接”模式发展的市场实现机制是对接模式发展的基础性调节机制，也是核心的调节机制，政府引导调控机制重在治理市场失效，二者的关系是相辅相成的。在特定的发展不充分的阶段，政府引导调控机制能够起到较大的引导和推动发展的作用，但它并不排斥市场机制的主导调节作用；即使在对接模式发展较为充分的阶段，由于市场失效的不可避免性，政府的引导调控机制仍然是必不可少的。

政府引导调控机制的主要方法有财政政策、税收政策、货币金融政策、市场规制政策、社会发展规制政策、产业发展促进政策、反垄断政策、鼓励技术创新政策、发展环境治理政策、消费者权益保护政策、收入调节政策等。政府在政策机制实施过程中，需要做好政策调研、政策制定、政策试点与推广、政策执行、政策落实与检查评估、政策调整等各项工作，以保证政策目标能够顺利实现。

三、农超对接发展的长效机制构建对策

（一）构建信任保障体系与利益分享机制

农超对接供应链模式的实质是农超双方在一定时期内共享信息、分担风险、共同获利的协议关系，而协议关系的建立和发展是以信任关系为基础的。因此，双边信任保障体系是农超建立长效合作的前提，信任缺失必将使得双方的合作意愿和信息沟通效率降低。为此，农超双方必须抛弃短期博弈的心理和行为，通过签订书面合约形式，建立长期的战略合作伙伴关系。农超双方还应公正地评估从生产到消费流通过程中的物流成本及共同创造的利益，探索并建立利益分享机制。可尝试相互参股、分红等多种形式，实现双方利益联结和捆绑，结成真正的利益共同体。

（二）构建政策扶持体系与指导监督机制

农超对接的发展离不开政府的扶持与监管。要加大对冷链物流中心的投入，解决流通

基础设施建设中融资难问题。在农产品运输、仓储、检验等各个环节给予税收优惠政策，要继续扶持鲜活农产品“绿色通道”政策，降低农产品的成本，以快捷、顺畅、低成本的流通促进农超对接发展。农超对接发展的基础是农业的发展，需要制订科学的农业发展规划，大力推进农业产业化，积极培育农产品品牌。需要加大培训力度，提高从业人员能力及经营管理水平。需要加强指导监督和组织领导，注重发挥涉农中介组织的作用，严禁超市向农户或合作社收取进场费、赞助费、摊位费、条码费等不合理费用，切实规范农超对接行为。

（三）构建农产品流通体系与质量安全追溯机制

推进农超对接发展必须建立健全的农产品流通体系，完善零售业销售网络。要重点加强冷链物流的信息化建设，要逐步建设功能完善、标准统一、信息共享、互联互通的国家食品安全信息平台。要支持农民专业合作社加强安全生产记录管理，依据农产品流通相关标准，对农产品进行分级、包装、加贴标志，并在此基础上，充分利用现有的企业管理和市场交易信息平台，建立农产品冷链物流信息追溯系统。

（四）构建社会化服务体系与市场化运行机制

农超对接的发展有赖于健全的社会化服务体系为其保驾护航。社会化服务体系包括专业化的农产品服务主体，高效的金融、法律、信息服务，现代化的物流设施以及完善的市场机制，这样农业生产与市场之间才能建立起配套的信息传递机制、生产组织机制、生产要素合理流动机制。要优先发展新型合作经济组织，要动员全社会力量共同壮大社会化服务体系。要引导和推进农超对接工作，要按照市场规律办事，坚持市场化取向、企业化运作的基本原则，引入竞争机制，实现超市之间、合作组织之间的竞争，在竞争中提高质量，在竞争中提高能力，探索一条符合国情的农超对接发展之路。

第八章 农超对接的发展

第一节 农产品可追溯体系

经济的快速发展实现了人们收入的稳定增长，继而消费者消费需求和消费习惯也发生了改变，人们对食品的需求不再仅仅是量的满足，而是产品的质量安全问题。尤其受市场上食品安全问题的影响，消费者更愿意多花钱去买放心产品。在我国农业发展中，提高农产品安全性已成为同保证农产品产量平等重要的发展方向。加强供应链管理，寻找安全的农产品供应模式已迫在眉睫。在此情况下，从源头做起建立农产品可追溯体系正越来越受到政府及广大消费者的重视，希望能够通过此方法提高农产品食品安全。

在农业部与商务部密切协作下，我国开始农超对接试点工作。凭借着安全、卫生、优质和廉价等特点，农超对接作为一种新的农产品流通模式，得到了社会各界的高度认同。与传统农产品流通模式相比，它旨在减少流通环节，降低流通成本，实现产品可追溯，改变层层加价的现状，而建立农产品可追溯体系是农超对接更高层次的目标。因此农超对接的积极开展为农产品可追溯体系的建立创造了现实条件，为提高农产品食品安全提供了有效途径。

一、农产品可追溯体系的现实意义

食品可追溯涉及的范围要比农产品可追溯的范围更加广泛，国际标准化组织和欧共体管理法规将食品可追溯体系定义为在生产、加工及销售各个环节中对食品、饲料、食用性动物及可能成为食品或饲料组成成分的所有物质追溯或追踪能力。在此基础上可得，农产品追溯体系就是将农产品从生产到消费经历的各个环节的相关信息记录下来，以便在农产品供应链的任何一个阶段都能够了解产品的相关信息。

（1）有利于保护消费者的健康。农产品可追溯体系的溯源性有利于及时找到影响农产品质量安全的环节，立即召回所有可能的问题产品，减少风险的扩散，这不仅保护了消费者的健康，也可避免因责任范围扩大而打击其他安全农产品生产的积极性。

（2）有利于提高农产品生产、加工、流通各环节参与者的责任心。农产品可追溯体系通过实现“农田到餐桌”的全程追溯，可有效减少因分段监管所形成的法律漏洞。同时，农产品可追溯体系及时准确发现问题，解决问题的优势，以及针对不法参与者所制定的惩戒制度都迫使各参与者严格按照规定进行生产、加工、销售。另外，信息透明化的实施，也使得各参与者开始注重自我形象的树立。

（3）有利于减少企业的损失。一个有效的、低成本的农产品可追溯体系能够将问题的范围缩小到供应链的具体环节，甚至特定人员，而不需要对整个环节进行分析排查，可减少寻找问题所耗费的人力、物力、财力，也可避免问题无关环节受到负面经济影响。

二、农产品可追溯体系的构建问题

农超对接作为一种新的农产品流通模式，为可追溯体系的构建创造了更加优越的条件。它越过了产地批发商、销地批发商、农业经纪人等中间环节，缩短了供应链，降低了监管成本，实现了“菜园子”与“菜篮子”的对接。当然新生事物从出现到成熟需要一个不断完善的过程，因此在实际运行中也还存在着许多的问题。

（一）农民专业合作社不规范

由于缺乏科学的管理及资金支持，农民专业合作社并未起到积极的引导作用，通常情况下合作社与农户都是各干各的，合作社对社员缺乏必要的约束力。如：有的合作社负责人以农民名义成立合作社，但实际是以盈利为目的的私人经营性质。同时，不规范的运作致使农产品生产标准不统一，质量不达标，包装不到位，与超市对接要求产生冲突，所造成的经济损失只能是合作社自已承担，最终会降低双方合作的积极性。这类农民专业合作社就无法满足构建农产品可追溯体系所需要的基本条件。

（二）农户缺乏参与意愿

农产品可追溯体系的构建要求农户严格按照质量标准进行种植、储藏、加工，全面记录农产品种植及生长过程中化肥、农药、生产管理等情况。这必然会增加农产品生产成本，加之“农超对接”模式中超市不执行交易合同的情况时有发生，势必会影响农户的合作意愿。因此，只有当农户获得稳定的销售渠道及经济利益大于生产成本时，才能激发农户的参与意愿。除此之外，我国农产品生产低规模化、组织化、标准化的国情下，无法实现大规模集中生产，进行集中管理，客观上增加了农产品可追溯体系构建的难度。

（三）消费者对农产品可追溯体系的认识较少

随着经济的发展，人们生活水平明显提高，在农产品的消费中开始倾向于购买绿色食品、无公害食品和有机食品。同时，市场上食品安全事件的频繁出现，也使得消费者更加关注产品的质量安全问题。然而，消费者并不熟知农产品可追溯体系的内涵及能够为自己带来的利益，在购买农产品时更愿意花钱买自己认为放心的产品，而不注意了解产品的来源。另外，消费者非理性消费行为也会诱导各种农产品安全事故的出现。因此，消费者的非理性、盲目性及较低的安全消费意识都会严重阻碍农产品可追溯体系的建立。

（四）超市未严格执行农产品可追溯体系

对于超市而言，建立农产品可追溯体系需要投入大量的人、财、物，需要调整内部的管理系统、信息系统与之相适应，需要改变超市的获利渠道等经营策略。因此，只有具有强大资金支持及先进管理技术的大型连锁超市才有能力建设可追溯体系。

同时，由于存在宣传不够，且很多产品进超市时甚至无贴牌，可追溯农产品的品牌效应并未得以显现。结果农产品出现品质不等于价格的局面，直接导致市场需求偏离，超市也因此失去信心而不愿将其列为重点发展项目。所以超市只有严把质量关，详细记录农产品来源的相关信息，有效地宣传信息，才能实现可追溯产品的价值，最终才能达到农户、超市、消费者共赢的目标。

三、农产品可追溯体系的构建建议

农超对接流通模式下，建立农产品可追溯体系需要各参与主体的共同努力、积极配合才能实现农产品的可追溯，任何一方不按规定执行都会影响整个工作的开展，而且供应链中纵向协作越紧密（一体化程度越高），提供的食品安全水平越高。

（一）强化政策扶持力度

有效的政府管理是解决完善“农超对接”模式中构建农产品可追溯体系的一个必不可少的支撑要素。政府应从政策、资金等方面扶持农超对接中参与各主体建立可追溯体系。首先，完善农产品安全相关法律法规，做到有法可依，公开透明地处理农产品安全事件。其次，加大物流基础设施建设。农产品流通中，物流成本高，个人和企业无法独自完成。在政府资金支持下能降低生产成本，激励各参与主体的信心。此外，对于已建立可追溯体系并严格执行的农户、合作社和超市，政府应给予政策支持和税收优惠。

（二）加强农民专业合作社的建设

农民专业合作社是将小生产与大市场对接，超市与农户对接的关键点，其健康发展对农超对接中建立农产品可追溯体系来讲极其重要。规范化、专业化管理是目前成都农民专业合作社所普通缺乏的。其管理人员局限于非专业的内部社员，缺乏市场观念，思想保守，影响合作社发展。因此，合作社应积极引进管理人才，由传统的管理模式转化为公司制的管理模式。提高合作的凝聚力和治理能力，才能将分散的农户有效地组织起来，使农户认真按照可追溯体系的要求做好农产品生产各项工作。

（三）稳定农产品销售渠道

保障农产品安全必须从源头做起。农户是否加入农超对接并按照安全农产品标准进行生产，其重要因素是收入和投入之间是否存在正相关关系。若农产品缺乏销路或农产品价格被过分压低，如为了寻求利润就会出现农民自食与销售两套种植方案。因此要大力发展订单农业，实现按单生产，解决农产品销售难的问题。只有当农民没有了销售烦恼，生产利润得到了保证，才会集中精力搞好标准化生产，农产品的质量才会有保障。

（四）提高超市的竞争力

扩大超市构建可追溯体系试点的范围，使超市之间形成公平的市场竞争。激烈的市场竞争必然迫使超市更新原有的经营理念，因为一旦超市农产品出现质量问题，不仅仅要承受经济利益的损失，更有可能面临品牌信任危机。为此，超市在投资构建农产品可追溯体系时必须明确思路，制定长期规划和经营战略，树立信心，合理投入，并严格执行可追溯体系，而不能流于形式。超市经营主体还必须认识到建立农产品可追溯体系虽然前期投入大，但是达到一定规模后是一个长期受益的过程。

（五）加强可追溯体系宣传工作

农产品安全与每个人的健康和生命安全紧密相关，消费者对农产品的认知和鉴别能力不高是购买和消费不安全农产品的原因之一。而出现此种情况的一个主要原因是信息获取机制不健全，无法保证消费者对安全农产品的知情权。因此，首先要建立信息共享平台，使消费者知道安全农产品的情况，提高安全消费意识；其次要充分利用各种传播媒介进行宣传，使消费者明白可追溯体系的内容以及能给自己带来哪些利益，从而提高消费者利用标准去识别和选择安全农产品的能力。

建立农产品可追溯体系能够便于了解供应链中每个节点所扮演的角色及肩负的责任，能及时召回和处理不合格产品，并准确找出责任人，提高了农产品的安全性，是解决农产品安全事件行之有效的方法。而农超对接自身安全、高效的优势，又为可追溯体系的构建提供便利条件。因此，在“农超对接”模式中建立农产品可追溯体系大有可为。然而，作为新生事物必然会面临各种问题和挑战，这就需要在实践中不断发现问题、解决问题才能达到理想效果，体现自身优势。

第二节 农产品冷链物流

一、农产品冷链物流的认知

（一）农产品冷链物流的内容与类型

1. 冷链物流的基本内容

一般情况下，为了维持农产品的品质，减轻农产品消耗而采用的，使易腐农产品从生产制造、储存、运输到分售前的整个过程中均处在确定适宜的低温环境中的系统工程称为冷链物流（Cold Chain Logistics）。需要运用冷链物流的物品如下：

（1）初级货品：花卉产品；水中产品；肉类、禽类、蛋类；蔬果产品。

（2）加工货品：快餐制作原材料；速冻肉类、禽类、水产品、农产品等加工过的货物、熟食、奶制品和冰激凌。

（3）特殊种类物品：药物及其原料。农产品冷链是一个复杂的综合产业链，与其他普通的物流行业相比，它的环境要求更多、更苛刻，需要付出的资金更加庞大，因为它是以保持易腐食物质量为最终目标，以保证适宜温度为核心标准的综合系统。易腐食物的特性使其对冷链各过程间的系统调节要求更为苛刻，因此，农产品冷链的运转必须仔细考虑消费投入，有效控制运作成本与农产品冷链技术的进步密不可分。

冷链物流是顺应科技的发展、制冷设备的完善而不断完善的，是在冷冻工艺学的基础上，利用制冷设备完成的必须保证温度的物流系统。冷链物流的条件比较苛刻，其在人力与金钱方面的付出也比不要求温度的一般物流大，政府必须发布并实施合理可行的政策指令来保证我国冷链物流行业迅速可靠的建设。

2. 农产品冷链物流的基本内容

农产品冷链物流是一种特殊的供应链系统，其目的是尽可能地维持货物良好的质量，减少不必要的消耗，以及避免腐败变质，它主要是通过创造一个规定的温度条件，使蔬果、蛋奶、水产、肉类、禽类等生鲜农产品的生产制造、采买、加工包装、储存、运输到被购入的全过程均在此温度环境下实现。

农产品是农业获得的初级产物，包括在生产中得到的微生物、动物、植物及其相关产物，如小麦、玉米、芝麻、苹果等，初级农产品是没有被加工过的各种渔业、种植业、畜牧业所得产品。可分为下列种类：

（1）可食用真菌，指自然野生和人工培育的各种可食用真菌，包含农业从业人员将自身培植、移栽、摘取的产物进行各种加工和保鲜包装的鲜货与干货。

（2）蔬果类产品，指自然野生和人工培育的各种蔬果类产物，包含农业从业人员将自身培植、移栽、摘取的产物进行加工包装的干货和腌制产品（不包括蔬果所制蜜饯）。

（3）树木、花卉，指自然野生和人工培育的，可以维持自然状态的树木、花卉类产品。

（4）药品，指自然野生和人工培育的初级药品。另外，还有出产药品的企业经过切、炒、烘、焙、熏、蒸、包装等环节加工过的药品或中成药。

（5）畜禽、昆虫等动物类产品。包括有生命状态的禽类、畜类、虫类、两栖动物类等。

（6）渔业产品。如滩涂养殖产物、淡水产物、海水产物等，还包含农业从业人员打捞获得后进行冰冻、熏制、腌制和风干的制品。

另外，还包括其他的植物类产品，如茶树、林木产品和粮油原料植物等。综上所述，我们认为农产品加工是对以上农产品进行简单的初级生产收获。它与农产品的进一步加工是有区别的，这种简单加工可以保持农产品原有的形状或特征。

3. 农产品冷链物流的货物类型划分

（1）根据农产品货物品类划分。

1）冻畜禽肉类。畜禽类动物变成无生命产品，即畜禽肉类。其由骨骼、肌肉、脂肪和结缔组织构成，主要包括鸡、鸭、鹅、鱼、猪、羊、牛等，主要营养物质有脂肪、蛋白质、糖、水、维生素和无机盐等。其对微生物等的入侵几乎没有抵抗的能力，同时还会出现一些降解等生物化学反应，分为僵硬、软化、溶解和腐败四个过程。其中，自身溶解过程从成熟后期开始，标志着产品品质开始降低。特征反应是蛋白质解体，氨基酸分解，微生物大量增殖，肉类品质下降。因此，肉类储存时应尽可能推延自溶阶段的到来。

食物可能会因为各种微生物的大量增殖和各种酶的氧化分解作用而变质，冷冻能够降低微生物的繁殖能力，抑制酶的活性，减慢分解氧化的速度，让食物变质进程减慢，在其产出后长时间内依然维持其良好的品质。因此，我国传统的储存易腐食物的方法是冷冻储藏。

一般情况下，肉类进入休眠状态的极限温度是-18℃，但当温度达到-23℃以下时，冷冻储藏的期限可以加倍延长；当温度达到-30℃以下时，此期限可以更长，这之中最明显的是猪肉。在很多国家有规定：水产品以及冷冻农产品及其制品必须保证-18℃或者更低的运输环境。大部分消费者会提出运输环境应该在-18℃以下的条件。

2）冻鱼和水产品。与家畜、家禽等肉类相比，鱼类和水产品的不饱和脂肪酸含量更高，肌肉纤维更为疏松，各种酶的含量也比较高。鱼类和水产品中含有丰富的脂肪、含量较高的蛋白质、矿物质、维生素、酶和水分，还包括八种必需氨基酸。鱼类和水产品死亡之后不仅会有僵硬、软化成熟、溶解和腐败等现象，在之前还会出现表面黏液分泌的现象，其是导致微生物腐败的良好培养基。这几个现象各自出现时间都比较短，特别是软化成熟现象持续时间极其短，这是许多微生物和酶类在低温环境下依然可以保持比较强的活性导致的。在自身溶解阶段，蛋白质解体，氨基酸分解，致使腐烂的微生物增殖，品质持续下降。

鱼类和水产品的储存时间受温度的影响极大，一般条件下，温度下降 10℃，冷冻储存的时间增加 3 倍。相比较之下，低脂鱼类比高脂鱼类时间长，红色肌纤维的鱼类冷冻时间比较短。大多数情况下储存温度是：低脂鱼类和水产品为-18℃～-23℃，高脂鱼类和水产品要低于-29℃，少数红色肌纤维的鱼类可能会需要-60℃的温度。在冷冻储存和运输时，应该保持尽量低的温度，并且尽量规避温度的上下浮动。

3）冷冻水果和蔬菜。蔬果类产品是人体必需的食品，各品种的营养成分因种类、生长环境、储存条件等的差异而有很大的不同，主要包括纤维素、糖类、水分、有机酸、酶和维生素等。蔬果类产品被摘取后，果实内部依然有非常明显的新陈代谢，在很多情况下是母体变化的延伸，没有完全成熟的可以成熟，已经完全成熟的可以继续进行溶解腐败的过程。

大多蔬果类食品在经历冷冻和冷藏后会使生命的新陈代谢过程中断，从有生命体转变成无生命体。冷冻的蔬果类食品从大量包装批发到精包装零售的运输过程中，应注意保持其特殊的环境条件，避免损耗。一般情况下，冷冻储存的温度越低，食品品质维持越好。冷冻水果通常采取糖或者酸进行处理代替烫洗。这导致对水果的挑选十分重要，应该选取成熟适度和品质较好的水果进行冷冻，因为单纯的精包装或者低温环境并不能抑制低水平的酶化作用。

4）冰激凌。冰激凌富含蛋白质、碳水化合物、脂肪、无机盐、维生素和矿物质等，它是营养成分丰富的产品，主要作用是饱腹止渴、解暑降温等。在冰激凌的生产过程中，严格的低温要求、无菌洁净的运输过程、适宜的温度环境和密封的包装都使得冰激凌成为最安全可靠的农产品之列。冰激凌口感是否细腻是评价好坏的重要指标，它主要由冰晶的形状、分布及角度决定。冰晶形状越规则、分布越均匀、形状越小，口感越细腻。除了加工过程外，冷冻储存过程中的低温环境也可以有效地保证冰晶尺度及品质。

冰激凌的外包装可以帮助其规避损坏的风险，抵抗温度的作用，其材料分为塑料桶、纸箱和涂蜡纸等种类。一般情况下，冰激凌运用恒温箱运输，温度应该在-14℃以下，应该避免温度的上下浮动。

5）奶制品。一般情况下，冷冻奶油属于大宗货物，一般的做法是用纸箱包装奶油，将纸箱置于货盘上，最后一起装在冷藏箱里进行运输。尽管部分奶制品能够在温度比较高的环境下进行运输，但实际的环境温度会控制在-14℃以下，甚至更低。这是由于大部分的奶油制品处于-18℃以下的低温时可以保证自身没有微生物的破坏，可以保证品质。能够长期储藏的硬奶酪需要在1℃～7℃的环境下运输，其他种类的奶酪需要用冷箱在0℃～13℃的环境下运输，这是由奶酪的品种、包装、运输时间长短以及销售的用途等决定的。

（2）根据农产品货物所在温度区间划分。

1）保鲜货物。保鲜货物一般是指各种水果、蔬菜、花卉、苗木等储藏保鲜。保鲜货物的特点是经过长时间的储藏，依然能保持新鲜，此类货物具有较高的经济价值。通常而言，一个冷库的使用寿命能够达到30年，因此是具有十分显著的经济效益的。可以看出冷库的优点在于，当年投资当年就能收益。与此同时，冷库的操作技巧也比较简单，进行的维修也比较简单。最为核心的制冷设备能够通过电脑自动化处理，这样能够大幅度降低人工费用，并且提高收益。

保鲜货物存放在保鲜库中。保鲜库又称为高温冷库，一般主要用来存放需要短期储藏的水果、蔬菜产品。保鲜库和其他农产品冷库相比，在设计冷库制冷量时要考虑货物呼吸热量和冷库通风换气热量。同时，为了保证货物储藏品质，在对保鲜冷库设计时要考虑库内空气的湿度控制。

农产品在采收后昼夜温差较大，并且空气中的相对湿度较低。蔬菜、水果在这样的环境中储藏时间将缩短，储藏品质也将下降。据大量实验研究，蔬菜、水果在保鲜库内储藏时间能延长1/3。保鲜库的作用便在于此。再者，水果保鲜冷库储存是通过降低酶类和微生物的活性，增加蔬果类产品储藏时间。保鲜冷库技术是目前蔬果类产品低温保鲜的最常用方式。蔬果类产品在0℃~15℃均可以保鲜，保鲜冷库储藏能够抑制有害微生物的生长发育，减少产品的腐烂，并且能够减慢产品的呼吸作用与新陈代谢，进而能够防止变质，延长储藏时间。

就气调技术而言，果蔬气调保鲜库是通过改变空气中的氧气、乙烯、惰性气体、二氧化碳等的浓度以及大气压强、空气湿度、温度（冰冻临界点以上）来降低果蔬内部细胞的呼吸作用的频率，借此减少其新陈代谢，使其进入休眠状态并非彻底死亡，从而可以在一段时期内维持果蔬的口感、外观和营养成分，以此达到长期保存的目的。我们平时讨论的气调保鲜即通过对气体的调节控制，从而达到保鲜的目的。气体调节则是控制空气中的氧气含量，使其由21%减少到3%~5%。简言之，保鲜库是由气调设备和高温冷库设备共同组成的，通过控制温度和空气中氧浓度两种方法的合作，取得减少蔬果被采摘后呼吸作用的效果。即便被储存保鲜的物品远离气调保鲜的条件后，它内部的生化活动依然可以进行，正常地新陈代谢，保持生命状态，短时间内不会腐烂。气调保鲜库是世界范围内比较具有前瞻性的蔬果保鲜设备，它可以控制储藏库的湿度和温度，还可以调节空气中氧气浓度，让保存的蔬果进入休眠状态，即使离开储藏库依然可以维持质量。

2）冷藏货物。冷藏货物是在低于常温但不低于物品冻结温度条件下，实施对冷冻冷藏类货物保持货物所需的低温或恒温温度环境，目的是保持货物原有的品质，减少货物损耗的一种保藏措施。冷藏的温度一般控制在0℃~5℃。防止冷藏货物即易腐农副产品发生腐败变质的方法称为防腐法。其主要是通过制止腐败微生物的代谢运动达到的，或将细菌真菌完全杀灭。一般情况下有熏制、干制、盐渍或糖渍、冷藏处理及高温处理等方法。

3）冷冻货物。冻处理是将农副产品完全冻结，将农副产品中几乎所有的液体成分均冻结，冻结处理时应该在低于-20℃的温度下快速进行，并且冻结所用的时间越短越好。一般情况下，肉类农产品及海产品是常见的冷冻货物。这是因为当处于零度以下的低温环境时，即便货物不会冻结，低温环境也可以抑制有害微生物的生长、发育和繁殖，延长农产品的保质期。这是因为在冻结时，内部的液体成分结冰，不再向微生物提供生长发育所需的水分，并且低温环境可以直接抑制有害微生物的生长发育和繁殖，进而延长储藏期限。冷冻处理不会影响农产品中含有的脂肪、蛋白质、无机盐和糖类等营养成分，也不会损耗除了维生素C以外的维生素。如果在冻结处理时，想办法阻止或者中断酵素的活动，在-25℃的低温下处理，在-18℃的低温下储藏，维生素C也可以得到完整的保存。采用冷冻处理法保藏的农产品，由于冻结处理可能损坏内部组织和细胞，所以农产品的营养成分和口感会受到影响，不能维持其特有的色香味，这是它很大的不足之处。

（二）农产品冷链物流的特征与模式

近年来，物流行业快速发展，农产品冷链物流也迎来了发展的高峰期。在目前的市场环境下，我国农产品冷链物流的发展趋势和生存环境不断改善，其作为物流行业的重要环节，正在逐渐向社会各界展示自己的重要性。虽然我国农产品冷链物流已经初具规模，但其中依然有许多需要尽快解决的难题。

1. 农产品冷链物流的特征

（1）农产品冷链物流基础设施不断升级，日趋完善。随着我国农产品冷链物流的迅猛发展，许多大型的农产品生产企业和销售企业以及农产品批发市场都在加快对冷链物流设施的建设。为了保证国家农产品财产安全，我国政府正在大力推行战略储藏库的建设，这一举措极大地促进了国家冷链物流设备的建设。许多大型的农产品生产企业和零售企业注意到了生鲜农产品冷链物流的快速发展与极大利润，从而开始进行冷链物流配送系统以及生鲜农产品专用配送中心的建设。更有许多大型的连锁企业开始进行技术水平要求更高的冷链配送中心的建设，形成了初步的农产品物流系统和运输配送链，为完整的农产品冷链物流的形成奠定了坚实的基础。

（2）农产品冷链物流规模快速增长，扩张势头强劲。随着国民消费水平进一步提升，人民群众对于农产品冷链物流的认可度越来越高，种种表现都为我国农产品冷链物流的发展奠定了坚实的基础。

（3）制冷设备不断更新换代，制冷技术日趋多样化。当前，我国用于制冷的设施正在逐渐改进，能够节省电力和水资源的蒸发式冷凝器可以帮助建设低碳环保的绿色模式，这种设备正在被大力推广。我国农业生产结构和包装结构正在不断进步，特别是小包装的生鲜农产品飞速进步，农产品冻结技术取得了长足的发展。其通过迅速、连续式的冷冻设备，提高了冻结的速度，改善了冻货的品质。此外，供液技术和制冷设备正在多方面发展。

（4）全国范围的低成本运输网络初具规模。近些年来，我国增强了农业产品物流信息与设备网络的建设，各级政府都对农业产品物流的建设提供了强大的支持与重视。我国完成了对贯通全国的“绿色通道”——全国农业产品物流“五纵二横绿色通道”网络的基本建设，提供了方便快捷、低投入、高回报的物流通道和网络，加速了冷链物流的建设。

（5）农产品冷链物流运作模式呈现多样化发展。我国地大物博，各个地区之间的经济社会发展、基础设施的完备程度有很大差异。我国的农产品冷链物流的流通形式基本可以分为三大类：首先是被农副产品批发市场控制的冷链物流模式；其次是被大型连锁超市控制的冷链物流模式；最后是被大型龙头企业控制的冷链物流模式。目前，在我国，被农副产品批发市场控制的冷链物流模式比较常见，而且在发展的很长时期里，此种模式仍然占大多数。但是，因为我国对农超对接政策的推行，农产品工业化的进一步发展，以大型连锁超市为主导的冷链物流模式的比例将不断提高。

（6）第三方冷链物流企业不断创立，发展势头强劲。由于我国目前正在积极推行低能耗、低成本的冷链物流技术，经营水产品和反季节蔬果的利润较高的农产品流通链正在快速发展，这刺激了我国冷链物流大型企业数量的增加，也使得我国冷链物流企业趋向于信息化、集团化、规模化发展。

2. 农产品冷链物流的传统模式分析

（1）自营物流模式。农业从业人员以及相关的生产企业（包含产品的销售方和购入方）根据自己的经济和设备条件进行物流运输的物流形式称作自营物流。它是基于自身已有的物质和设施去支持物流产业。“大而全，小而全”之所以能成为物流产业主要的形式，主要是因为自给自足的“小农”思想。在这种物流形式下，有些大型的农业加工企业和农业生产大户也会从物流企业购入物流服务或者从仓储公司购入储藏服务，但这种服务通常只是一些零散的或者一次性的服务，并且只是暂时的仅限于市场交接的服务，物流企业不会根据企业完成的产业环节交付完整的服务。物流服务与公司行业链之间的链式是不牢固的。农产品自营物流因为其本身的许多长处，正在被我国和国外的许多农产品加工或销售企业以及大型的农场不断应用，它的主要优点如下：

1）帮助农产品生产者或大型企业合理地控制物流产业链运行的所有环节，掌握与农产品的生产制造和分销过程、消费者对农产品的品质和种类的条件、分销者和零售者处理货物的能力等有关的详细的信息材料，并以此改变自己的生产制造的策略。

2）帮助企业完成对经营管理模式的改变，有效应用已有的物流设备和服务，促进资金流通，增加企业的盈利空间。

3）帮助生产者和大型企业完成对原料的采用和成品的分销，省略了针对相应的运输流通、储存、配送和售后服务的资金问题进行的谈判，规避反复交易带来的多余花费和风险，降低了交易过程的不稳定性，也降低了交易的资金投入。

4）帮助企业在了解市场走向和消费者真实需要的基础上改变物流服务，提高服务质量，进一步增加企业的品牌影响力和参与竞争的能力，也可以规避外界物流介入导致的商业机密的泄露。

（2）第三方物流模式。第三方物流模式是指建立特定的物流产业，接受销售方或购入方的雇用，专门进行物流服务的物流外包。通过这种物流形式，可以得到专业的物流服务，减少物流的投入，提高工作效率，还能够节省销售方或购入方企业的人工资源和设备资金等，专注于企业本身的业务，实现效率上的共赢。当然，第三方物流也拥有长处和局限性。第三方物流的长处主要有下列三点：

1）农业工作人员和大型企业可以减轻自己进行物流产业和物流信息化设施建设所带来的巨大负担，还能够通过外界物流产业的介入得到由于自身能力不足，不能支持运行或者自己进行不占有优势的物流服务。

2）第三方物流行业更加规范和经济实用。农业生产人员和生产企业把物流服务承包给他们，与自己运行相比较，投资成本更加减少，还能够规避自身的不合理投资，将成本更多地用于合理的产业。

3）第三方物流企业有专门的运输配送资源与信息网络，具有强大的优势，能够提供更加便利的服务，提高企业的品牌号召力。

3. 农产品冷链物流的基本模式分析

（1）批发市场模式。批发市场模式是生产者或者中间分销者将零散的产品投放到一定规模的批发市场，由批发商进行统一收购，然后由零售商进行销售，最后被消费者购入获得的物流模式。此模式有自身的长处，可以防止产品的零散销售，实现统一化、规范化，减少物流方面的投入。我国的农产品主要依靠零散的个体农户自行生产，这种小规模经营是我国农产品市场的基础。批发市场是主要交易场所，将零散的农产品收集起来，再统一进行分销，致力于农产品的收购与分销。批发市场仍是我国农产品销售途径中最为重要的一个方向。

（2）连锁超市模式。连锁超市与流通企业或物流企业签订合约，流通企业或物流企业与零散的农户约定好收购规则，三者之间构成平稳的契约结盟的关系，也就是连锁超市模式，这是一种典型的物流结盟型模式。它的特征是能够确保货源的稳定，减少物流的过程，提升物流效率。这种模式大多被生鲜农产品冷链物流运用。生鲜农产品的容易腐败变质、新鲜度维持时间短的特性，导致其对物流设施、运输距离、销售速度等的要求极为苛刻，因此对物流服务的速度和效率要求也极高，连锁超市模式完美地贴合了它对于速度、效率的要求，而且还采用了厂销直挂的模式，减少了物流的过程，完成了环节之间的无缝交接，使整个物流产业链得到了优化。

（3）物流中心模式。物流中心没有确切的定义，它的概念比较广泛，是多种物流节点的集合，包括各种配送节点、集散中心和物流基地等。这种模式是在物流活动集约化、物流服务一体化思想的基础上总结出来的。目前，规模化、现代化的物流服务由农产品交易主体负责提供的物流模式就是以物流中心为主导的农产品冷链物流模式。我国大部分农产品交易主体比较零散且规模也不够大，无法提供专业规范的物流服务，将零散的农产品收集起来统一管理，能够使物流服务的效率得到提升，还能够使小生产与大市场之间的矛盾得到完美解决。

（三）促进我国农产品冷链物流发展的策略

（1）运用先进技术改进现有冷藏运输设备。可以学习西方发达国家的先进技术，为原有的冷藏运输设备打造具有数据、标准一致的计算机管理信息系统和电子交换系统，对各种冷藏车和冷库全面动态监控。使用计算机管理信息系统，可以了解库存产品的保质期以及类似库龄的相关信息。针对国际冷链物流发展方向，我国要发展小批量、品类多的小编组机冷车，可以满足市场对品种多、批量小的货源运输需要。同时，帮助发展机械冷板冷藏车和冷藏集装箱，按不同冷藏食品对温度的要求打造低温仓库。

（2）通过资源整合促进传统冷藏运输企业向现代物流企业转变。出于加强竞争力的目的，在整合原有资源的基础上，传统的冷藏运输企业利用并购的方法使物流服务范围扩大，渐渐转换成为现代专业低温物流企业。

（3）组建农产品冷链物流联盟。针对我国农产品冷链物流的情况，整套的冷链基础设施企业不能建立。为了发展我国农产品冷链物流，要与各方合作，更需要政府的支持和行业组织协调，建立客户、运营商和投资者之间的联盟。供应链方面，即打造一个冷链物流模式，同时满足消费者、供应商和零售商三方需要。除了本地销售的农产品，供应商把外销的产品送到主要城市的冷链物流整合中心，整理之后继续运输，装箱提货由地区的整合地点负责，然后在当地运输，整理后送到零售直销点，全过程中要严控温度并监控。

（4）制定冷链物流法规和标准，规范冷链物流企业的业务操作。冷链物流行业要发展就要有自己的标准，既能对我国冷链物流企业的业务操作起到规范作用，也可以帮助国内冷链物流企业经营方式进步，促进我国鲜活农产品的出口。目前虽然我国有了多项相关的国家标准、行业标准、地方标准，但并没有规范农产品冷链物流的法规和标准。所以要以冷链物流的国际标准为根据，结合国情，抓紧制定与各个环节有关的设施、设备、服务规范、温度控制等一系列法律法规和技术标准，让冷链物流立法进入立法计划，同时相关行业协会需要讨论制订冷链物流行业的标准总体规划。

（5）组建行业协会，引导我国农产品冷链物流行业。市场经济体制的重要组成部分是行业协会，能协调市场之间主体利益、保证行业公平竞争和有利于行业发展等。我国组建的低温物流行业协会是为了帮助政府管理行业和为企业服务。

（6）大力开发并推广使用农产品产后低温包装和保鲜技术。所有从生产地到中途的储藏、运输，及后续进入消费者家中的冰箱产品一定要保持低温，否则货物会变质甚至完全坏掉。在流通全过程中，都是利用包装开发和涉及的基础原理来保持低温。所以，为了提高我国农产品冷链物流发展水平，有必要大力开发并推广使用农产品产后包装和保鲜技术。

二、物联网技术在农产品冷链物流中的应用

（一）农产品冷链物流的现状

1. 农产品冷链物流的基础建设较薄弱

我国流通领域中的大多数农产品是在没有冷链或只有当地冷链的情况下运输和销售的。其中只有极少数的农产品的冷链模式是：生产地预冷—加工运输—仓储冷库—冷藏车运输—批发站冷库—超市冷柜—消费者冰箱，在这些环节中存在着大量的损耗和浪费，导致产生巨大的经济损失。

2. 冷库仓储功能单一且分布不均

现阶段，农产品冷链物流设施设备没有达到标准化水平，同时也没有行业统一的标准去规范冷库。冷库仅能够进行简单的仓储，没有利用物联网技术去建设智能化、现代化的高级冷库。保鲜储藏专用技术设备短缺以及冷库布局与数量不足。大规模冷链物流中心的数量总体较少且地理位置集中，出现小部分地区冷库数量过多，大部分地区冷库稀缺，而我国土地广大，物产丰富，许多偏远地区的农产品由于无法进行智能的仓储，在仓储环节便损失惨重，其中绝大多数冷库的规模很小，温控设备相对落后，制冷技术不达标，反而耗能高。冷库功能简单，大部分中小型冷库只具备预冷和冷库加工的功能。高温库和低温库比例失调，大部分冷库都没有根据农产品的种类不同来建设冷库，从而来设置不同冷库的最适宜温度，难以实现在仓储阶段对农产品的监控以及品质保证。

3. 冷链物流技术水平较低

目前，能够智能化控制冷链温度的物流企业数量较少，能够做到全程冷链低温控制的企业更是凤毛麟角。农产品的实时信息无法被收集上传至企业信息平台，农产品状态也不能时时刻刻被追踪。冷链物流企业技术落后，使得温度控制无法统一成了农产品在生产、加工、仓储、配送销售环节的难点。同时，由于农产品全程的实时状态监控无法通过传统的冷链设施和设备做到，这便会产生农产品在运输途中监督管理力度不够，对农产品的需求无法进行实时的调度等问题。

4. 冷链物流的保障体系不健全

我国的农产品物流缺乏一个有效的信息系统和服务网络对运输过程进行合理的监督，降低了农产品的运输质量。从而使得运输成本直线上升，农产品在运输过程中的耗损率也是非常高的。作为农产品冷链物流监管部门的政府职能部门，还不能够去全程监控进而约束企业的冷链操作流程。

我国的农产品冷链物流保障体系没有完全建立，难以实时监控和收集农产品流通过程的信息，不能实现自动化的农产品冷链作业。数据上传不及时，没有一个统一的平台去收集存储农产品冷链全过程的信息，对冷链中出现的状况也不能及时预警报警，并做出相应的决策。对于农产品的信息也难以再进行追溯查询。

（二）物联网技术应用对冷链物流的影响

（1）保证农产品质量安全。物联网技术可以实现对农产品冷链物流的全程监管，防止因温湿度变化，工作人员操作不规范，运输线路错误而耽误配送等会影响农产品质量安全的情况发生。其维护了市场和社会的稳定。

（2）减少运营成本。物联网技术能够实现冷链物流各个环节流程的智能化和专业化，比如用智能机器取代人工操作，可以解决仓储环节的工作烦琐且强度大的问题，并且减少了人工失误带来的麻烦。

（3）提升服务质量。物联网导向下的农产品智能冷链物流，提高消费者对所购买的农产品的知情权，农产品每一阶段的信息消费者都可以查询得到。若产品出现问题，也可以查得到问题的根源，避免了企业推卸责任。

（4）改善运作效率。物联网技术可以帮助冷链物流中相关企业进行快速信息共享，了解市场需求信息，更好地衔接从生产到配送的各个环节，显著改善企业运作效率，提高效益。

第三节　农民专业合作社的发展

一、农民专业合作社的定位

虽然我国近些年在农业科技水平、生产技术与设施装备等硬件方面与农业现代化越来越逼近，然而在农业生产组织模式上，小规模分散生产经营的模式，不仅难以充分利用先进的生产力，也容易造成环境破坏和食品安全问题。基于降低治理成本和交易成本的要求，必须对农业与市场连接的制度进行创新，通过制度变迁来获得更大的经济和社会收益。农民专业合作社就是一种新型的、可以弥补分散小规模生产模式不足的制度安排。

农民专业合作社把分散的农户组织起来，为农户提供产前、产中、产后服务，有效解决了难题。通过连接农户与市场，合作社对提高农民收入有重要的作用。在解决小规模农户发展受制于资金不足和缺乏抵押性资产方面，合作社也可以发挥积极作用。就生产设备来讲，农民专业合作社扩大了农机作业服务规模，有效解决了农业机械大规模作业与亿万农户小规模生产的矛盾。合作社的集体行动，还可以促进农产品质量安全追溯制度和检验检测体系的建立，有助于提高农产品的安全性。农民组织化程度的提高，为我国实现农业现代化创造了制度条件。

然而，当前我国农民专业合作社还面临众多的挑战。首先是农民专业合作社规模小，限制了农民专业合作社的农产品加工和存储能力，也增加了产品进入市场的交易成本。其次，专业合作社的负责人大都是农村能人大户、经纪人、批发商、村干部和地方农技服务人员，他们虽然是当地能人，但其中很少有人受过现代化组织管理方面的培训，容易导致合作社内部管理过于松散。同时，资金短缺问题突出，也制约了专业合作社进一步扩大生产经营规模，难以提升自身竞争力。

（一）农民专业合作社采取农超对接的原因与模式

1. 农民专业合作社采取农超对接的客观原因

虽然有些超市在较早的时间已经开始直接向农产品生产者采购农产品，特别是位于接近农产品产地的中小型城市的超市，较早开展超市直采工作，但农超对接作为政府提倡的“民心工程”，已得到越来越多的超市响应，这是有其客观原因的。

从超市内部来看，主要有四个因素：第一，超市竞争压力加大。随着我国经济迅速发展和消费者收入水平的提高，超市迅速增加。超市门店的增加，超市商圈的叠合，使得超市面临越来越大的竞争压力。第二，生鲜农产品在超市经营中的地位越来越突出。随着消费者对超市经营农产品的品质和价格的认可，生鲜农产品成为超市主要的吸引消费者手段，超市需要采购到具有竞争力的生鲜农产品。第三，食品安全压力加重。近年来食品安全事件时有发生，加之《中华人民共和国食品安全法》的施行，超市需要对食品安全担负更重的责任，使得超市认为有必要掌握农产品的产地信息。第四，随着超市规模的扩大和农产品采购数量的增加，通过农超对接，可以降低超市采购农产品的交易成本和运输成本。

从超市外部来看，也有四个方面的因素：第一，我国基础设施日趋完善。全国高速公路网络的基本建成，缩短了长距离农产品物流配送的时间；物流体系日趋完善，既可便捷地运输农产品，又可以减少途中损耗。第二，农产品集中产区逐步形成。随着优势农产品区域布局工作的推行，我国已逐步形成了农产品的集中产区，如山东栖霞、陕西洛川和甘肃静宁的苹果，海南的热带水果，超市可以在这些地区建立稳定的采购基地。第三，农业生产组织化程度增强。农业龙头企业，特别是农民专业合作社，可以成为超市连接千家万户农民的纽带。第四，各级政府部门的高度重视。政府部门充分认识到农超对接的重要作用，他们积极倡导和推动农超对接工作。第五，科研人员的支持，有力地促进了农超对接的扩展和深化。

2. 农民专业合作社采取农超对接的主要模式

农超对接归纳起来，主要有三种模式，即超市+农民专业合作社+农户的家乐福模式；超市+农业产业化龙头企业+农户的麦德龙模式；超市+基地+农户的山东家家悦模式。

（1）家乐福模式。家乐福推行“农民直采”的采购模式。“农民直采”项目是同各产地的农民专业合作社合作，由合作社帮助家乐福采购农产品。另外，家乐福部分城市商品采购中心（CCU）设置农超对接经理一职，通过所在城市周边合作社采购生鲜农产品。为了提高专业合作社的管理能力和生产技术水平，家乐福还定期对专业合作社进行培训。

（2）麦德龙模式。麦德龙的主要顾客是宾馆、饭店、餐厅食堂、酒吧等，因而对食品的品质和安全性特别重视。因此，麦德龙的农超对接项目主要与龙头企业合作，通过对龙头企业进行专业培训，使得这些公司的产品达到国际农产品安全标准。麦德龙采购由这些公司生产经营的农产品。

（3）家家悦模式。山东家家悦超市的“农超对接”模式有四种，最值得注意的是，超市与镇政府和村委会合作，共建种植和养殖基地。合作方式有三种类型：紧密型、半紧密型和松散型。紧密型是指超市免费提供种子，确定种植面积、品种、数量、标准和价格，全程参与基地的管理，按照议定的标准定价整体收购农产品。半紧密型模式是，通过镇村两级组织牵头，采用联户的形式，引导农户种植，规范种植标准。松散型对接主要是针对路途遥远，容易运输的农产品，由当地镇村组织牵头，与超市公司合作。

（二）农超对接促进农民专业合作社的发展

（1）农超对接有利于扩大农产品市场。农超对接对于农民专业合作社的重要意义在于可以获得较大和相对稳定的农产品市场。超市对于农产品的需求是长期稳定均衡的，因此专业合作社与超市的合作可以获得可持续的市场，有利于市场拓展。

（2）农超对接有利于获得较高的农产品销售价格。农超对接减少了农产品供应链上的中间环节，降低了交易成本，可以为超市节约20%~30%的采购费用。由于流通环节减少，超市采购成本大幅度降低，农民专业合作社销售价格可提高10%~20%。

（3）农超对接有利于扩大农民专业合作社的规模。参与农超对接的农民专业合作社可以获得可持续的农产品需求市场，而且，出售价格高于同类产品的市场价格，利益分享机制可以成为吸引分散农户、扩大合作社规模的手段。

（4）农超对接有利于提高农产品的品质和安全性。作为市场上较大的交易主体，超市有严格的农产品品质标准和食品安全标准。超市在同农民专业合作社签订采购合同之前，一般要先对农作物的种养基地进行食品安全检测，每批农产品进入超市门店之前也必须经过抽样检测。这些严格的要求，有利于促进农民专业合作社在提高农产品品质和安全性方面的发展。

（5）农超对接有利于提高现代化管理和组织能力。农超对接项目实施后，合作社在同超市合作的过程中，也可以学习和引进现代化管理模式和经验，从而有利于快速提高自身的现代化管理和组织能力。

（6）农超对接有利于促进先进设备的采用。基于对产品质量的保证，不仅超市倾向于对合作社和合作农户进行设备投资，合作社也要强化对包装、保鲜、运输环节所需设备的投资，因而可以促进先进设备的采用。

（7）农超对接有利于改变传统的生产意识。在传统的农产品供应链上，因为产品生产和消费相隔，生产者无法了解消费者的需求，不愿承担引进新品种的市场风险，农产品品种的扩散速度很慢。而现代化的供应链上，超市的消费群体通常都是农产品的最终消费者，超市可以通过顾客信息和销售信息的收集与分析，为供应链上的产品选择提供决策依据。因此，现代化农产品供应链中超市提供的供求数量和价格合同，有助于避免农户生产的盲目性，促使生产者及时地对市场需求做出反应，减少资源的浪费。

（8）农超对接有利于促进合作农户的收入增长。农超对接实现制度创新后，通过组织力量解决产销、资金和技术问题，通过集约化生产减少个体风险，保障质量，节约成本，从而可以带来收入的增长。农超对接的意思是通过农民专业合作社在农民和超市之间搭建可以直接进行农产品销售的渠道，通过这种销售方式改变传统的农产品销售问题，提升农村经济，为城市输送更多的优秀农产品，促进二者和谐、稳定、快速的发展。

二、农民专业合作社与农超对接发展的优势

（一）城市居民对农产品需求增加

随着城市的快速发展，大多数城市居民在享受科技带来便利的同时，也开始追求绿色健康的田园生活。近年来，中国各地流行起来的“农家院”餐饮模式也是运用了这一点。同时，城市居民也意识到农产品绿色天然、无公害更健康的特点，将吃到优秀的农产品纳入了自身提升物质生活水平的一部分。城市的快速发展，带来的还有各类的污染问题，不断影响着城市居民的生活，如果能够食用到一些来自农村的天然无污染的水果蔬菜，对城市居民而言也是一种心理上的安慰。总之，城市居民追求优秀农产品已经成为当下城市生活的趋势，能每天吃到健康的农产品已经成为在城市拥有优质生活水平的标志之一，城市对农产品的需求量会因此越来越大，很难饱和，这给农超对接的发展提供了优势。

（二）农产品产量增加

城市居民对农产品的需求量逐年增长，而对农民群众而言，解决温饱问题才是能够向外出售农产品的前提。而这个问题，在我国几代农业科研人员的努力研发中已经完美解决。目前，我国的谷物类、肉类等主要农产品产量已经位居世界第一，我们不仅是世界第一人口大国，还是世界第一粮食大国。我国农民不仅保证了自己的丰衣足食，还能年年有余粮。而对于农民群众而言，致富的最简单方法就是销售手中吃不完的农产品。农超对接对农民群众而言，是一个很好的致富渠道，帮助农民消化掉多余的粮食还能带动农村经济快速发展。

（三）科技发达交通便利

以往农产品走向城市的最大阻碍是很多新鲜的水果蔬菜在跋山涉水的运输中发生变质和腐烂，产生了大量的运输成本，还未必能够将农产品成功运输到城市，造成了大量的资源浪费，对农民群众也造成了较大的负担。而在科技发达的今天，我国大部分农村都铺上了柏油路，火车和飞机的载重量也得到提高。交通已经不再是限制农产品走向城市的问题，而是最有利的助力。通过专业的农民合作社对农民生产的农产品进行统一管理，能让最新鲜的农产品迅速运送到城市，保证了农民群众的基本利益，还解决了以往的运输成本和风险。

三、农民合作社发展农超对接的基本要求

（一）对对接超市的要求

对接超市作为销售农产品的直接销售者，要明确自己的身份地位，因为直接对接农民专业合作社，没有中间的经销商赚取差价，所以超市拿到农产品的价格相对便宜，但这样的合作方式不是让超市在短期内将农产品按照原来的高价销售获取利润，而是根据减少的成本相应降低农产品的销售价格，让更多的城市居民可以吃得起优质农产品。目光要放得长远，将农产品以合理的价格销售出去，才能和农民专业合作社保持长期的合作。作为连接城市和农村的中间人，超市不仅是简单对农产品进行销售，还要对农产品进行运输上的支持和适当的宣传。承载了农民群众的信任就要踏实地落实在自己的工作内容中，回馈好农民群众，实现双赢，才能保证农超对接的长远发展。

（二）对农民合作社的要求

农民合作社必须在发展农超对接时积极向农民群众宣传其优势和能给农民群众带来的实际利益，鼓励大家勇于参与。对当地农民进行科学有效的管理，指导农民群众科学务农，提高农产品产量，并保证农民群众在联合生产时的秩序和效率。在农产品成熟时对其进行检查，筛出较差者，将好的农产品统一运送到超市，保证销售质量的同时，在城市里打出自己的名气，让更多城市居民知道当地的农产品，提高其知名度，才能提高销售量。在利益分配时，必须保证公平、公正、公开，以维护农民群众的利益为己任，帮助农民群众将他们的汗水转化成实际的收获。保证实现农村和超市的共赢局面，加强二者的紧密配合，保证农产品的销路。

四、农超对接与农民合作社在发展上的优势

（一）降低成本

农超对接的政策，直接免除了传统农产品进入城市市场的波折，没有任何的中间商在这个过程中谋取利润，没有中间商将减少中途多次转运的运输成本。使农产品可以用更低的成本价格进入城市市场，在超市摆上货架出售。这种成本的降低是针对多方的，降低了农民群众出售农产品的成本，也降低了超市的进货成本和城市居民消费农产品的生活成

本。这是农超对接对三者而言最直观的效益。农民专业合作社在实行农超对接的过程中，应该围绕时效和成本进行运营，充分利用自己的优势，衔接好农民和超市、农产品和资金上的转换，让三者切实体会到农超对接带来的好处，这样才能促进各方积极参与农超对接，又都成为这项政策的受益人。

（二）提供就业机会

目前，农村的年轻劳动力大量流失，愿意继承祖业种地的人越来越少，农民专业合作社可以通过开展农超对接为农村的年轻人提供就业机会，留住农村的人才。例如，在引进了新的耕种设备时，可以把技术先交给学习能力强的年轻人，由年轻人带领农民群众进行设备的使用，在利益分配的时候，交给当地带头人来进行分配，给予农民群众更强的安全感。同时，很多地区的农民群众因为所属地区偏远，信息闭塞，对很多新模式的看法相对保守，不愿意配合农超对接的开展，可以通过当地的年轻人向其解释其中优势，发动更多人参与，让政策更容易被接受。无论是农超对接的开展还是农民专业合作社的成立，目的最终都是加强农村经济建设，提高农民群众的生活水平，而留住当地年轻人是必不可少的条件之一。只有保证人口的平衡，才能保证发展稳定。为农村年轻人提供良好的就业机会，才能稳定人口，让农超对接与农民群众联系更紧密。

（三）提高农产品时效性

时效性可以解释为时间给产品带来的效应，针对农产品而言，可以理解为：更短的时间，带来更好的效益。城市市场和农村的农贸市场不同，商品更替迅速，消费者面对的好产品更多，选择也更多，很多时候，农产品销量差，不是自身的质量问题，而是城市消费者已经购买了需要的商品，满足了自己的需求。相同种类的产品，城市居民一定更愿意选择更绿色健康的农产品，但是城市的快速消费让消费者很少愿意把时间花在等待农产品上市的过程上。农民专业合作社和对接超市可以通过制定从农产品成熟到超市销售的流水线工程来提高农产品的时效性。首先，在到了收获的季节时，农民专业合作社组织农民群众进行统一的农产品采摘，采摘完成后，迅速对每家每户的农产品质量进行把关；其次，在质量检测完成后，提前通知超市取货时间，超市方面应积极配合，并主动制定相应的农产品宣传手段和营销方案；最后，农产品打包完成，超市第一时间进行运输，到城市后直接上架。整个过程在农民群众、农民专业合作社和超市的紧密配合下可以节省大量的分销转运时间。提高了农产品的时效性才能卖出更多好产品。

（四）支持农村经济发展

优秀的产品是一条优秀的销售链的基础，而支持农村经济发展是提高农产品品质的有效措施。目前，我国在有些农业科学技术上的发展已经处于全球领先的位置，但是落实到各地区的农业发展，还是存在一定的困难。例如，务农的先进机械不到位，最新研究出的种子农贸市场买不到，生产基地受到自然灾害没能及时防治。根本原因是农村经济落后，很多时候资源上无法支持更高效率的生产。实现农超对接的过程，不仅是农村产品和城市市场的对接，也是农村经济与城市经济的接轨。通过农超对接，让城市经济带动农村经济，帮助农民群众销售农产品使农民群众富起来，持续、高效地带动农村经济的快速发展，农村经济的发展也将回馈给农超对接促进农民专业合作社发展，让合作社和超市可以有机会进行更多合作。

第九章 农超对接的政策支持

第一节 农超对接的发展政策支持体系

“农超对接”模式的发展机理、运行机理及发展实践研究表明，在发展的初级阶段，农民专业合作社亟须发展壮大，以提高参与直接对接合作的综合实力与履约能力；超市开展直接对接业务需要增加一定的投入和管理、引导性成本，为长期合作奠定基础，实现长期利益预期。政府为了推动“农超对接”模式的发展，一方面需要增加政策性投入，以引导解决农民专业合作社的发展基础问题，促使超市提高对接业务的比重；另一方面需要规范市场行为，优化政策的适应性与发展环境，促进自我发展与创新机制的形成。在“农超对接”模式发展不充分、市场作用机制短期失效的发展阶段，模式本身还有先天的不足，政府既需要扮演推动者角色，还需要扮演扶持者、规范者的角色，不断优化已有政策，制定科学的、系统的促进发展的政策体系。

一、农超对接发展政策支持的体系构成

“农超对接”模式发展政策支持体系是政府围绕“农超对接”模式的发展参与方、对接供应链各相关环节、发展环境等，针对薄弱方面科学制定的政策体系，它是一个全方位的发展促进体系。它主要涉及农民专业合作社发展、超市连锁企业农超对接业务发展及服务外包企业发展、农超对接支持体系建设促进等方面。该政策体系既是对原有政策的完善和优化，也是对政策的创新，它分别从税费的减免、经费的补贴、重点专项的设立、人才队伍的培养、行业发展的引导等方面起到推动、扶持、促进以及市场规范的作用，以实现发展的目标。

“农超对接”模式发展政策支持体系有三个层面的管理机制：其一，各个层次的政府商务管理部门、农业发展管理部门要针对农超对接发展的主要领域开展政策应用研究，明确政策促进的主要环节和扶持发展的内在需求关系，从整体上把握政策扶持发展的导向、

原则和政策的平衡性；其二，在原有发展促进政策的基础上，国家和地方政府两个层次的商务管理、农业产业发展管理、财政、税收、金融、交通、质监等部门统筹制定多样化、动态性、规范化的政策模式，区分不同地区、不同类型主体发展程度，科学设计促进的力度，形成系统的有实效的政策体系；其三，定期对政策执行与实施的规范性、落实程度进行督促检查，并进一步研究分析政策调整与优化问题。

二、农超对接发展目标与发展政策重点

（一）“农超对接”模式发展的目标分析

在“农超对接”模式的发展中需要注意以下三个方面：

第一，模式的发展基础是农民专业合作社得到快速发展，治理科学化，经营管理现代化，进而推动现代农业得到快速的发展，为农产品市场升级发展提供稳固的基础。

第二，随着合作社的发展壮大，农超在合作和博弈中会促进双方共同发展和升级，农产品零售市场的经营品种、质量、服务必将会进入一个新的阶段。

第三，模式的普及和发展将会不断优化农产品流通渠道结构，完善流通模式机能，升级流通技术手段与合作领域，推动流通科学化、现代化。概括来看，“农超对接”模式发展的总体目标是：以农民专业合作社、超市连锁网络体系发展为基础，以科学、优化的合作机制为支撑，以系统的扶持政策为保障，大力促进对接模式深度发展，推动农产品流通市场体系升级。其具体目标是指针对对接模式发展中存在的问题提出的改进目标，也即模式发展与优化目标。

（二）“农超对接”模式发展政策重点

“农超对接”模式发展中，受到两种机制的调节，首先它必须遵循市场运行机制的作用规律，按照市场准则开展对接合作，农产品的价格、合作成本、合作风险等都会通过众多的合作社和众多的超市开展市场竞争与博弈来达成一致，并以契约形式相对固定下来，形成合作模式。问题的焦点是，双方固然存在迫切的合作需求愿望，但由于市场失效，在我国城乡二元结构下，农业的发展并不充分，农户组织化程度较低；即使发展了农民专业合作社，其区域、内部行业发展也极不平衡，造成的后果是“农”弱“超”强，合作社与超市对接合作的地位得不到保障，利益也就无法保障，不仅制约了自身的发展，也造成合作初期超市承担相对较多的成本，影响模式的推进。归纳起来看，在发展的初级阶段，形成了合作社亟须发展壮大，超市亟须降低合作成本，政府亟须推动合作社发展和引导超

市增加农超对接业务，并尽快加强对接合作的支持体系建设的局面。

在市场机制发挥主导作用的前提下，除了合作社与超市自身的对接努力外，合作社的发展、超市的对接合作积极性提高必然需要政府引导调控机制作用的发挥。此时，政府的主要引导调控手段就是各类政策，它需要解决市场机制无法完全发挥作用领域存在的问题。具体而言，政府发展政策的主要着眼点需要考虑以下方面：

（1）以政策措施引导合作社加速成长，形成自我发展能力。政府可在原有政策的基础上，针对发展初级阶段存在问题，以发展模式指导、税收减免、费用减免、融资政策调整、政策性补贴、重点项目支持、规制完善等方式，给予一定的扶持，又引导合作社提高发展治理与管理水平，壮大实力，形成自我发展能力。

（2）在发展的初期对超市农超对接业务实行补贴与规制优化。“农超对接”模式发展的初期，由于超市经营实力较强，为了达成合作，往往承担仓储、物流配送功能，并给予合作社发展指导甚至生产补助，还需要在经营场地上做出调整，这对于实力一般的超市是不小的投入，政府适当给予补贴，更有利于超市积极开展对接业务，甚至带动更多的投入；目前税收制度与有关规定方面，由于合作社的不规范性或各地政策的差异，一定程度上给超市带来了税收负担和困扰，政府的规制需要及时做出调整与优化。

（3）对介入农超对接供应链的外包专业服务企业予以政策鼓励。为了更好地开展农超对接业务，加强专业化分工，实行部分服务外包，减轻合作社、超市的投入，政府应制定鼓励和促进政策，引导仓储、物流配送、加工包装企业及品种培育、生产技术支持机构参与到对接供应链条中来，提供规模化、专业化、标准化的服务。

（4）政府引导、市场调控，加快农超对接支撑体系建设。针对“农超对接”模式发展中，亟须加强农产品质量认证与标准化生产、公共服务信息平台建设、合作社各类人才培养等基础服务能力建设领域，政府也不能忽视，可以通过适当的补贴和投入，引导更多的社会资本进入农业领域。

三、农超对接支持体系的促进政策

（一）农产品认证与标准化政策

20 世纪中叶以后，很多国家逐步引入了“农田到餐桌”的过程质量管理观念，把认证管理作为保障农产品质量安全以及降低政府市场管理成本的针对性政策措施。国际上迅速出现了食品安全管理体系（HACCP）、良好生产规范（GMP）、欧洲 EurepGAP、澳大利亚 SQF、加拿大 On-Farm 等体系认证以及日本 JAS 认证、韩国亲环境农产品认证、法国农产品标志制度、英国的小红拖拉机标志认证等多种认证形式。我国的农产品认证开始于20世纪90年代初农业部实施的绿色食品认证。20世纪90年代后期，国内的一些机构引入了国外有机食品标准，推行和实施了有机食品认证。农业部于2001年提出了无公害农产品的新概念，并组织推进“无公害食品行动计划”，各地也自行制定了一些标准开展了区域性的无公害农产品认证。2003年，我国实现了“统一标准、统一标志、统一程序、统一管理、统一监督”的全国五统一无公害农产品认证。另外，我国还在种植业产品生产中推行了良好农业操作规范（GAP），在畜牧业产品、水产品生产加工中实施了HACCP食品安全管理体系认证。目前，我国已经基本上形成了以质量安全为根本、产品认证为重点和体系认证为补充的多元化农产品认证体系。

目前，我国农产品质量安全还存在诸多问题。主要表现在：一是标准体系不完善，监测手段落后，覆盖率低；二是交叉管理，监管不力；三是环境污染严重，农业生态恶化；四是农业标准化生产水平低；五是动植物疫情监测有待于加强；六是信息不对称。改变这种状况主要有以下方面：一是要建立健全农业标准体系；二是建立和完善农产品质量检验检测体系；三是加速发展农产品质量安全认证体系；四是建立健全规范的农产品质量与安全的市场准入制度；五是尽快建立农产品质量与安全信用管理体系；六是加强农产品质量安全监督管理；七是建立和健全农产品预警预报机制。为了实现“农超对接”模式的稳步发展，农产品的质量认证和标准化势在必行。政府在实施此项工作时，一方面要解决农产品质量认证与标准化工程推进的问题；另一方面应建立专项，对农产品特别是实行“农超对接”模式的农业合作社农产品质量认证和标准化予以重视，从发展的初期就要做到规范，利用专项资金，对农业合作社的质量认证和标准化给予资助和支持。

（二）农超对接的市场行为规范政策

政府可以加大“农超对接”模式实施中的市场行为规范的力度，考虑专门出台政策措施，对农产品进超市的歧视性潜规则加以限制。例如，超市收取进场费、促销费、货架费、赞助费、手续费，以及农产品检测过程中明显的压级压价行为，等等。

超市收购种植养殖大户等的农产品，可以规定现货现款，大规模收购合作社、龙头农产品生产企业的农产品，要在限期内转账，不得拖欠或恶意欠款。严厉打击公路运输农产品的乱收费行为和地方组织与个人非法收费行为，以及整车重载车辆的超额收费行为，确保“绿色通道”优惠政策落在实处。为了方便鲜活农产品运输，应区别各类情况，专门规定通行时段和通行线路。

农民专业合作社申请的无公害农产品、绿色食品、有机食品、原产地标志、地理标志商标注册等须缴纳的规费，在全部完成认证和注册后，可以由地方财政给予适当的补贴，积极支持农产品绿色品牌的塑造。

执法部门要开展经常性的市场规范专项检查行动，对出现的不规范现象进行处罚，对定向投诉要开展对位检查，维护农户和合作社的权益，杜绝经营中的歧视行为。

（三）构建公共信息服务平台的政策

农超对接存在的一个不容忽视的问题是农户与合作社由于发展基础薄弱、市场信息获取能力有限，常常会出现信息的不对称与市场阻断现象，造成农户与合作社生产、营销的反应不灵敏，影响对接发展。实际上，发展中的问题并不仅仅如此，比如，超市同样存在对农户、合作社了解不便，选择成本较高的问题，第三方物流企业与专业服务企业以及社会其他有合作需求的机构对农超双方的了解与合作的信息来源也很有限。因此，以专业服务为宗旨，以行业协会、商会等中间组织为依托，构建第三方的公共信息服务平台，开展市场行情、产销需求信息、企业信息、政策信息、农产品质量认证与标准化信息、技术合作信息、设施设备租赁信息、招商引资信息、电子商务信息、交通运输信息、物流配送信息、人才信息等方面的服务，吸引各类企业与组织参与到平台的商务服务、商务合作、公共信息服务中来，大有必要。

为此，政府可以制定政策，拿出专项资金，支持公共信息服务平台建设。建设模式可以采用政府与行业商会、协会联合招标建设，政府专项资助，商会、协会实施监控，平台中标企业负责经营，实行会员制商业服务与公共服务并存的业务运行模式，以平台养平台，并随着行业的发展深入不断扩大规模和服务面，从而实现为多方开展信息服务、商务合作服务、电子商务服务、其他公共服务等功能。

（四）加强人才培养促进政策

发展“农超对接”模式的关键因素和影响中长期发展的核心问题之一是人才问题。对于连锁超市来讲，尽管人才问题也是核心问题，但由于多处于大中城市，相对易于解决，但对于合作社来讲，问题相对突出。合作社需要的主要是两类人才：一是创业型人才，即可以创建合作组织或者通过投入成为大型种植养殖户的人才；二是合作社急需的科研、技术、经营、营销、物流等类型的人才。

解决人才短缺问题的方式主要有三个方面：一是地方政府、合作社面向在职人员和准备入职人员开展针对性较强的专业培训，由政府有关主管部门出资培训或者进行培训补贴；二是地方政府出面牵线搭桥、提供部分培训资金，联系有关高校、应用技术学校批量开展“定制化”学历教育和非学历教育培养；三是采取面向合作社的系统支持措施，吸引前来就业或者为就业者创造条件。

加强人才培养促进政策的措施形式多样，如积极鼓励科研人才、农技推广人才、供销合作社及信用合作社等业务与管理人员到合作社任职、兼职，尽可能建立长期合作关系；采取措施鼓励农技人员和大学生到合作社工作，依照国家有关法律的规定，科学规范地签订人才的劳动合同，鼓励参加各类社会保险，并在专业技术职务评审中，向在合作社工作的农技人员和大学生适当倾斜；引导和鼓励聘期已满的大学生村官到合作社就业；各类人才交流组织应为在农民专业合作社就业的各类人才提供人事档案保管、集体户口办理等人性化服务；国家财政可对示范性合作社就业大学生给予一定期限一定额度的经费补助；在农业科技项目立项、农业成果评审等方面，享受政府科技成果同等待遇；直接从事农业生产经营一定期限的，报考事业性质的县（市、区）和乡镇农技（农经）干部的，在同等条件下优先录用，充实到县乡级农业公共服务机构，等等。

第二节　农民专业合作社发展政策

一、扩大农民专业合作社的发展政策

（一）促进农民专业合作社发展升级

1. 促进农民专业合作社发展的政策

目前我国开展农超对接的瓶颈之一是“农”弱，资金投入不足，规模不大，组织化程度低，经营管理水平低，农产品加工率低，产品品质标准化程度低等。其中，合作社发展晚，治理结构不完善，发展不成熟，各种管理职能不健全是问题的关键。为了保障“农超对接”模式的参与组织之间的匹配性，建立完善的农业合作社治理结构，探索农民专业合作社企业化发展的路径，优化组织职能与市场战略至关重要。政府选择促进农民专业合作社发展的政策切入点必须考虑这个现实问题。

尽管性质不一，设立的目的有差异，但农民专业合作社的治理结构应该可以在很多方面借鉴公司思维和模式进行优化。政府可以出台进一步发展农民专业合作社方面的指导意见，来引导和促进发展。相同的方面无须赘言，差异的方面可以按照公司模式进行适当的突破和发展。具体条款上可以考虑以下内容：

（1）合作社是互助性的经济组织，这只是其基本性质，其实本质上它具有公司的主要特征。它作为我国市场的新兴主体，必然要适应市场经济规律发展。因此，在合作社的经营管理决策中既要满足为成员提供服务的职能，更要考虑合作社的生存、发展、壮大问题，科学开展经营活动，以获取更大的利益。

（2）合作社20%的非农民成员，往往是具有投资性质的加入者，投入大、意识新、经营管理能力强，如果合作社盈余按照成员与其交易量来返还是不现实的，也是不合理的。实践中，很多时候合作社内部已经进行了股份合作制探索。对分配机制进行改革创新，在保障农户规定权益的基础上，通过内部决策机构，所有成员共同达成新的机制和模式，既保护农户权益，又使投资人、农户共同得到应得的分红将是一个优化发展的趋势。

（3）引入外部投资成员的合作社，在重大决策上可以突破一人一票的简单民主决策模式，建立面上民主决策一人一票制和核心层决策按出资比例大小区别权重的模式。

（4）合作社是实行“退社自由”原则，一旦有人退出，合作社需要考虑成员和股东的比例是否合法问题，还必须从发展的角度出发，确保成员的经营实力和信誉问题。

（5）无论法人是谁，谁的出资比例大，国家的政策扶持与补贴，不得用于与合作社经营范围不相关的项目。

2. 指导农民专业合作社组织设计与管理优化要点

合作社的组织设计与管理优化，应该基于合作社的互助服务基本属性和类似有限责任公司的延伸发展属性来考虑。其组织机构与管理职能一般可由项目开发、生产管理、良种培育、加工管理、技术服务与保障、质量管理、物流管理、营销与信息管理、电子商务管理、财务管理、人事行政管理等方面构成。规模较大的合作社可以机构健全、职能完善些，反之可根据需要适当精简。

合作社组织设计与管理优化的主要依据是合作社治理结构基本要求、产销一体化业务模式内在要求和发展规模及专业化程度的复杂度要求。达到一定规模的合作社除了必须设立的理事会、监事会、理事长、监事长、副理事长、副监事长、总经理等组织和职务外，一般需要根据主要农产品生产区域和类别设立种植基地、养殖基地以及配套加工基地；根据规模化、专业化生产、产品项目发展以及技术保障和质量监管要求，设立专门的种植养殖项目与基地开发、科学的生产管理、技术研发与合作、质量管理等性质部门，形成种植养殖基地的有力支撑；根据市场发展、竞争、营销、物流配送及电子商务发展的要求，设立物流管理、营销与市场信息管理等部门，负责合作社的直接对接市场的管理职能；根据合作社人财物等事务管理的要求，设立办公室、财务部和行政人事部等部门，开展内部行政事务管理、内外财务管理、人力资源管理等。

合作社的组织设计与管理优化亟须做好以下工作：一是树立全员市场导向、质量管理理念和品牌意识；二是根据生产项目、产品特点、技术进步和要求的变化及时调整和优化生产管理组织，确保管理的针对性和效率；三是根据市场变化、技术设施的推陈出新、超市业务流程的对接要求，科学优化市场营销与物流组织机构，发展营销与物流组织的管理职能；四是根据社会专业化分工发展的趋势，以成本节约、质量保证为前提，考虑部分业务如物流配送、广告、促销与推广的服务外包；五是不断提高合作社总体的、综合的素质和行政管理效率，加强财务信息、内控、融资、人力资源、人才培养与培训等方面的管理。

3. 引领农民专业合作社市场经营战略优化要点

农民专业合作社实质上是“产品—市场”型战略导向的典型组织，围绕“农超对接”模式进行市场经营战略优化是其发展的内在要求。实现这一市场发展目标，需要从市场导向理念确立、市场导向型合作社建立、市场战略评估与选择、市场战略优化等方面着手，具体如下：

（1）市场导向理念确立与市场导向型合作社建立。它不只是合作社高层和营销人员、物流管理人员的理念，而是合作社内部价值链上部与下部各环节的工作理念，是通过科学的管理和浸淫，扎根于项目选择、生产管理、技术研发、质量管理、营销管理、物流管理、财务管理、人力资源管理，乃至行政管理各个方面，以及从理事会到每个员工的日常工作流程与内容的经营发展哲学。

（2）明确可采纳的市场发展战略，并根据发展目标、自身资源条件与环境，对市场发展战略进行评估和选择。合作社市场战略在不断创新，主要有：农产品种植养殖技术合作研发战略、绿色优质认证农产品发展战略、农产品 ISO 9000 质量认证战略、物流运输与配送管理外包战略、大型合作社自建连锁超市网的内部业务对接战略、与超市开展股份合作并充当长期农产品供应基地战略、推行农超市场信息系统一体化战略、电子商务发展战略、农超联合品牌农产品市场推广战略、合作社联合体对接超市发展战略、农超对接国际化战略等。合作社需要对备选战略进行科学的评估和选择，以制定一定期限内的市场发展战略。

（3）合作社要建立市场战略管理体系，紧盯农产品市场发展变化动态，进行多因素分析、绩效分析、业务组合分析、战略体系审计，从而使合作社市场战略不断优化。

（二）推动农民专业合作社联盟发展

政府通过政策引导和指导意见，鼓励和促进农民专业合作社的战略联盟。可以根据目前发展中的问题，推动和发展以下联盟模式：

（1）发展扩大规模的横向联盟。以龙头农民专业合作社为主导，联合生产同类产品的合作社，形成扩大产销规模的联盟，共同组成一个整体开展与大型超布连锁集团的谈判和合作，加强与超市集团的合作资源匹配度。

（2）发展组合产品的横向联盟。以龙头农民专业合作社为主导，联合生产不同类型产品的合作社形成产销规模大、产品组合齐全的联盟，共同组成一个整体开展与大型超市连锁集团的谈判和合作，加强与超市集团的产品多元化需求及合作资源的匹配度。

（3）发展增强能力的纵向联盟。以龙头农民专业合作社为主导，联合农产品技术研发机构及仓储、运输、配送类服务外包专业企业，形成扩大供应链上不同功能合作的联盟，共同组成一个整体开展与大型超市连锁集团的谈判和合作，加强与超市集团的供应链服务功能支撑的匹配度。通过联盟合作，壮大合作社方面的综合实力，形成条件对等合作与发展的格局，以避免自身在“农超对接”模式发展中的被动地位。联盟合作中，联盟体需要建立合作章程，规定成员遵守的规则，约束成员行为，保持联盟的稳定性。

（三）加强合作社实行组合政策扶持

1. 收费减免政策

“农超对接”模式发展中，重要的一点是降低流通成本。由于发展初期农业合作组织实力较弱，资金短缺，在整体物流运输、鲜活农产品运送的通行费、路桥费、检疫费、鉴定检验费、各类管理杂费等方面，应给予最大限度的减免。

在操作中，需要地方政府、财政局、地方贸易厅、商委、质检局、交通局、国有路桥公司等密切配合，科学确定减免幅度，制定减免操作规程，按照政府的统一规定，对文件规定范围的收费项目，实行减免。凡属于国家财政、地方财政收费性项目，实行直接减免；属于国有大型企业管理的道路桥梁、河海等收费项目，对农产品运输费用减免后，再上交财政部分扣除。此项政策由于收费主体的多元化，制定政策与执行都有一定难度，需要政府进行政策制定的统筹研究与设计，在权威部门的主持下进行。对于本来就不够科学合理的收费，特别是地方政府批准的补偿性收费，一旦超过补偿期，需要及时研究、听证和取消，不能以政策调控等各种名义继续收费。

2. 税收减免政策

制定减免政策的目的是减轻农民、农业发展负担，对“农超对接”模式发展中的弱势方“农”方给予支持。目前，享受农产品相关优惠政策的纳税大致可以分为自产农产品企业、农民专业合作社及个人三类。国家掌握的原则是，对个人、农产品企业、农业合作社增值税、所得税进行减免，目的是鼓励农产品生产和扩大销售，增加农民收入，减少农业负担，促进农产品生产和销售发展。自产农产品企业按照增值税减免退税管理办法备案减免；相对于普通的自产农产品企业，合作社管理更加规范，财政部、国家税务总局和地方国家税务局都已经颁发文件，对合作社有关税收政策进行了明确。对其销售本社社员生产的产品，可视同为销售自产品而免征增值税，对其经营社员自产农产品所得免征企业所得税；个人自产初级农产品，根据有关规定出具有效证明后代开免税发票。

随着农产品生产与销售的发展，总体上讲市场供应保障能够得到满足，问题是农村农产品生产集约化程度低，有农业合作社（或农场）组织作为龙头牵引并实施农超对接，产销组织较好，产品质量也能得到保证；反之，产销率就较低，质量也不均衡，农业收入就低。从发展情况调查资料看，未来应根据农业生产销售发展的具体变化和特点，对两类地区区别对待，制定科学合理的税收减免政策。对农业合作组织发展较好，组织化程度高，产销率高的地区，应继续开展增值税、所得税的减免；对农业合作组织发展不够好，“农超对接”模式发展不充分，组织化程度低，产销率低的地区，应适当加大农业合作社成立后前三年的增值税、所得税减免力度，然后再与前者统一起来，实施统一政策。对农业合作组织开展不够好，需要积极鼓励“农超对接”模式发展的地区，也可以考虑对超市销售农业合作社产品开展对接业务，给予类似的减税政策，以鼓励超市在选择供应商时优先考虑农业合作组织。此项政策是“农超对接”模式发展促进的基本政策，应在较长的时期实施。

3. 农业补贴政策

近年来，我国农业补贴政策逐步系统化，力度逐步加大，效益逐步显现出来。如，以农业“四补贴”为主要内容的农业生产促进补贴政策，规模进一步扩大，其补贴范围涉及良种补贴、农机购置补贴、种粮直补、农资综合补贴等，为了减轻农资价格上涨过快对粮食生产的影响，起到了积极的作用；技术服务的补贴政策，涉及农民培训、动物防疫、农业生产关键技术补助等，对提高农业的内涵发展现实意义较大；以农业保险补贴为主要内容的灾害损失补助政策，进一步减缓了生产的风险。

另外，针对“农超对接”模式发展、农业合作社发展的补贴政策并没有细分。因此，细分农业补贴政策，列出专门的政策序列，对开展农超对接的组织进一步加大补贴力度，将产生明显的推力，有利于引导农民和社会资本积极发展“农超对接”模式。在操作上，国家和地方政府农业补贴政策中可单列农超对接序列，在原有补贴额基础上，进行可行性论证，再适当加大补贴力度，以突出政策的区分度，进而显示政策的引导功能。

4. 用地政策

合作社发展的基础之一是种植、养殖和管理用地。合作社发展的初期，资金和用地往往受到困扰，因此，在用地政策上为合作社破解困难，促进发展的作用不言而喻。用地政策制定，面对的对象主要是合作社、种植养殖户、面向农业的投资者。目前，各地的主要做法有四个方面：一是对农业合作社种植养殖用地，政府按照每亩一定的额度给予一次性补贴；二是对合作社创办的养殖与种植园以及开展农产品临时性收购、加工临时需要占用的土地，依法办理临时用地手续；三是土地承包经营权流转期限 5 年以上并签订流转合同、经营面积 100 亩以上的农民专业合作社，允许在其流转土地范围内按流转面积 5%左右比例使用农业生产服务的临时性配套设施用地；四是合作社开展生产经营等各项非农建设用地，在基本符合城镇规划的前提下，可依法优先安排用地指标。

为了促进合作社的快速发展，政府可以在以下方面创新用地政策：一是适当加大中西部合作社种植与养殖用地的一次性补贴额，以利于发展初期合作社适当减轻负担；地方政府可以根据当地财政实力，在用地的税费、管理费等方面给予减免，提高每亩地一次性补贴额度；二是在对合作社配套管理、经营、加工用地严格遵照政策进行限额控制基础上，按照种植养殖用地给予补贴；三是发展规模较大的合作社，可按照总用地规模适当放宽经营管理和加工的用地规模；四是对社会游资投向农业开展种植养殖和加工并开展农超对接，可享受合作社用地同样的政策。

5. 专项扶持政策

根据目前农产品生产的状况，合作社的基础设施建设和创新投入会比较大，涉及种植养殖和加工基地的开发与平整、绿色种植基地建设投入、物流基地建设投入、信息系统和电子商务平台建设投入、技术革新投入、良种培育或采购投入等方面。除了按照市场规律由龙头企业、大种植养殖户、一般农户进行必要的投入外，要彻底改变现状，加速“农超对接”模式的基础建设，还必须由政府设立专项进行政策性扶持和通过金融信贷措施予以大力支持。

对于绿色种植养殖基地的建设，由合作社或者龙头企业申请并完善手续后，政府可以按照土地面积给予专项资金补贴；对于加工和物流配送基地建设，经过严格的审核和程序认定后，政府可以按照实际投资额度的百分比给予专项资助；对于农产品信息管理系统与电子商务平台设计和配套建设项目，可以在政府企业信息化及电子商务专项扶持基金中予以资助，享受比城市电子商务企业比例更大的扶持；对于合作社的技术革新投入、良种培育等，可以以项目的形式申请政府对农业科技专项资金的支持。政府应该针对发展合作社，开展农超对接的企业，发专文进行政策支持与规范，有法可依，以便专项资金能用在实处，产生实效。

政府可以统一要求各地各级金融机构尽快制定支持合作社发展的适应性强的信贷扶持政策措施，加大对合作社及其社员的扶持力度，扎实推进“便农支付工程”，为农民专业合作社提供可靠、高效的结算服务；加快开展合作社信用等级评定工作，对行为规范、信用好、健康发展的合作社授予相应的信用额度，对大型示范性合作社应给予利率等优惠；大力支持条件成熟的合作社开展各类农产品订单、保单、仓单以及大型设施、土地承包经营权、林权、水域滩涂使用权等财产抵（质）押贷款；支持合作社与合作社联社积极开展信用合作、资金互助和贷款担保试点；支持和引导社会担保机构以市场机制为准则为合作社提供各类贷款担保。各级政府应考虑安排更多的涉农贴息贷款项目，切实对规范发展的合作社予以优先支持。

6. 发展农村金融政策

加速发展农村金融体系，全面制定和落实融资信贷政策，具体如下：

（1）加快构建商业性、合作性、政策性金融密切结合，资本足、功能全、服务优、运行顺的农村金融发展支持体系。尽快完善农村政策性金融体系，拓展农业发展银行支农领域，不断加大各类政策性金融对农业发展建设项目的中长期信贷支持。

（2）尝试放宽农村金融机构准入的门槛和政策。考虑允许新设机构进入农村市场，积极发展多种业态与形式的新型金融组织和地区性中小银行，重点引导和鼓励各类资本到金融机构与服务发展不充分地区投资设立机构。以加强监管为前提，积极发展小额信贷和各种微型金融服务，批准允许小型金融组织从大型金融机构融入资金，以及有条件的合作社开展信用合作。

（3）切实加大对农村金融政策支持力度、覆盖密度。发挥财税政策的调节作用，采取贴息、担保、补助等手段，不断优化农村金融资源配置，尽快建立市场主导与政府扶持相结合、财税政策与金融政策相结合的长效调节、管控机制。

二、推动多元投资主体进入合作社的引导性政策

目前，比较急迫的问题是合作社发展不充分，社会资本到农村投资还较少。从发展的角度看，更多的投资者投入到农业中去，牵头创建农贸一体化合作社，更多的连锁超市把供应链延伸到农产品种植养殖业，形成全产业链发展模式，“农超对接”模式发展才能形成稳定的发展态势。因此，政府制定面向农业，面向农超对接的行业发展引导性政策，运用政策杠杆，创造政策洼地效应，促使更多的投资人、创业者、成熟企业把资金投向这个领域极为重要。政府可以设立产业化专项基金，按照投资额的一定比例范围，进行专项支

持。通过政策引导和针对性的鼓励措施，促进社会资本积极地进入农业领域发展，以不断提高合作社实力和现代农业的发展，为“农超对接”模式发展注入强大的活力。目前来看，比较现实的是推动和促进以下发展模式：

（1）社会资本注入农民专业合作社的模式。按照《中华人民共和国农民专业合作社法》的大致框架，以积极的土地政策、税费减免政策、专项扶持政策、融资政策等，引导和推动社会资本改变投向，介入农业合作组织发展，以公司的治理结构与股份制模式形成强大的现代产业化发展组织，壮大农民专业合作组织实力。

（2）社会资本进入农业领域独立发展大型农业种植养殖基地和农场模式。政府以针对性的政策体系引导和推动社会资本投向农业领域发展，投资建设大型种植养殖基地，吸收广大农户就业（农户土地可以委托耕种，收取地租），解决农民增收问题，以强大的实力开展农超对接。

（3）社会资本向农业领域投资建立农贸一体化企业发展模式。在政府政策的引导和推动下，社会资本进入农业领域建立农贸一体化企业，促进农业产业化、企业化发展，为“农超对接”模式发展建立更为牢固的基础。

三、合作社向供应链下游发展的促进政策

市场的发展模式很多，有足够实力的农民专业合作社，在强势资本的大力支持下，可以逆向直接发展产销合一的，集生产、仓储、运输、配送、连锁销售为一体的大型农贸集团，直接深入城市社区，建立大中小型直营连锁店、仓储与物流配送中心，开展农产品集约化营销，满足消费者需求，把流通环节外部问题内部化，节约交易成本，提高合作社集团的综合收益，塑造农产品优势品牌。

为此，政府政策也应相应地做出调适，对逆向发展的农民专业合作社经营体给予扶持。除了可以享受农民专业合作社的农业补贴政策，收费、税收减免政策，用地政策，专项扶持政策、融资政策等，还应该适用于超市开展农超对接业务享受的一系列政策。在政府政策的支持下，农民专业合作社的逆向发展将为各类农业产业化组织的农贸一体化发展走出一条新路，实现农业合作组织的多元化发展目标。

第三节　推动超市与服务外包企业发展政策

一、超市开展农超对接的政策

开展农超对接业务的初级阶段，为了提高超市的积极性，政府应该考虑适当提高减免政策的额度与比例。尽快改革专门针对超市“农超对接”模式下经营生鲜农产品的税费制度，减免增值税、所得税，平衡超市与农贸市场享受政策的差距，为超市开展农产品产销直接对接创造相对公平的竞争环境。例如，超市销售生鲜农产品需要缴纳13%的销售税，赋税压力较大，与农贸市场的包税制相比没有优势。此外，超市开展农超对接中收购农产品需要开具的收购发票抵扣当地税收，一些地方政府不认可跨区域合作收购发票，有的甚至不承认该发票的合法性，都必须加以改革。

由于超市在农超对接业务开展中相对投入较大，增加了成本，一定程度上影响了收益，所以在超市承担物流配送模式中，整体物流运输、鲜活农产品运送的通行费、路桥费、检疫费、鉴定检验费、各类管理杂费等方面，应给予最大限度的减免。超市开展农超对接中投资建设冷链仓储物流设施用地，应享受与合作社一样的用地政策。此外，对于超市连锁企业开展的以对接合作社为主要功能的采购集货、物流配送中心，同样可以享受合作社的专项政策。在操作时可以加强审批程序的严肃性，同时要求超市连锁企业应承担一定的社会责任，不断提高地产农副产品特别是面向合作社的农副产品采购比重。

根据需要，可以由政府推动建立一个由超市、供应商和银行联结组成的三方合作系统，每次交易实施后，由超市开具“已收单”且列入货款金额，农民专业合作社可以凭该单据直接到指定的合作系统银行兑现，以较好地解决“农超对接”模式发展中不顺畅的结算问题。

二、专业服务外包企业发展的政策

“农超对接”模式发展中，一个突出的制约因素就是物流问题。对于“农”方而言，仓储、加工、包装、装卸、运输、配送等环节能力较弱，需要超市方提供，而超市方又认为自办物流投入过大，会提高成本，农超对接的物流障碍必须突破。突破的路径有四条：一是按照超市方的具体要求，农户与合作社方自备运输工具，把产品送达超市指定的门店。二是“农超”双方各完成一部分物流功能，“农”方适当自备运输工具，负责把产品送达“超”方指定的企业物流配送中心，然后由超市负责组织企业在各连锁网点之间的配送。目前多数农超合作都采用这个办法。三是完全由超市集团负责全部的对接物流功能。大型超市连锁集团实力较强，多采用这种模式。四是农超双方各自承担一定百分比的物流费用，而把物流业务外包给专业的物流服务企业完成。前三种模式现实的对接利益主体方博弈中，经常会存在这样那样的谈判障碍，有时导致对接合作失败。从农产品流通长期发展的角度来看，开展专业化分工，引入第三方物流，减少农户、合作社及超市的投入，培育与农超对接配套的专业化服务行业势在必行，将会成为一种发展趋势。发展中，市场的自发调节机制固然重要，是发展这种模式的基础，但发展的初期，政府的作用不能忽视。

因此，政府应该倡导、鼓励第三方物流与专业服务企业尽快介入农超对接供应链条，在规模化发展中，形成农户与合作社、超市及专业物流企业多赢的发展格局。根据发展的需要，政府可以考虑出台专门的政策，从土地政策、税费政策、基础设施投入专项补贴政策、融资政策等方面做出针对性可操作的条款规定，引导、支持第三方物流企业，乃至加工包装企业及品种培育、生产技术支持机构进入农超对接供应链，与各方共同发展。

三、服务外包行业企业的发展政策

第一，政府应充分发挥其政策引导和推动人才培养。服务外包行业的价值增值，主要体现在服务的增值，要依靠具有较高业务专业技术能力、优秀服务意识的人才来实现。人力资源的瓶颈，关键在于从入口抓起，从人才培养环节入手。为了改变目前服务外包人才结构的“纺锤形”，也称“橄榄形”状态（缺乏高端人才和技术蓝领），构建金字塔的人才结构，政府需要进行政策引导。政府应当充分积极出台政策，鼓励和倡导服务外包企业与高校合作，给予经费支持和项目引导，使科研型的院校与技术型服务外包公司建立高端人才培养紧密合作，同时建立职业技术大专院校与劳动密集型服务外包企业基层人员输送培养机制，使各类型企业与高校进行优势互补，共赢发展。

第二，大力推进应用型专业建设，培养大批适用人才。高等院校服务外包相关专业如计算机、通信工程等专业要根据企业对于专业外包人才的需要，修订培养方案，打造基于企业工作过程的实训体系，同时与企业共建实训基地，提高学生的参与项目开发的能力。同时，高校要注重培养“复合型”的软件人才，如在印度高校软件专业的人才培养过程中，注重学生的综合素质培养，一方面增加文史哲课程的开设，增强学生的理解能力；另一方面开设外语课程，强化学生沟通交流能力。

第三，建立健全多层次、全方位的培训体系。人才的培养必须从学校培养模式转向多级培养模式，发挥社会力量，大力发展职业教育，继续教育。政府应当积极鼓励和支持社会培训和企业培训，改变当前服务外包人才主要依靠高等院校培养人才的单一模式，促进服务外包人才结构的合理化发展。如印度的软件人才主要是通过职业教育而不是高等教育来培养的，从而降低培养成本和使用成本，缩短了培养周期，同时政府鼓励软件公司办学，提高员工素质。

第四，加强外包企业劳动关系立法。加强服务外包劳动关系立法，有利于稳定员工队伍，改善劳资关系。美国政府所颁布的法律，例如：1972 年颁布的《公平就业机会法》、1974 年颁布的《职工退休保障法》、1988 年颁布的《劳工调适及再训练通报法》等在多个方面都影响着类似惠普、微软等典型的服务外包组织的运作。这些法律在改善员工福利，促进就业等方面起到了积极的作用，避免企业为了眼前利益而忽略员工利益的短视行为发生，有利于企业的长远、可持续发展。

第五，重视行业协会建设。行业协会建设对于行业发展有着重要的影响作用。印度服务外包协会 NASSCOM 作为印度信息技术产业团体和非赢利机构，在帮助印度服务外包企业与政府进行沟通、产业规划、争取优惠政策，与外部组织沟通等方面起到了关键作用，为印度成为全球第一外包行业基地建设开疆拓土、扫清障碍。

第四节　农超对接的支持体系促进政策

农业部将开展农超对接（引导大型连锁超市直接与鲜活农产品产地的农民专业合作社对接）试点作为促进农民专业合作社又好又快发展的一项重点工作，与财政部、商务部联合开展农超对接试点，受到了广大农民及消费者的欢迎。目前，支持农超对接的政策措施主要有以下方面：

第一，加大农超对接政策支持力度。支持超市加快冷链系统、物流配送中心等流通基础设施建设，支持合作社建设冷藏保鲜设施，配置冷藏运输工具、检验检测设备等。超市从农民专业合作社购进的免税农产品，可按 13%的扣除率计算抵扣增值税进项税额。

第二，鼓励农民专业合作社做大做强。鼓励同类农产品合作社在自愿的基础上开展联合与合作，充分发挥集聚效应，形成规模效益，提高均衡供应超市农产品的能力。

第三，推进农产品标准化生产和流通。支持农民专业合作社率先实施标准化生产，加强安全生产记录管理，依据农产品流通相关标准，对农产品进行分级、包装、加贴标志，创建品牌，实现合作社产品质量可追溯。

第四，降低农超对接门槛。严禁超市向合作社收取进场费、赞助费、摊位费、条码费等不合理费用，严禁任意拖欠货款。超市一般应采取日结的方式收购蔬菜等生鲜农产品，尽量缩短账期。鼓励超市和合作社签订长期对接合同，建立长期、稳定、紧密的对接关系，提高合同契约意识和诚信意识。

第五，搭建农超对接平台。利用产销旺季，组织各类农产品交易会、农业展会、网上促销活动，引导农民专业合作社与超市签订长期购销合同。鼓励和引导有条件的超市开设农超对接产品销售专卖区或专卖柜台，扩大社会影响。

第六，加强农超对接人才培训。定期开展农民专业合作社成员培训，帮助农民专业合作社掌握市场信息，熟悉超市营销策略。

第七，加强农超对接信息化建设。鼓励连锁经营企业和农民专业合作社通过农超对接服务系统实时发布供求信息，逐步开展网上签约和交易试点，发展农产品电子商务。

第十章 农超对接的标准

第一节　超市标准的制定

一、四大超市的农超对接

农超对接是农户和商家签订意向性协议书，由农户向超市、菜市场和便民店直供农产品的新型流通方式，主要是为优质农产品进入超市搭建平台。由于家乐福、麦德龙、沃尔玛和华润万家是商务部公布的第一批农超对接试点企业中成为在北京被提名的 4 家超市，这 4 家超市的农超对接发展最早、模式成熟，在业界具备代表性。以下分析四大超市“农超对接”的模式：

（一）沃尔玛的农超对接

沃尔玛是最早介入农超对接项目的超市，沃尔玛农超对接的特点是建立农超对接基地，也采用两种模式，即“超市+龙头企业+农超对接基地”和“超市+合作社+农超对接基地”模式。

沃尔玛较多通过农业产业化龙头企业为中介同农民合作，发挥龙头企业自身的农场管理经验技术。为合作对象提供专业的农产品种植养殖技术或资金，建立食品安全监督体系和农超对接基地自身的视频安全体系。例如，沃尔玛自 2007 年就开始在我国实施农超对接项目的尝试。通过帮助农民提高市场适应能力、引导标准规模化生产、指导其在生产中推进环境保护，不仅为农民增加了收入，还带给消费者新鲜、便宜的农产品。

（二）家乐福的农超对接

家乐福农超对接的核心是通过农民专业合作社来组织农民的产品，即“超市+农民专业合作社+农民”模式。从 2008 年开始，家乐福食品安全基金会每月在一个省举办一次农超对接培训班。农超对接依据采购半径的不同，设计了两个采购系统，即全国农超对接采购部门和地区农超对接采购部门。前者主要采购水果和适合于长距离运输的蔬菜，比如苹果、梨、橙子、干果、马铃薯和反季节蔬菜等；后者则重点采购城市周边的蔬菜和当地名优水果。

此外，为了帮助农民合作社开拓销售渠道，家乐福集团目前已开始布局落子，计划将中国农民直供产品纳入跨国采购业务，把更多的中国农产品推向国际市场。

（三）华润万家的农超对接

华润万家的农超对接模式为“超市+基地”的供应链模式，直接与鲜活农产品产地的农民专业合作社对接。另外，华润万家分别与天津东丽区华明镇、天津宝坻区、天津市蓟县、河北省、山东省建立了农超对接大型生产基地，产品涉及蔬菜、水果、禽蛋、肉类等各种城市居民生活必需鲜活农产品。

（四）麦德龙的农超对接

麦德龙主要通过麦哲达农业信息咨询公司实现农超对接，从“教农民怎么种田，怎么包装蔬菜”这些最基本的问题入手，探索农副产品生产基地新模式。保证农产品从基地、农场、加工、物流到销售符合消费者最安全的要求，建立鲜活农产品质量可追溯体系。

麦德龙农产品基地创立了全新的供应链，由麦德龙提出科学的标准化生产流程，引入农技咨询公司指导企业、农民养殖、种植，委托第三方机构对农产品质量进行检测，通过麦德龙平台销售。为此，麦德龙还在中国投资设立了首家专门从事农技指导、咨询和培训的麦哲达农业信息咨询公司，向合作企业和农民提供生产、加工、包装、物流及市场运作全方位的专业培训与咨询，实现“农场到餐桌”的全过程产品质量控制及可追溯。

麦德龙也曾与合肥市政府签署合作协议，在合肥试点打造新型农产品基地模式。合肥生产基地生产的天然、安全、质量可追溯的农副产品自 2007 年 12 月起陆续进入麦德龙在华东区的 11 家卖场，目前已有童子鸡、猪肉、西瓜、草莓等 15 种严格遵循全球良好规范标准生产的农副产品。

二、农超对接的必要性分析

做好农超对接的必要条件主要有以下方面：

第一，人才的专业度，很多超市在做农超对接时，缺乏这方面的人才，就从卖场的主管或品类采购中选人去做这些工作，但是这些人可以做好本职工作，但是为了完成领导指派的工作，就找当地的代办之类的，帮助收货。

第二，对农产品价格走势的判断，农产品的价格是随着需求量的大小、产量的多少而变动。

第三，加工工艺，农产品在产地收购后必须是要做一些，例如分级、预冷、包装等工作，如果这些工作没有做或没有做好，就会出现大问题，例如，大白菜预冷处理的环节没做好，菜的尾部就会发黄，直接导致损耗的出现。

第四，费用的支出，有些超市为了控制费用支出，把很多该做的工作疏忽了，也是导致出现问题的原因。

第五，敢于囤货，农产品最大的利润就是要敢于囤货。

第二节　农产品准出制度标准

一、农产品食品安全的背景

食品安全事关人民群众生命健康，是最大的民生工程、民心工程，也是对政府综合治理能力和形象的考验。农产品是食品产业的重要源头物质，其安全与否关系着食品行业的发展与人民群众的刚性需求。人民政府、政府下辖有关监管部门、农产品生产经营主体、广大人民群众都高度关注农产品的质量和安全，各方须建立生产链全流程监管制度并依托其良好运作来保障市场上农产品的质量安全。

（一）农产品安全现状

目前，我国市场上的农产品安全状况总体态势保持稳定，但滥用化学用品、产品农残超标、农业生态环境日渐恶化等问题仍然没有得到有效解决，土壤重金属污染、农兽药残留和水体污染也越发严重。同时，农产品生产主体数量多、分布广，总体散布相当分散，生产者知识水平较低，相关法律意识比较薄弱，产品质量监控难度较大；农产品从农田到餐桌整体供应链长、流通过程中涉及环节多，每个环节都存在一定的安全风险。农产品安全问题日趋严峻，多次出现挑战食品安全底线的事件，这些事件的曝光拉低了消费者对市场销售农产品质量安全的信心，甚至部分人群对农产品质量安全产生了的恐慌情绪，影响了同类产品的销售。

传统的农产品供应链一定程度上得到了较好的优化，中间环节有效减少，农产品运输、储存成本得到了一定程度的降低，形成了生产、消费主体共赢的局面。全国各地在农超对接的生产销售模式下取得了较好的效益，但纵向来看，仍存在问题，具体如下：

（1）农超对接发展进程缓慢。农业合作社普遍规模较小、数量较少，同时运营成本偏高。虽然合作社的数量有一定增长和规模，已超过 200 万家。但在农产品品质方面还有进一步提升的空间，绝大多数农业合作社的组建并没有进行有关制度和流程，部分合作社只是为了获取政策补贴才建立的，形同虚设，没有体现其应当具有的功能。

（2）农超对接的现代化程度和集中程度较低，农产品生产经营主体的品牌意识和规模意识较低，生产规模不大、过于分散且质量管理意识较低。目前，农村从事农业生产的主体是留守农村的老人和家庭妇女。受过高等教育的年轻劳动力大都选择在外打工，在当地从事农业生产的从业人员年龄普遍偏大，其受教育程度偏低，对新兴事物的接受能力较差。作为一种新的农产品流通模式，农户对农超对接的了解不深，加上积极性较低，导致其发展缓慢。

（3）由于商超的农产品准入政策门槛较高，降低了生产主体对农超对接的积极性，商超经营的基本需求是规模、持续，保证商品不断档、不脱销。但国内农业生产仍以分散为主，再加上农产品生产工业化程度低、产品深加工程度低，影响农超对接的进一步探索和拓展。另外，用于农超对接的农产品经常面对合作社和商超的重复性检验，浪费人力物力。部分生产主体认为检查条件苛刻，所以对农超对接项目没有很高的积极性。最后是生产经营户能提供的产品品种过少，不能很好地满足商超对丰富产品品种的需求。

（4）农产品生产主体品牌质量意识不强、生产标准不统一等问题，进一步制约了农超对接的后续发展。

（二）农产品原因分析

（1）利益驱使。部分生产主体为扩大利益、避开监管，向市场提供劣质农产品。部分生产主体甚至铤而走险，违反国家有关禁令私自使用禁限用农兽药，其生产的农产品质量安全得不到保证，危及消费者的生命健康。

（2）产地环境。农产品生产依赖于当地的生态环境，产地环境直接影响当地农产品的质量品质和安全性，产地环境受到污染是安全问题的源头。农产品经营主体在生产过程中过量使用化学投入品已经成为土壤污染的重要来源，这些行为会导致产地环境被污染，影响当地农产品的安全。我国因农产品产地环境污染问题每年损失粮食 1200 万吨，被污染农田面积达 1000hm^2。在这类被污染环境下种植收获的农产品，受污染的农田往往还存在修复困难等种种难题。

（3）信息不对称。农产品“从农田到餐桌”的生产、流通等各个环节都存在不同程度的信息不对称问题。消费者难以验证市场上的高品质农产品，导致付出额外成本，农产品质量的生产者无法获取应得的回报，而劣质农产品因低价而在市场中获得优势，从而淘汰市场中的优质农产品，造成市场上充斥着劣质农产品。

（4）农产品标准体系不完善。我国的农产品国家标准仍须完善，且相关体系不够全面，存在安全标准上的“盲区”，使部分未达标农产品面向市场，最终危害消费者的合法权益。同时，未达标农产品的出现与现有标准产生冲突，使农产品生产主体无法确定具体的标准应用，无法准确地遵照标准进行安全生产。

（5）分段监管。农产品“从农田到餐桌”涉及生产、加工、贮运、销售和消费等多个环节，主要由农业部门监管源头农产品安全，市场监管部门负责生产、流通、经营环节安全监管。各监管部门没有纳入统一的体系进行监管，职责划分不清、执行效率低下、管理存在重叠和缺位的问题，难以有效保障农产品的质量安全。不同环节的管理部门对接需要时间，信息共享不全面，农产品生产流通全过程追溯体系有待建立和完善。因此，必须设立农产品的准出制度，强化农产品种养殖的过程性监管，从源头上保证农产品的质量安全，切实提高农产品生产经营者的收入，为健康中国做出重要贡献，然而目前部分省份尚未有规范的农产品准出制度。

（三）农产品准出制度研究现状

传统农产品销售方式全过程产业链太长，涉及环节过多，导致全程监管具有很大难度，很难保证终端市场上农产品的质量安全，无法在消费者心中建立农产品安全高质的印象。而农超对接是一种扁平化的模式，农产品供应链缩短，流通环节减少，相关损耗降低，有效地节省流通成本，能够更高效地保障农产品的质量安全。

农产品准出是依照我国《中华人民共和国农产品质量安全法》和《中华人民共和国食品安全法》及相关法律法规要求，对推进农产品标准化生产、打造品牌农产品、建立品牌农业、打造农产品“从田头到市场”全程管理、追溯体系完善、开展农产品生产环节质量安全监管等各项工作的综合体现。目前仅辽宁、浙江、江苏、湖南、甘肃等部分省份进行探索尝试。

但是，目前农超对接较多关注物流、供应链、经济效益等，没有从监管制度、食品安全性层面做更多研究，因此提出了基于农超对接的农产品准出机制研究项目，旨在从政府监管宏观层面、顶层设计出发，研究农超对接情境下的使用农产品准出机制建设，以期为食品安全示范县市建设提供良好的决策参考。

二、农产品食品准出制度的主要内容

探讨了农超对接环境下农产品准出机制的研究。联合市场监管、商超、行业专家制定出一套农产品准出标准，制定相关作业规范，建立建设农业生产的过程监控，开发基于互联网的现代化农业种养殖。

（一）实施良好的农业生产规范

在农业合作社、农户和商超广泛协商的基础上，在较大规模或有一定基础的农业合作社，实施良好的农业生产规范，加强土壤、育种、施水、施肥及病虫害综合防治，留存相关记录，便于农超对接核验及行业监督。

实施良好农业生产规范后，可以改变以往的抽样检测这样一种事后监督模式，风险防范前置。无论是农产品安全风险还是农产品的食用品质，都可以进行有效预防，最大限度降低总成本，提高综合效益，同时可以降低农产品折损率。例如，上虞市按照《浙江省农产品质量安全规定》，规范各个形式的农产品合格证。全区的农产品质量安全追溯标签采用“一证一码”形式，完成“二维码”追溯建设的主体，可以登录浙江省农产品质量安全追溯管理平台开具。对其他的规模农产品生产主体，农业农村局印制了统一的农产品合格证样张，明确合格证包含生产者的名称、地址、联系方式、开具日期等信息，通过乡镇（街道）发放给主体，为农产品追溯管理提供了一些新的思路。

（二）制定农产品安全准出制度

实施农产品良好生产规范的农产品生产企业、农民专业合作经济组织生产的农产品，提供生产记录并经质量安全抽检或农产品生产企业、农民专业合作经济组织等开展的自律性检测合格后，由生产单位或村民委员会、镇政府、农业主管部门指定的机构出具产地证明。检验结果应得到商超认可，通过检验的农产品可不经商超检验直接进入超市进行销售。同时，商超保留一定的抽检频次，一旦发现有食品安全风险，将采取重罚措施，或者取消相应供货资格。对使用违禁投入品或其他违禁物质、施药间隔期未满或质量安全检验不合格的农产品，不得采收上市，不得出具产地证明。

安吉县通过动态化管理生产主体，建立主体信息库；以全省统一的二维码追溯体系为主，多元化实现追溯覆盖；坚持区域覆盖、产业覆盖、主体覆盖、产品覆盖、产量覆盖的序列先易后难，从局部追溯向全县、全产业、全过程追溯，全面推进规范化追溯管理，全面推行产地准出制度。

（三）农产品食品经济效益保证

实施农超对接的过程中，商超首先要对本年、本季度要销售的农产品品种和数量有初步预估，再按照市场需求，优先向实施农产品良好生产规范和农产品准出制度的生产企业、农业合作社下订单确定所需产品质量等级和数量。农业合作社接到订单后，按照订单要求进行生产和交货，商超对其高质量产品的收益做出一定的保证，进一步提高生产主体的生产积极性。

要求农业合作社在农产品生产期间从保证质量安全的角度出发，利用技术手段，如农药喷洒周期与果实采摘期的合理规划，减少或取消使用会对农产品质量安全造成风险的农药，或在采摘期将其残留量控制在安全值内。通过提升质量安全来获得消费者心目中的口碑，提高广大消费者对优秀农产品回头消费的意愿，提高优质农村合作社的销售规模与收益。

开展农产品农超对接、产销衔接，畅通老百姓购买无公害农产品、绿色食品的渠道，提升认证农产品的质量安全的市场价值，利用农贸市场和大型商超自身渠道销售，有利于减少流通环节、降低采购费用，节省农产品流通成本，提高市场上农产品品质和安全性，使消费者能够放心消费。建立放心摊位的分配和退出机制，强化农产品种植主体的利益约束，激励种养殖单位落实农产品质量安全主体责任，有利于农超对接经营模式的发展进入良性轨道，对农产品流通体制现代化、农产品生产主体收入增加和农产品城乡统筹发展具有重要的现实意义。

（四）可视化、订单农业探讨

试点可视化农业、订单农业。依托 5G 万物互联技术，无论是商超还是企业采购方，都可以通过互联网技术实时监控农业生产，做到全方位的食品安全风险监控。这也是产值、效益最高的一种生产方式，对于有一定技术条件的企业，是一个不错的选择。

基于农超对接的食品安全准出制度对于提升农产品质量安全，对增加农民收入，国家的乡村振兴、健康中国战略都有着非常重要的实际意义。同时也有助于农产品的规模化、集约化生产，增加人民群众的消费信心。

第三节 生鲜农产品超市质量标准

生鲜农产品称为“Perishables”，意为容易腐坏的东西，恰当地反映了其本质特征——易腐性。严格意义上的生鲜农产品限于“生鲜三品”，即蔬菜和水果、肉类、水产品，它们属于未经深度加工的初级农产品。“生鲜三品”再加上较常见的、由西式生鲜制品衍生而来的面包和熟食等现场加工品类，组合为“生鲜五品”。有一些食品如乳制品、冷冻冷藏食品、散装杂粮、蜜饯糖果等，与生鲜品具有一些共同的特点，如保存条件基本相同，或同属于散装无条码商品并需要用称重打条码方式售卖，或者保质期比较短等，同时在消费习惯上也有很大的关联性，在实际零售运营中通常与生鲜品并类统一管理。跨地区产地采购的生鲜商品主要是可以在一定时间和距离内远途调运，或者经过保鲜加传统处理的生鲜的商品，它包括具有运输批量的大宗干鲜菜（大白菜、洋葱、土豆和冬瓜等）；部分果实类水果（柑橘、苹果、香蕉和箱装水果等）；冷冻水产品；干鲜产品和保鲜封装的加工制成品。

一、生鲜农产品的安全认证

我国为了提高农产品质量安全水平，在农产品中开始分级，在品种繁多的生鲜农产品之中，有这样一类质优价高的农产品，具有安全认证的农产品，主要分为：无公害农产品、绿色农产品和有机农产品。

（1）无公害农产品（olulonofre Agiculural Product）。根据《无公害农产品管理办法》（农业部、国家质检总局第 12 号令），无公害农产品指使用安全的投入品，按照规定的技术规范生产，产地环境、产品质量符合国家强制性标准并使用特有标志的安全农产品。无公害食品注重产品的安全质量，其标准要求不是很高，涉及的内容也不是很多，适合我国当前的农业生产发展水平和国内消费者的需求。对于多数生产者来说，达到这一要求不是很难。

（2）绿色农产品（Green Agricultural Products）。绿色农产品指从生产、运输、贮藏到销售过程中无任何有毒有害物质污染，无毒、安全、优质，能提供人类生活所需的各种可食用农产品的总称。农业部做了这样的规定：绿色食品是指遵循可持续发展原则，按照特定生产方式生产，经专门机构认定，许可使用绿色食品标志商标的无污染的安全、优质、营养类食品。绿色食品分为 AA 级和 A 级，都是遵循“全程质量控制”过程，绿色食品标志的使用管理由中国绿色食品发展中心统一组织。目前AA级绿色食品标准已经达到甚至超过国际有机农业运动联盟的有机食品的基本要求。

(3) 有机农产品 (Organic Agricultural Products)。从英文中直译而来的有机食品，在其他语言中也叫生态或生物食品等。有机食品指来自有机农业生产体系，根据有机农业生产要求和相应标准生产加工，并且通过合法的、独立的有机食品认证机构认证的农副产品及其加工品。根据对北京和上海有机食品市场的调查，有机食品比普通食品的价格高出30%~80%，有些品种，例如有机蔬菜的价格为普通蔬菜的2~3倍。综合归纳这三种安全认证农产品的特点和关系，具体特点见表10-1①。

表10-1　三种安全认证农产品的特点和关系

	无公害农产品	绿色农产品	有机农产品
目标定位	规范农业生产 保障基本安全 满足大众消费	提高生产水平 满足更高需求 增强市场竞争力	保持良好生态环境 人与自然和谐共生
质量水平	中国普通农产品	发达国家普通农产品	生产销售国普通农产品
运作方式	政府运作、公益性认证产地 与产品认证相结合	政府推动、市场运作 质量认证商标转让结合	社会化经营性认证行为 因地制宜、市场运作
认证方法	强调全过程质量控制 检查检测并重	强调全过程质量控制 检查检测并重	实行检查员制度 检查为主，检测为辅

三种农产品都是经过质量认证的安全农产品，无公害农产品是绿色和有机农产品发展的基础，绿色和有机农产品是在无公害农产品基础上的进一步提高。

三种农产品都注重生产过程的管理，无公害和绿色农产品侧重对影响产品质量因素的控制，有机农产品侧重对影响环境质量因素的控制。

二、生鲜超市农产品供应链管理的制约因素

超市农产品供应链比传统农产品供应链具有更多的优势，但也无法完全替代传统农产品交易模式，传统农贸市场农产品供应链模式与现代超市农产品供应链将长期共存，有很大一部分原因是超市农产品供应链的管理与发展在现实中受到诸多因素的制约，可以归纳为产品特性、技术支持、营销与竞争和组织成熟度这四个方面。

(1) 产品特性。农产品尤其是消费者平时在超市购买的大多为生鲜农产品，就无法避

① 丁珏明：《城市消费者超市购买生鲜农产品行为研究》，载《浙江大学》2008年，第10-13页。

免其易腐易变质的特性，也因此限制了超市采购的半径，有的甚至只能在产地供货，使得成本增加；另外，生鲜农产品属季节性产品，一旦进入时令季节就会有大批上市，这往往难以配合超市的均衡采购与经营计划。这些原因使得超市在产品开发和供应商优选上受到很大的限制。

（2）技术支持。超市引进农产品最重要的环节在于物流，运输、装卸、储存、加工和配送等每个环节都需要专业技术和设备的支持，然而我国目前还没有农产品从生产到销售完整的农产品质量安全与管理体系，这些缺失使超市农产品供应链管理无法发挥其应有的效能。

（3）营销与竞争。农产品价格的波动频繁，各环节之间供应商的谈判无形中增加了交易成本，加之苛刻的供应商条件，与传统农贸市场交易的竞争等都降低了超市农产品供应链的效率。

（4）组织成熟度。有效的供应链管理需要一个成熟的供应链组织，或是一个规范的供应链组织。就我国目前的状况，生产者中的高比例参与者小农很难纳入现代农产品供应链管理体系中，小农与超市之间存在着高昂的交易成本。另外，目前也缺乏大量专业的物流服务商和生鲜配送中心，使得超市农产品供应链发展缓慢。

第四节　农超对接的标准实践

一、农超对接的产品质量安全机制

在农超对接模式下，信息不对称问题与博弈行为普遍存在于各利益相关者之间的合作过程中，这使得农产品供应各环节的质量安全控制工作复杂多变。因此必须对整个过程中的信息问题和博弈问题进行分析，理顺其中的利益关系，把握其中的复杂变化，推进农超对接模式下农产品质量安全控制的实现机制建设。

（一）农产品质量安全控制的信息问题

1. 农产品质量安全的信息的不对称表现

（1）农户与农民专业合作社之间的信息不对称。农户在集体中的行为比较复杂，如果合作社不具备有效的约束力，农户往往会出于投机心理，私下采取自利行为违背合作社的规定，以期通过提供不符合合作社规定标准的农产品获取与其他社员所提供的标准安全农产品同等的经济收益。如个体农户在生产过程中为了迎合合作社对农产品外观的规定，往往使用超标农药、过量肥料以及非安全包装等。

（2）农民专业合作社与超市之间的信息不对称。在农超对接过程中，超市与农民专业合作社形成了实质上的委托—代理关系，即超市委托农民专业合作社为其生产所需求的农产品，超市支付农民专业合作社与农产品的价值一致的价格。在信息不对称的情况下，合作社往往拥有更多的农产品安全生产信息，加之超市获取安全信息的成本比较高，农民专业合作社可能会出现违反合同，向超市提供非安全产品的行为。

（3）生产经营者（农户、农民专业合作社、超市）与政府管理者之间的信息不对称。一方面，政府在政策信息及管理制度规范信息上有优势，而生产者尤其是个体农户由于对相关政策及管理制度缺乏了解，难以根据政策和法规要求从事安全生产；另一方面，在对农产品安全信息的掌握上，生产经营者相比政府管理者具有信息优势。无论对认证产品还是非认证产品，由于我国地域广阔、农业生产分散，加之政府人力有限，管理者不可能对农产品生产、加工、流通的每一环节每一道程序全面监控，这会让不法生产经营者有机可乘，影响农产品质量安全水平。

2. 农产品质量安全控制信息不对称的原因

（1）农产品本身的特性。按照产品的特性使得消费者获得产品质量信息的不同可将商品分为搜寻品、经验品和信任品。搜寻品指其质量特征在消费者购买之前就能知道的商品，消费者购买之后才能知道其质量的商品称为经验品，而消费之后也很难知道其质量的商品则为信任品。农产品兼具经验品和信任品的特征，即往往购买之后才能确定其质量，甚至在使用之后也难以确定其质量，这造成了农产品在农超对接过程各环节中的信息不对称，上游组织和个体掌握的质量信息要多于下游组织和个体。

（2）非安全生产的利益驱动大，获取农产品生产信息或监管成本太高。一方面，我国农产品生产分散，加之信息追溯系统尚未普及，因此在一个优质与劣质农产品混杂难以区分的市场中，生产经营劣质农产品可以以远低于生产优质农产品的成本获取优质农产品的经济收益，这将对非安全生产活动产生巨大的驱动力。另一方面，消费者虽然关注农产品质量安全问题，但没有经济能力也缺乏利益驱动对农产品上游各环节的安全生产信息进行收集和监管。

（3）农产品信息传递出现偏差。这种偏差主要体现在生产经营者与政府管理者之间。生产经营者向政府管理者申请农产品质量认证时参加认证的产品是优质安全产品，获得认证之后由于政府管理者对认证产品的监管疏忽，往往导致生产经营者生产经营的农产品并不完全符合认证产品的标准，或者生产经营者用优质产品进行认证，用劣质产品用于市场交易。

（二）农产品质量安全控制的博弈

1. 农超对接的生产经营者之间的博弈

假定农超对接过程中每个直接利益相关者都是理性的，以追求经济利益最大化为生产经营的目的，那么在这个封闭的农产品供应链条中，任何两个相邻环节上的利益相关者在农产品质量安全方面的合作中都存在着博弈行为。以甲、乙表示相邻环节的利益相关者，甲、乙均有两种策略：诚实和投机。诚实是甲按双方约定向乙安全提供农产品或乙向甲诚实地付费；投机是甲违背约定向乙提供非安全农产品或乙向甲低于正常价格付费。两者的收益情况见表 10-2①。

表 10-2　相邻环节上利益相关者之间的博弈矩阵

乙 甲	诚实	投机
诚实	（6，6）	（4，6）
投机	（6，4）	（4，4）

由表 10-2 可知，甲乙双方最理想的策略组合是（诚实，诚实），收益为 12。根据理性人假设，甲乙在不清楚对方选取怎样策略的情况下都必然会选择满足自身利益化的策略即投机，二者最终选取的策略组合是（投机，投机），收益为 8，这是一个非合作的纳什均衡。由此可见，单次博弈中农超对接的两个相邻主体为了自身利益最大化都会选择投机行为。无法保证各环节上的农产品质量安全控制。

在日常经济活动中，维持交易双方合作关系的博弈往往是重复的，农超对接也不例外。重复博弈分为有限重复博弈和无限重复博弈。有限重复博弈中，根据理性经济人假定，博弈双方肯定会在最后一次博弈中采取投机行为。由于博弈双方不知道哪一次博弈是最后一次博弈，根据逆向推理，他们很可能在第一次博弈就采取投机行为，由此可见，在有限博弈过程中，农超对接各主体提供安全农产品的合作跟单次博弈一样难以实现。在无限重复博弈过程中，博弈双方为了追求利益最大化都会选择诚实以维持最优策略组合，这时农超对接主体间在农产品质量安全控制工作中的合作可以实现。但在现实经济活动中，参与主体的寿命可能少于无限重复博弈的次数，仍有部分主体采取投机策略导致合作破裂的风险。

① 孙利荣：《农超对接模式下农产品质量安全控制研究》，载《中国海洋大学》2012 年，第 34-47 页。

为此，在无限重复博弈中引入惩罚机制，通过提高违约成本来降低投机的风险。比如，博弈一方采取投机行为后，博弈其他方对其进行惩罚，要求其赔付违约成本，且这个违约成本要高于投机行为所带来的收益，这样就会降低生产经营者之间在农产品质量安全控制工作中的合作风险。

2. 农超对接的生产经营者与政府管理者的博弈

在农超对接之外，还存在着政府管理者与生产经营者之间的博弈。假定二者都是理性人，政府追求公共利益最大化，那么不会出现与生产经营者合谋破坏农产品质量安全的情况，生产经营者追求自身经济利益最大化。则二者的策略分别为：监管、不监管；安全行为、非安全行为。二者的博弈矩阵见表 10-3①。

表 10-3　生产经营者与政府之间的博弈矩阵

产生经营者 / 政府	安全行为	非安全行为
监管	$(G, R-C_1)$	$(F+G, -F-C_2)$
不监管	$(0, R-C_1)$	$(0, R-C_2)$

在表 10-3 中，G 代表政府监管所带来的社会收益，为政府不监管时的社会收益。R 代表生产经营者合法生产经营带来的收益，C_1 代表采取安全行为的成本。C_2 代表采取非安全行为的成本，显然，$C_2<C_1$。F 代表政府监管到非安全行为时的罚金。

根据矩阵可推理，在政府监管的收益 G 一定时，F 的大小会影响生产经营者的行为。F 越小，生产经营者则会越倾向于非安全行为，因为即使被监管到，其没被监管到的非安全行为所获收益足以弥补罚金损失。当政府监管工作常态化时，生产经营者则会倾向于安全行为，因为政府监管的次数多，被监管到非安全行为的概率就高，则受处罚的次数就多。同时，生产经营者的行为还受安全行为与非安全行为之间的成本差距的影响。若二者相差很大，生产经营者则倾向于非安全行为以获取暴利；若二者相差无几，生产经营者的非安全行为动机就小。

上述只是政府管理者与生产经营者之间的静态博弈，但现实社会经济活动中，博弈双方的行为不可能是完全理性的，博弈常常是多次的、动态的。在生产经营者与政府监管者之间可能会出现串通合谋的情况。因此，在农超对接过程中农户、农民专业合作社、超市之间建立一种稳固而长期的合作关系有助于实现农产品质量安全控制，这种稳固长期的合作关系需要农超对接各主体之间签订共同认可的协议并引入惩罚机制做保障。同时，在政

① 孙利荣：《农超对接模式下农产品质量安全控制研究》，载《中国海洋大学》2012 年，第 34-47 页。

府监管过程中，通过加大对非安全生产经营的惩罚力度、增加农产品安全监管的频度和覆盖面以及加大政府监管者的寻租成本可以减少生产经营者的投机行为，有效提高农产品质量安全控制工作水平。

（三）农产品质量安全控制的实现机制

1. 创建各主体间的信息传递机制

创建各主体间的信息传递机制首先是识别和寻求合作伙伴。农产品质量安全控制是一项系统的工作，需要农超对接各主体相互配合才能实现。这就需要各主体尤其是超市在合作之前设立严格的决策指标和核查方法，以选择与自身目标一致的合作伙伴，为达成长效合作奠定基础。具体的指标包括：农产品生产指标（产地、农业生产资料、生产规模）、农产品流通指标（交通运输等基础设施、保鲜冷藏设备），以及其他综合指标（农户整体素质、农民专业合作社管理者素质、农产品质量安全信用记录）等。其次，信息共享。这是农超对接过程中实施农产品质量安全控制的前提。农超对接过程中的农产品质量安全信息主要包括生产安全信息（如农产品产地与农资安全信息等）和流通安全信息（如农产品包装、储运过程中的保鲜冷藏信息等）。根据农超对接各主体的不同特征，可采取两种信息共享方式：

（1）点对点。在农超对接过程中，超市作为主导企业可通过点对点方式与农民合作社实现信息共享。农民专业合作社将农户的安全生产信息传达给超市，超市向合作社传达市场信息、管理信息的同时也通过建立一个农产品信息数据库，对农产品信息进行编码，建立农产品电子档案，实现对合作社和农户农产品安全生产行为的控制。

（2）点对多。个体农户生产具有分散性，农民专业合作社和超市可对农户采取点对多的信息共享模式，即合作社和超市通过对农产品质量安全信息的宣传和安全生产技术的推广，引导众农户的安全生产行为，提升农产品质量安全度。

2. 构建各主体间的利益协同机制

（1）激励约束机制。激励约束机制实质上是通过确立各决策主体之间订立的协议或契约，以此对各主体进行行为约束和激励。在农超对接过程中，超市作为主导企业（即委托方），可就农产品质量安全控制的规范设定合理的奖惩制度，并以协议的形式规定下来。

超市制定协议必须建立在详细分析自身的收益与农民专业合作社和农户（即代理方）的生产行为之间的关系前提之下，即要明确三点：一是超市能否采购到符合质量安全标准的农产品依赖于农户与农民专业合作社的安全生产行为，因此超市制定的协议不仅要满足自身对安全农产品需求，还要满足农户与专业合作社生产安全农产品的利益需求；二是农户与农民专业合作社倾向于降低生产成本，这会影响农产品质量安全，因此超市必须考虑对生产过程进行全程监督；三是奖惩要有足够的效力，尤其是惩罚要大于农户和专业合作社违背协议带来的收益，以此提高破坏合作的成本，保护合作的安全性。具体的激励约束有以下方面：

1）合同约束。在农超对接过程中，超市可就农产品质量安全控制与农民专业合作社达成协议，规定各自的权责及奖惩标准、可能出现的意外及处理原则等，形成具有法律效力的合同。

2）信息和信用激励。农超对接过程中，超市可优先选择农产品安全生产信息齐全、可追溯和合作信用记录良好的农民专业合作社和农户，通过对其农产品优先采购等方式激励农户与合作社主动共享信息、开展农产品质量安全控制工作。

（2）利益分配机制。农超对接能否顺利实现农产品质量安全控制取决于各主体之间能否进行合理的利益分配。超市可通过提高运营管理水平为优质农产品提供一个良好的销售平台，使农户获得良好的经济回报，从而有效刺激其安全农生产。反过来，超市可利用安全农产品的收益对农产品生产基地实行经济激励和品牌建设，同时为其提供安全生产技术指导（如投入品农药、肥料等的使用），从而与农户和农民专业合作社结成一体化的利益联盟，相互依存，相互促进，实现农超对接在农产品质量安全控制上的长效合作。

3. 创建各主体间的风险防范机制

农超对接过程中的农产品质量安全面临的风险主要有合作风险和环境风险。合作风险出现在两个方面：第一，农超对接中各主体之间的合作关系是靠合同维持的，合作各方往往因利益上的偏差、某一主体的投机行为或主体间利益分配不均导致农产品质量安全问题难以保证，甚至合作破裂。第二，农超对接各主体内部存在管理风险，尤其是农民专业合作社与超市。

健全的管理制度是一个组织良性运行的保障，合作社或超市内部管理缺陷会导致农产品质量安全风险，如农民专业合作社对农户生产行为规范的制度缺失，或超市运输、库存制度不规范，都可能造成农产品喷药过度或者运输存储过程中腐烂变质等问题。农超对接外部环境风险主要来自环境污染。土壤和水对农产品质量安全有着直接和难以调节的影响，个体农户、农民专业合作社及超市缺乏能力和动力对环境风险实施防范。

对于合作风险，最有效的风险防范方法是建立农产品安全信息追溯体系，以便出现问题时追溯到明确的责任主体。农产品安全信息要涵盖农产品生产过程、运输、存储等各环节的检测数据，以及农产品安全信用信息，如农户、农民专业合作及运输配送人员的信用记录等。农产品安全信息追溯的前提是农产品安全信息标准化技术的应用。信息标准化技术通过对农产品各类信息进行统一编码使得各行业、各企业之间农产品安全信息交流与共享成为可能，而单个行业或企业无法完成农产品信息标准化技术。因此，这需要政府研究制定与国际接轨的农产品标志系统。

对于环境风险，政府管理者承担着更大的责任。政府应该通过行政手段和财政政策防治环境污染问题。

二、增强农超对接模式下农产品质量安全控制的对策

（一）农超对接各参与主体对农产品质量安全控制的建议

农超对接是以大型超市为核心的一个中间环节少、反应迅速的农产品供应链，涉及生产者、农民专业合作社、超市、消费者四个联系密切、互相影响的直接参与主体。因此，农超对接模式下的农产品质量安全控制需要各参与主体共同配合。

1. 生产者：发挥组织的职能，规范自身的运营和管理

农产品生产者是农超对接的起点，其生产过程中的行为对农产品安全尤为重要。农民专业合作社作为农民自组织的经济组织，一方面在市场经济活动中追求经济利益；另一方面又服务于农民群体，这种双重性使得专业合作社有意愿有义务改善社员的质量安全生产行为，规范自身运营和管理工作。

（1）明确自身定位。农民专业合作社是具有共同目标的生产经营者以自愿、民主的原则联合组成的经济组织。因此，农民专业合作社是一种服务主导型的合作经济组织，具有双重性。对外，农民专业合作社参与市场竞争，追求合作社经济利益最大化，谋求入社成员的经济回报；对内，农民专业合作社以社员为服务对象，遵循《中华人民共和国农民专业合作社法》开展运作，为社员提供农业生产经营相关服务。农民专业合作社的经济性和服务性属于不同的价值系统，在施行过程中可能会产生一些冲突，这要求合作社必须把握自身定位，避免因过度追求经济利益而导致内部合作的矛盾，甚至成为某个个人的合作社，或者导致农业生产的短视行为，尤其是忽视安全生产的重要性。同时，专业合作社应制定合理的规范条例，提高社员的凝聚力，在保证合作社内部长期稳定合作的基础上，调动社员的积极性，吸引更多的农产品生产者入社，扩大合作社规模，提高自身市场竞争能力。

（2）明晰产权，保护社员的经济利益。农民专业合作社内部的长期稳定合作是促进合作社内部信息交流、减少社员与合作社之间信息不对称、实现合作社对社员的安全生产行为有效管理的前提条件。而农民专业合作社作为以个人经济为基础的协作经济，只有对社

员的产权明晰界定，才能保护各社员的经济利益，维持合作社的长期稳定发展。因此，合作社要根据社员不同的资源禀赋公平分配利益，完善社员个人账户。社员不论其以实物、劳务、技术或资金投入中的哪种方式入社，专业合作社都要按法律规定根据社员入社的投入价值为其建立个人账户，并与社员签订按投入分红及其他各方面利益公平分配的协议，避免专业合作社发展过程中产生经济利益划分不公问题。

（3）建立科学规范的管理制度和完善的组织机构，强化农产品安全管理。合作社的长期稳定发展依赖于科学规范的管理制度和高效的组织执行力。一方面，在农产品安全生产方面，农民专业合作社自身要有健全的规章制度，严格遵守与超市的安全生产契约。由于社员与合作社之间可能存在信息不对称，增加了合作社对社员安全生产行为的约束困难。这要求合作社提高社员的主体意识和责任意识，可通过社员之间联保制度和产品编码制度实现安全生产的有效监督，并对违背安全生产的行为进行严厉的处罚。另一方面，选择企业责任感、社会责任感强的领导者。领导者引导着农民专业合作社的发展方向，因此要具备较高的文化素质、道德素养、市场意识、技术水平和经营管理水平，同时还拥有极强的社会责任意识。只有这样的领导者才会从市场和社会两个方面重视安全生产问题，将合作社引向符合市场需要和社会需求的道路上来。

（4）加大安全生产技术指导，对农户提供安全生产技术支持。由于当前我国农民的科技文化水平不高、安全生产意识淡薄等因素，往往导致生产短视、忽视农产品质量安全等问题，在引发重大食品安全事故的同时也损害了自身利益。农民专业合作社作为服务主导型合作经济组织，无论从其社会性还是经济性哪一方面出发，都有责任向社员加强安全生产宣传和培训。可通过两种方式实现：其一，树立典型。合作社可通过物质激励的方式促使安全优质生产的典型社员为其他成员提供安全生产的经验指导，实现合作社内争相采取安全生产措施的良好局面。其二，吸引技术人员入社。合作社可根据技术人员投入的技术给予一定的利益分红，吸引技术人员入社开展农业生产的技术培训和安全生产技术的指导，从而获得农产品质量安全管理的技术支撑。

（5）因地制宜，创立品牌。在农超对接模式中，往往以大型超市为主导，合作社根据超市的标准和需求进行生产和供应。在实际生产中，农民专业合作社应该变被动为主动，结合本地的自然条件优势和产品声誉严格按照安全优质农产品的生产标准进行生产，主动申请产品认证，创立品牌，并利用超市经营将所产优质农产品传达给市场，使其物有所值，从而促进农超对接过程中农民专业合作社良好的经济效益与农产品安全生产之间的良性循环。

（6）严格监管农产品配送过程中的质量安全。农产品具有鲜活性，易腐易烂，合作社作为联系农户和超市的纽带，必须严格做好储运管理工作。不同的农产品，要根据其各自特性和供应的季节、气候条件、成熟程度、产地等严格制订采摘计划、确定包装处理方式、合理安排运输时间和运输方式，保持农产品的鲜度和质量。这需要合作社专业人员对于农产品的特性（如保鲜适宜的温度、湿度、是否需要散热、防风、防碰撞等）有非常精细的了解和把握，向社员和配送中心提供及时准确的信息，并实现配送过程中的温度和时间监控，减少储运过程中农产品的受损程度，避免产生与超市之间的合作争端。

2. 超市：发挥核心主导作用，促成安全对接

农超对接过程中，超市根据市场信息及自身标准与农民专业合作社订立供需合同，一直处于主导地位。这种主导地位使超市具有更大的责任保障农产品质量安全。因为农超对接过程中无论哪个环节中出现了农产品质量安全问题，一旦流入市场，超市将会首先受到冲击。

（1）完善超市内部管理机制，提高食品安全技术手段。第一，超市应具备完善的食品安全管理制度，使得超市内部每个部门在对农产品质量安全控制工作中都有制度可循，同时要建立明确的岗位责任制，从而避免出现采购部门与供应商之间产生不正当交易。第二，超市要有专职的食品安全控制管理部门和专业技术人员，在遵循食品安全的国际或国家标准的同时，由这些部门和人员制定严格的农产品采购标准和安全检测指标，并以此作为选择合作伙伴的依据。第三，加大食品安全检测设备的投入。超市食品检测设备投入的多少与销售业绩的好坏直接相关。因此，无论从超市自身的经济利益来看，还是作为一个企业的社会责任感来讲，加大食品检测设备投入势在必行。

（2）慎重选择合作伙伴，建立良好的合作关系。在确定农民专业合作社之前，超市必须对农民专业合作社及生产地进行翔实的专业考察，除考察能否满足降低采购成本的需要（如能否实现大规模集中生产、农民组织化程度如何、是否有区位优势）外，还需要考察合作社发展的成熟度以及当地的自然条件（如土壤、水污染程度）。在确定了合作伙伴后，超市应通过向合作社提供安全生产的技术指导、宣传自身企业文化等方式致力于与合作社建立良好的合作关系。

（3）实现农产品标准的对接和农产品信息的对接。选择了合作伙伴之后，超市要构建农产品的标准，并实现与合作社在农产品标准上的认识统一和理解一致，农产品的标准包括两个方面：一是外观标准，包括农产品的等级分类标准、规格标准；二是农产品质量及质量检测标准，主要包括标签、包装、农药残留、保鲜度等物理、化学、生物指标。超市将这些标准和指标以合同的形式准确传达给合作社，以实现合作社对优质安全农产品的供应，避免因理解不一致产生合同纠纷。

农产品的信息对接即指要实现超市通过与农户及合作社建立一个统一标准的信息库，实现农产品信息交流和追溯。农产品的信息对接主要指编码与标志标准对接。按照国家标准，超市要与生产者达成共同意向，对农产品的生产履历进行记录，即农产品分类、编码、标志、贴标签、信息录入等，并统一农产品的编码与标志标准，从而促成各环节的衔接配合，保障农产品生产（病虫害防治处方和农药发放、全程追踪作物病虫害及播种、施肥、用药等记录）、储运信息的可追溯性。

（4）采用先进的保鲜保质技术和设备，保证农产品在运输过程中和上了货架后的贮藏安全。农产品具有易腐、易烂的特点，超市作为销售终端和直采主体，必须严格做好贮藏工作。根据农产品的特性和供应的季节、气候条件、成熟程度、包装程度、受损程度等采取不同的贮藏方法，尤其是生鲜农产品，要做好专业的保鲜处理和温度、湿度控制。因此，超市必须聘用专业的技术人员和经验丰富的产品贮藏管理人员，并配备先进的保鲜设备，如冷藏冷冻设备、通风散热设备等，从而实现农产品贮藏过程中的质量安全。

（5）促成消费者与生产者对接。超市可借鉴日本生协的成功经验，倡导有意愿的消费者成立一个具有消费者协会和零售商双重性质的组织，在实现超市直采的同时扩大农产品供应链，与这些消费者建立直接的宅配业务。平时超市可以开展消费者与生产者对接的活动，组织消费者直接深入生产基地参与农事活动，一方面加强消费者与生产者的双向交流，减少信息不对称；另一方面消费者参与生产可起到监督生产的作用。

3. 消费者：发挥需求导向作用，提高农产品质量安全意识

消费者是农超对接的最后环节，他们的需求导向会极大地影响农超对接的开展，他们对农产品质量安全的关注是整个农超对接过程中进行质量安全控制的源动力。首先，消费者应积极关注食品安全的宣传，提高自身对安全农产品的认知和识别能力。其次，消费者应树立正确的消费观，选择信誉高、农产品可追溯的超市购买农产品。这是农超对接过程中各主体采取农产品质量安全控制行为的动力。最后，消费者要有维权意识，即当对购买到的农产品有质疑时应投诉给相关部门，维护自身权益的同时，形成对各主体农产品质量安全控制行为的社会监督。

（二）政府层面对农超对接模式下农产品质量安全的控制

农超对接各参与主体的生产经营活动以追求自身利益为出发点，因此从农产品生产到农产品销售整个链条中不可避免存在信息不对称问题，这是可能出现农产品质量安全问题的主要原因，而市场本身难以解决农超对接过程中的信息问题；加之“安全”这一物品具有公共物品属性，使得单纯依靠市场不能保证安全农产品的供给。因此，有效的政府管理

是解决农超对接过程中的农产品质量安全问题的一个必不可少的支撑要素。

1. 制定农产品质量安全管理法律法规

目前我国涉及食品安全的法律主要有《中华人民共和国食品安全法》《中华人民共和国食品卫生法》《中华人民共和国食品安全法实施条例》《中华人民共和国产品质量认证管理条例》。从整体上看，这些法律并没有覆盖食品产销的全过程及全部产品，导致食品安全事故频发；从细节来看，这些法律的相关规定并不翔实，如目前国内并没有统一的农产品条码标签体系和农产品等级规格标准，条码标志不统一往往造成农产品信息追溯的困难，等级规格标准缺失会阻碍农产品的标准化和优质化生产。

因此，食品安全立法工作要坚持全面、详尽的原则。全面要求覆盖面要广，既要包括各个环节各个参与主体，又要覆盖全部食品，避免立法的空白；详尽要求立法工作要制定的设限项目、设限量以及设限标准，避免含糊不清。其次，食品安全立法不仅要针对食品本身，还要针对食品监管者，明晰各个部门及其工作人员的责任，实现食品安全管理人员的责任追溯。除此之外，根据人大代表徐景龙的建议，完善食品安全立法还需要做到：建立统一、完善的食品安全标准体系；建立与国际接轨的高标准国家食品安全检测体系；建立与国际接轨的食品编码与标志标准。

2. 建立农产品质量安全监管体系

农产品安全管理法律法规的执行需要一个高效的政府监管系统。通过与发达国家比较可知，我国现有的食品安全监管体系存在着职责交叉和监管真空，因此应进行相应的改革。根据国际经验，首先应建立一个独立的食品安全管理机构，由它对所有的食品安全监管部门进行综合协调、统一部署。然后，可按照食品的类别或食品流通的各个环节明确划分各部门的职责和权限，每个部门都有独立的食品安全监管权力，横向部门之间可依法进行业务上的配合。对于违反食品安全管理法规的行为，这个独立的安全机构有权从各部门抽调人手组建工作小组进行追查和惩办。这种监管体系可消除食品安全监管部门之间职能交叉产生的推诿等问题，又能弥补管理真空，是食品质量安全监管体系改革的大趋势。这项方案涉及国家多个相关行政部门的调整，目前尚难以一步到位，但可根据当前我国食品安全监管体系进行微整，逐步接近国际趋势。各部门可抽调核心领导者组成一个领导小组，由这个领导小组组织农业、卫生、质检、工商等部门研究制订分工方案。

首先根据国家食品安全监管现状，考察食品安全监管方面存在的交叉和监管真空；然后对这些职能重复和监管真空领域进行明确的职责分工；最后在实际执行中，为促进机构之间的横向协调与联系，可由各部门抽调工作人员共同组成食品安全监管委员会，委员会根据法律法规科学协调各部门之间的工作，实现对我国农产品流通各个环节的全面监管。

3. 加强农产品质量认证的管理与宣传

目前国内有绿色产品、无公害产品、有机农产品三种农产品质量认证。国家要从立法和执法两个方面加强对认证机构的管理和制约，确保认证机构的专业性、公正性和权威性。同时，国家还有责任采取措施（如公益广告）加大对农产品质量认证的宣传，提高全民对认证农产品的认可度，并为生产者和消费者所了解和重视，提高全民的农产品质量安全认知水平和认证产品的识别能力。

4. 优化农产品流通领域的建设与管理

农产品基础设施平台是农产品供应链顺利运行的支撑要素，农超对接作为新型的农产品供应链，同样依赖于农产品基础设施建设平台。目前我国农产品供应链发展与国外相比还有很大差距。在质量安全控制方面，政府有责任扶持农产品流通领域的基础设施建设：一方面国家要加大对农村交通和通信基础设施、物流配送中心建设等方面的投资，为农产品实现安全快速的流通提供硬件条件；另一方面，政府应积极鼓励和促成农产品供应链的建设，包括完善农民专业合作社的相关法律法规、向农民提供安全生产技术、物流信息等，以此提高农民专业合作社的成熟度和融入市场的能力，为实现安全生产提供外部支撑。

第十一章 农超对接协议签订以后的操作

第一节 农超对接的采购系统

签订合同以后，农民专业合作社就可以向超市供货。在供货前，必须了解超市的农超对接采购系统。农超对接的采购系统属于超市物流运作系统，在供货之前，可以先了解超市的物流运作系统，再来具体了解超市的农超对接采购系统。

一、超市企业物流运作系统

超市物流系统以信息系统作为链条，将采购与供应商管理系统和配送系统进行连接并形成网络，完成经由门店、总部、采购部、供应商、配送中心等在内的采购、配送和销售全过程。

（1）超市连锁门店。超市各门店通过 POS 终端将商品的数量信息（包括销售信息和库存信息）传向总部后台的 POS 主服务器。根据门店实际销售情况，预计未来销售数量，并通过电子订货系统（EOS）向总部订货。信息传递有时也通过传真（FAX）或增值网络系统（VAN）进行。

（2）总部信息处理中心。总部从整体上把握超市各分店的经营和管理，起指挥协调的作用。总部信息处理中心一般设有 POS、EOS、EDI（电子数据交换）系统主机服务器。通过服务器处理各门店、采购部、配送中心，以及供应商等主体之间的信息交换和共享。

（3）采购部。采购部根据总部发来的进货采购计划，选择商品的质量、价格、供货能力等符合要求的供应商，签订订货合同，发出订单，采购商品。供应商依照订单进行判断，一部分商品由供应商直接配送到门店；另一部分商品则送至配送中心。

（4）配送中心。配送中心将从各处供应商运来的整货验收入库，并进行分类、编码，利用自动化机械进行分装、加工、储存和保管。然后根据各门店的订货要求，将不同商品进行分拆和配货，在规定时间准时发出货物。

（5）供应商出货物。货物经过途中不同运输工具的输送，在规定时间之内到达指定的门店，完成配送作业。

在采购模式的选择上，很多超市，如沃尔玛和物美都采用了相同的方式，即购买与销售分离的采购模式。购销分离模式严格地将从供应商处选择、购买商品的采购职能和超市门店出售商品的销售职能分离。与供应商直接进行联系的是位于地区总部的采购中心，他们将决定是否采购某种商品，并与供应商就销售品种、零售价格等达成共识，沃尔玛甚至还将协议细化到商品的陈列位置、促销活动堆码等细节。采购完成之后，采购中心将上述详细信息发布到各门店，各门店只须按照规定码放商品，并按照指示的品种和零售价格（部分商品门店有自主权，可少量增加零售价格）等进行销售活动即可。

二、农超对接采购系统模式

农超对接采用的采购系统主要有以下模式：

（一）订单采购模式

随着农超对接的发展，合作社与超市相互磨合而熟悉对方以后，可以逐渐地采用订单采购模式。农超对接的订单采购就是农民专业合作社在农业生产经营过程中，按照与超市签订的合同组织生产的一种农产品采购模式。它是通过合同形式，把农超对接双方紧密连接起来，明确双方各自的权利和义务，按照所规定的品种、数量、质量、价格、交货期、结算方式、违约责任等内容的约定，完成农产品生产经营中产销活动的全过程，其实质是超市通过订单的形式把市场需求反映出来，引导农民按市场需求进行生产，克服农业生产的盲目性和波动性。

在订单采购模式中，超市一般在农产品播种前同农民合作社签订订单协议时，确定一个蔬菜保底价，即使遇到行情不好的时候，超市也不能突破这个价格收购；而如果当时蔬菜价格高企，还可以再议价，基本保证高于市场批发价收购。在订单采购模式，农民专业合作社为了获得订单，在农超对接中取胜，就必须在提高农产品的科技含量、增强农产品的市场竞争力上下功夫。这就调动了农民专业合作社在发展订单农业的过程中学科技、用技术的积极性。如引进良种、实行标准化生产，建立农产品可追溯系统，建立配送中心，采用喷灌、速冻冷藏、真空脱水等先进技术。

在订单采购实际操作中，作为合同一方的农民专业合作社不论在经济实力还是在市场信息拥有上都不如超市，所以在签订订单合同时要注意一些关键条款，如农产品名称、农产品的计量单位、农产品的质量、农产品的价格、农产品的包装、农产品的交货、农产品的结算以及违约责任问题。

（二）竞价系统模式

竞价采购，又称“竞争性报价采购”，是用逐步降低销售价格方式赢得标的物的过程。相比传统的招投标方式，竞价采购将投标的静态报价转换为动态报价，允许供应商在公平竞争的环境中多次报价，从而能够快速达到采购产品的平均市场成本线。架构于先进互联网信息技术的网上竞价采购，以其竞争气氛激烈、降价效果明显、业务流程简便易操作、业务周期短等特点被越来越多的企业所接受。

家乐福农超对接采用的就是竞价系统。即超市与农民专业合作社在平等的基础上，合作社提出自己农产品的价格，超市根据顾客对价格的承受能力、竞争对手的销售价格来判断能否购买，购买多少数量。参加竞价系统有三方面的人：第一方是农民专业合作社；第二方是超市的全国采购总部；第三方是城市采购部门。采购总部发挥的作用是组织和形成交易。

竞价系统的报价途径是，农民专业合作社在每周的固定时间，为自己的产品报有效期为一周的价格，采购总部把所有的专业合作社报价汇总起来，传送给各个超市采购部门，超市采购部门按照对市场的判断制定出愿意购买商品的总订单，报送给采购总部，采购总部进行审核，然后制定成各个合作社的采购单，分发给各个合作社，让合作社备货和送货。

购货竞价系统本身就包含竞争的因素在内。竞争者有两类，即供货的合作社与合作社之间，超市的各个城市采购部门之间。如果商品供应的货源充足，同种商品同时有若干农民专业合作社愿意供货，超市就会选择在性价比上更有竞争力的合作社。在货源不足或短缺的时候，在超市的各个城市采购部门也引起竞争，这时采购总部就会选择把商品提供给出价高的城市采购。由于农产品在大部分情况下是供大于求，因此，主要还是在农民专业合作社之间的竞争。

超市的这种竞价采购系统的优点是具有灵活性，随行就市，对于农民专业合作社和超市双方都公平。缺点是，农民专业合作社难以制订供货计划，或有计划地备货。对于超市而言，他们也会在需要的时候却找不到供货的商品。

第二节　农超对接协议签订以后的操作流程

下面主要以家乐福为例，探讨农超对接协议签订以后的操作流程。一般情况下，家乐福供应商首先与商品部接触，协商谈判后签订合同。商品部包括位于上海总部的全国商品部和位于各个城市的城市商品部CCU。全国商品部负责全国供应商，城市商品部负责地区供应商。各门店向供应商订货，供应商送货到各门店仓库，送货同时取得验收单。验收单由家乐福各门店的收货区的电脑系统打印，由系统自动编号。

验收单是供应商与家乐福结算货款的重要凭证。供应商的发票直接送交区域财务中心。家乐福在上海、广州、成都、北京设立财务中心，处理对应地区内门店的发票。付款中心位于上海，统一向供应商支付货款，并在供应商网站上公布财务数据，以便供应商对账。农超对接协议签订以后的操作流程主要包括以下方面：

一、产品报价

报价是农超对接交易的开端，也是重要的环节之一。如在每周一，农民专业合作社需要向家乐福超市总部采购部发送报价单。报价单可以通过邮件、手机短信等方式发送。家乐福的报价单内容包括以下方面：

（1）农产品名称。农产品名称应使用国家规定的名称。农业植物品种命名要秉持“唯一性”原则，一个农业植物品种，无论是申请农作物品种审定、植物新品种保护，还是进行转基因生物安全评价或是直接进入生产、销售环节，始终只能使用同一个名称。

（2）级别。级别即是农产品的等级，等级划分是按照超市总部生鲜直采部门制定的“产品标准及质量控制要求”进行。超市在采购前会对合作社进行培训，使他们熟悉。在等级方面，每一种农产品原则上分为特等、一等和二等三个级别；在规格方面，原则上分为大、中、小三种规格。

（3）规格。规格指农产品个体的尺寸大小。一般以农产品横径，即最大横截面直径作为规格划分的标准。

（4）价格。价格指农民专业合作社同意出售给超市的农产品价格。这里的价格是指“农产品的到货价格”，即农产品送到某个超市的物流配送中心价格。包括：①农产品产地的价格；②包装材料；③分级、包装和运输人工成本；④运费；⑤其他成本等。

一般情况下，对于一些时间要求相对较高的商品，如生鲜食品、奶制品等，由于其保质期短、易腐易坏的特性，超市一般要求由供应商进行直接配送。同时超市为了节约人力成本，要求农民专业合作社社员按超市的采购要求对蔬菜进行分级，超市愿意将这部分附加值转移给社员。农民专业合作社报价时可参考中国价格信息网、中国农副产品交易市场、中国农产品交易网、中国农业信息网价格行情等全国最具权威的农产品报价网。

(5) 周最大供应数量。周最大供应数量指一周内合作社能够向超市供应各个产品的最大量。因为，有时家乐福超市对农产品需求相当大，超市必须掌握供应量，以免下单以后，合作社无法满足订单。同时，在合作社供货数量不足的情况下，超市总部采购员需要在各个超市之间进行协调，把产品提供给最需要的地区。

(6) 产品描述。产品描述很重要，即使同种类的生鲜农产品，不同地区、品种和季节差异相当大，所以必要时应对这批产品的特征、特点进行描述。

超市的订单是按照合作社的报价来制定的，因此，要求合作社尽可能把所有的产品以及不同规格的产品都列入报价单中，不遗漏。由于消费习惯不同，各个地区需要不同规格和等级的农产品。因此，合作社报价越细，被采纳的可能性越大。

订单也不仅是单方面由合作社向超市发送。有些情况下，超市门店会向总部提出自己需要某种农产品。这种情况下，超市总部的采购人员会主动向合作社询问，是否有这类农产品。一般情况下，超市订单主要采用合作社的报价。如果遇上一些特殊情况，如城市门店采购部门认为合作社的价格不适合当地市场情况，他们也会通过总部采购人员与合作社沟通，看是否能够对报价进行适当调整。

二、产品订单确认

家乐福超市总部的采购人员一般会把所有农民专业合作社的报价单汇总成一大张报价单后，发送到各个城市的采购部门，由采购部门确认他们所需要的采购数量与希望配送时间。城市采购部确认后，编制采购订单发给超市总部。总部把订单分解成各个农民专业合作社的订单，然后通过邮件或者手机短信发送给各个合作社，让合作社备货。

收到订单后合作社要检查订单上的每一项内容：下单的门店、供应商编号、公司名称（可能下错公司）、价格（正常进货价格与促销进货价格之分）、数量、送货日期、送货地址等。在送货之前务必确认订单上的每一项内容都是正确的。对于任何不理解或者有疑问的地方请和订货门店确认。确认是错误的订单，门店更正后重新下订单，再按新订单送货。对于错误的订单不要进行送货。如果已经知道是错误的订单仍然坚持送货，并寄希望于在收货后重新来修正错误，则需要花费很多倍的时间和精力。

三、产品备货与产地质量核查

备货阶段是考验农民专业合作社质量管理能力的关键时刻。因为超市有严格的采购标准，如家乐福规定产品的合格率必须达到95%。所以对于生鲜农产品怎样才能把不合格率控制在5%以下才不会被退货或扣点，是农民专业合作社在备货阶段重点要关注的。农产品合格率管理是超市与农民专业合作社互动的工作。如家乐福超市首先把自己的采购标准提供给合作社，同时，超市还派遣协调员到合作社，对社员进行直接的指导。

在农超对接的初期，合作社每发出一批货都要经历至少三次质量控制点，每次控制点管理超市协调员都应该在场。协调员一方面是观察合作社操作情况；另一方面把超市的质量要求及时告诉现场的社员，培训社员更加严格、更加标准地执行筛选工作。

例如水果，第一次控制点管理是社员的采摘阶段。采摘前协调员需要详细地把超市采购产品的详细质量标准，诸如成熟度、色泽、规格、瑕疵等要求向合作社社员解释清楚。然后协调合作社的管理人员，在现场对社员果农的采摘过程进行监管。在采摘过程需要不断地提醒社员果农怎样的果可以摘怎样的果不能摘，提醒采用正确的采摘方式，减少不必要的人为损失。

第二次质量监控点指的是合作社产品的筛选和分级阶段。在很多情况下，因为时间和地理原因，超市协调员不能亲自到现场监督采摘，所以第二次质量控制点就显得尤为重要了，这项工作一般在合作社指定的收货点进行。收货点一般安排在地头或是某个社员的宽大庭院，在这里合作社组织固定人员负责质量验收。验收人员必须对社员果农送来的水果进行“倾筐”检查，逐一过目。对烂果坏果要挑出清理，次果劣果要分选入级。这次筛选是决定整批产品质量情况的关键时刻，超市要求协调员必须在场。

第三次质量控制点是在包装筛选过程。包装工在接过验收过的产品后，要对这些产品根据需要逐个做包膜、套网、入箱等工作。包装工是最后一个有机会逐个接触水果的人，合作社管理人和协调员需要向工人们指出，在规范包装的同时，需要将前两次筛选漏选的次果重新挑选出来。

经过三次筛选基本可以保证质量。但为保险起见，按照流程协调员还需要做发货前的最后一项质检工作，随机抽查。按照超市要求，协调员货物装车前须对货物进行随机抽样检查，抽检比例可以为5%。将结果记录在“产地质量验收单”上，协调员签字，发送总部备案。

为了提高农产品的合格率，超市协调员需要对农民专业合作社社员进行三轮培训：第一轮，首先要让验收员坚定一个意识，即坚决清除一切烂、坏、伤、霉果等重大问题果，绝不能漏过一个；第二轮培训，要让验收员明确几项标准，即严格区分锈果、花果、小果、畸果等问题果，保证及时准确分级，尽量减少“混级”比例；第三轮培训，也可称为重点培训，即对不同的验收小组不同的验收员出现的具体操作性问题进行重点针对性的指导，强调验收员工作的重要性，指出验收员操作不当处，讲清这些不当会给整批货带来的严重后果。

四、产品装货

产品包装完毕后便进入物流环节，物流环节包括：产地装车、短途运输、长途运输、目的地短途运输、目的地卸车。其中每个环节都会直接影响产品的质量。农产品的装货方式和方法同产品品质有密切相关。在装货时必须排除野蛮装货，产品的堆放也有技术，尽可能堆放整齐，包装箱与包装箱之间减少空隙，一方面可以增加装载数量；另一方面可以避免在运输过程中的移动。为了最大限度地降低物流损耗，合作社最好组建自己固定的工作负责又操作熟练的装卸工队伍。产品装车完成和发车之前，超市协调员需要填写订单收货确认表和产地质量检查表。

五、产品运输

农超对接对于农民专业合作社一大挑战是合作社必须负责农产品的物流配送业务。农民专业合作社一直要把农产品送到各个订货城市的物流配送中心，验收合格以后，任务才算完成。如今，物流业已经相当发达，全国的物流网络已经建立。合作社一定要谨慎地选择规范、可靠的物流公司来运输农产品。合作社还必须把货车司机的身份证、手机等信息发给超市总部，以便于超市对司机的全程跟踪。

合作社送货要科学安排时间，需要给货车司机充足的行驶时间，保证行车安全。到货时间确定后，总部需要通知目的地验收人员准备接货，准备工作包括：首先，让验收人员与司机取得联系，等司机到达城市周边时，验收人员要引导司机到达验收地点；其次，让验收人员组织卸货和助理验收人员，等货物到达验收地，要及时按照超市产品标准及质量控制要求的规定卸货验收。在合作社没有派遣人员跟车的情况下，需要安排司机旁观全过程。这样做既避免了货物的无谓滞留又让整个卸货验收更加公开透明，对可能出现的卸车问题、货物质量问题也是增加了一些“可溯”性。如出现问题，要求司机如实告之合作社，配合合作社解决突发的其他问题。

此外，有很多不确定因素影响到物流时间，从而间接地影响产品的质量。比如，南北方运输需要考虑气候问题，东西方运输需要考虑地势问题，铁路运输需要考虑中转问题，水路运输需要考虑季风问题，夏冬季运输需要考虑雨雪带问题，节假日运输需要考虑车流量问题，乡村运输需要考虑水文地形问题，城市运输需要考虑限时限段问题。这些都需要合作社在不断地解决问题的过程中逐渐积累和丰富经验。特别是如运输涉及冷链问题，必须要求保持全程冷链，不能出现在途中为了省电而关掉冷藏设备的情况。

六、产品收货确认

农民专业合作社送货时要携带订单，门店按订单收货。没有订单不接受货物。要按订单上的预计收货日送货，提前或延后都不接收货物。在预计订货日后仍未送货则该订单作废。农民专业合作社要事先与采购和门店沟通实际能够把货送到的天数，以保证订单的有效期。

农民专业合作社的产品配送到指定的超市物流配送中心后，就进入超市的收货程序。配送中心有专门的验货员来检验合作社产品是否符合超市要求的质量标准。供应商送货车辆到达收货区，家乐福一般按以下步骤进行收获：

（1）请将订单交给现场保安，向保安登记，按照次序取得车辆进出卡，分为整车收货及散货收货两种，分别到指定地点排队、等候，先到先收货。

（2）收货分为整车收货及散货。一般超过 10 箱或者 10 个单品为整车，小于 10 箱并且少于 10 个单品为散货。

（3）整车收货时，先打开收货笼的外层卷帘门，供应商将货物放在收货区的垫仓板上，供应商可进入收货笼与家乐福收货组员工一起进行第一次清点单品并收货，收货时两扇卷帘门将全部关闭；最多一次可以有两名供应商同时进入收货笼进行收货。

（4）散货收货时，先打开收货笼的外层卷帘门，供应商将货物放在收货区的垫仓板上，在供应商离开后外层卷帘门自行关闭；家乐福收货组员工进行第一次清点单品并收货，供应商在卷帘门外等候清点结果及收货单。

（5）为保证收货数量准确无误，维护各供应商基本利益，家乐福公司两名人员按照一定的规则对收货进行二次清点。并在收货组相应区域安装摄像头，进行 24 小时监控。

（6）供应商在收货区办公室领取验收单，核对并签字。现场检查验收单上内容是否与货物一致，发现差异在现场解决。

在农产品运抵目的城市之前，家乐福总部直接发给目的地城市的验收人员“产品标准及质量要求”，验收人员凭借此标准进行质量验收。标准中明确规定验收人员的验货操作程序，主要包括以下方面：

第一，“随机抽样”指的是每次在合作社送来的产品总数中可以抽取 5%货物进行检验。按规定，抽取的样品必须在运输卡车的前中后、上中下、左中右位置上均匀抽样。只有这样才能保证抽取样品的代表性和科学性，即每一箱产品都有可能被抽中，都有可能不被抽中，大家被抽中的机会是均等的。而不是检验员随心所欲地抽取样品。

第二，“判定产品的合格与不合格”的标准同协调员的产地质量控制标准完全一样。验收人员把从卡车上抽取的样品箱打开，逐个按照标准挑选产品，把合格与不合格的产品分开。

第三，“分类记录”指验收人员把每箱检验后的合格与不合格产品的重量记录下来，计算所有样品的不合格率（即不合格样品的总量除以全部样品的总量），得到的数据就是该批货物的最终质量结果（即用样品的质量代表全部货物的质量）。

四联单是发货前由合作社填写的装车详单，记载了装车数量、发车时间等内容。该单由合作社填写完成后，经产地超市协调员签字，由货车司机携带随从货物一并运抵目的城市，城市验收人员验收完毕后即将“各项数据”和最终数据以及扣重与否、拒收与否的验收处理结果详细记录在该四联单上，并签上验收员姓名和验收日期。签字后的四联单的最后一联会让司机带回合作社，由合作社备案，其他三联供家乐福财务、超市采购和总部采购部门分别保留备案。

七、产品门店配送

在门店较多的城市，超市一般会设立物流配送中心。因此，农民专业合作社把产品配送到物流配送中心就完成任务了。但是，对于那些门店比较少的超市，超市有可能要求合作社直接把产品送到门店。

八、开具产品发票

收货以后，超市会把具体数量发布在公司的网站上，农民专业合作社核对信息无误以后，按照超市收货信息的数量开具发票。农民专业合作社在发票开具后，通过窗口送票和邮寄或快递公司送票到超市的区域财务中心，不要交给任何其他部门。

以家乐福为例，家乐福超市分为四个大区，分别是：①东区：包括上海、江苏、浙江、安徽和福建；②南区：包括云南、深圳、广州和海南；③北区：包括北京、天津、河北、黑龙江、吉林和辽宁；④中西区：包括湖南、湖北、四川、重庆、河南及新疆。如某合作社与家乐福武汉和昆明的店合作，那么武汉店的发票送交成都中区财务中心，昆明店的发票送交广州南区财务中心。

如选择窗口送票方式，供应商自己到对应的财务中心，面对面把发票交给财务中心工作人员，同时取得发票签收回执。签收回执是非常重要的凭证，回执上面注明发票号码、金额、签收日期等。若以后发生争议，比如发票丢失或供应商发现发票未及时入账等，需要凭这份回执才能核查。增值税发票有同现金一样的重要性，为安全起见，建议窗口送票，同时取得回执。异地供应商可将发票先交给财务中心所在城市的自己公司的业务员，然后由他前往窗口送票。

如通过邮寄或快递公司送票，由于快递公司一般不关心信封里面放的内容，家乐福无法与他们核对。若采用此种方式，供应商要随信附一份发票明细单，写明：供应商编号、店名、部门、联系电话、联系人、真实的通信地址。家乐福拆封后，对照清单验收发票，若有不符，则按合作社所留的电话及时联系，以免时间耽误太久难以查证。在此特别提示，邮件上所有信息务必用力书写，否则复写件字迹太淡，无法辨认。

九、超市最终付款

对于农超对接，家乐福超市原则上在收到发票后的5个工作日以内通过银行给农民专业合作社转入货款。需要注意的是，农民专业合作社必须在发票的开具上做到正确无误，如合作社名称、开户银行等，不然，有可能影响到超市的付款速度。

第三节　果蔬采后商品化处理

采后商品化处理和加工是现代商品蔬菜生产的重要环节。首先，要从改良品种着手，推广外观形状好、整齐一致、耐贮运、货架期长的鲜食和加工专用优良品种，特别是出口专用品种，并发展标准化生产，提高产品档次；其次，加强蔬菜采后分级、包装等商品化处理以及贮运设备和技术的研发与推广，提高商品化处理率和处理水平，改善产品外观质量。所谓果蔬采后商品化处理是指为了保持或改进果蔬产品质量并使其从农产品转化为商品所采取的一系列措施的总称，主要包括以下环节：

一、果蔬采收

果蔬的采收与产品品质和耐贮运性有着很大的影响。采收过早或过晚会造成果蔬减产，影响果蔬的品质，还会影响果蔬的耐贮运性。特别是采收过早或过晚，易使果蔬在贮运过程中发生生理病害和由微生物引起的侵染性病害。过早采收的果实比适期采收的果实失水快。采收过晚，会使水解过程加剧，果实会很快达到过熟阶段，因而降低了果实的品质指标及其耐贮运性。

（一）果蔬采收成熟度确定

在果蔬采收过程中，主要问题是果蔬商业成熟度（即能够转化为市场需要的采收时机，主要以风味品质的优劣为依据）的鉴定。一般用以下方法作为判断果蔬成熟度的参考：

（1）表面色泽的显现和变化。一些果菜类蔬菜常用色泽变化来判断成熟度。如做长途运输或贮藏的西红柿，应该在绿熟（此时果顶呈现奶油色）时采收；甜椒一般在果皮深绿而有光泽时采收；茄子应在表皮明亮而有光泽时采收；黄瓜应在瓜皮深绿色时采收；豌豆从暗绿色变为亮绿色，菜豆由绿色转为发白表示成熟。但颜色的变化，经常受到气候特别是光照的影响。因此，在具体应用过程中，要充分考虑到当地的气候条件。

（2）硬度和质地。一般随着果实成熟度的提高，硬度会逐渐下降。因此，根据果实的硬度，可判断果实的成熟度。果实硬度的测定，通常用手持硬度压力测定计在果实阴面中部去皮测定，所测得果实硬度以 kg/cm^2 来表示。如红元帅系和金冠苹果采收时，适宜的硬度应该在 $7.7kg/cm^2$ 以上，青香蕉为 $8.2kg/cm^2$，秦冠、国光为 $9.1kg/cm^2$，鸭梨为 $7.2\sim7.7kg/cm^2$。莱阳茌梨为 $7.5\sim7.9kg/cm^2$。此外，桃、李、杏的成熟度与硬度的关系也十分密切。一般情况下，蔬菜不测其硬度，而是用坚实度和质地来表示其发育状况，确定采收度。

（3）主要化学物质含量。果蔬的主要化学物质有淀粉、糖、有机酸、总固形物等，它们含量的多少也可以作为衡量品质和成熟度的标志。可溶性固形物中主要是糖分，其含量高标志着含糖量高、成熟度高。如四川甜橙采收时以固酸比（可溶性固形物与总酸的比值）为 10∶1，糖酸比（总含糖量与总酸含量的比值）8∶1 作为最低采收成熟度；苹果和梨的糖酸比为 30∶1 采收时，风味品质好；葡萄、枣在糖分积累最高时采收为宜；而柠檬则须在含酸量最高时采收为宜。

有些果实也可用淀粉含量的变化来判断成熟度。如不同品种的苹果成熟过程中淀粉含量的变化不同，可以制作不同苹果品种成熟过程中淀粉变蓝图谱，糖和淀粉含量也常常作为蔬菜成熟度的指标，如青豌豆、甜玉米、菜豆都是食用其幼嫩组织为主的蔬菜，糖含量多、淀粉含量少时采收，风味品质好。而马铃薯、芋头的淀粉含量高时采收品质好，耐贮藏。

（4）果梗脱离的难易度。有些种类的果实（如苹果和梨）在成熟时果柄与果枝之间产生离层，稍一震动就可脱落，此类果实离层的产生也是其成熟度的标志之一。

（5）生长期。不同品种的果蔬由开花到成熟有一定的生长期，如苹果一般早熟品种应在盛花后100天（农作物成熟的生育期天数）内采收，中熟品种100~140天采收，晚熟品种140~175天采收。应用生长期判断成熟度，有一定的地区差异，应根据多年的经验得出适合当地采收的平均生长期。

（6）果实形态和植株生长状态。不同成熟期的果蔬都有其固定的形状及大小。例如香蕉未成熟时，果实的横切面呈多角形，充分成熟时，果实饱满，横切面为圆形。一些蔬菜可根据植株生长状况来确定成熟度。如洋葱、芋头、荸荠、生姜等蔬菜，在地上部枯黄后开始采收；黄瓜、丝瓜、茄子、菜豆应在种子膨大硬化之前采收；南瓜、冬瓜在果皮硬化、白粉增多时采收；叶菜类蔬菜则在食用的最佳阶段采收为宜。

总之，在判断成熟度时，应根据果蔬的特征，综合考虑各种因素，并抓住其主要方面判断其最适采收期。农民专业合作社也可向专家请教，判断农产品成熟度的方法，避免产品被超市拒收或扣点。

（二）果蔬采收方法

果蔬的采收方法可分为以下方面：

1. 机械采收

机械采收适用于那些在成熟时果梗与果枝之间形成离层的果实。一般使用强风压或强力振动机械（用一个器械夹住树干并振动），迫使果实脱落，在树下布满柔软的帆布传送带，以接住果实，并自动将果实送到分级包装机内。对于地下根茎类蔬菜如马铃薯、洋葱、胡萝卜等，可以用挖掘机采收，并配有收集器、运输带等，边采边运。

2. 人工采收

作为鲜销和长期贮藏的果蔬，最好人工采收。目前世界上很多国家和地区都采用人工采收，即使用机械采收，同样要有手工操作相配合。具体采收方法应根据果蔬的种类而定。如葡萄、枇杷等成穗的果实，可用剪刀齐穗剪下；苹果、梨等，采收时用手掌将果实向上一托，果实即可自然脱落；柑橘类果实一般用采果剪剪下；香蕉采收时，用刀切断假茎，紧扶母株让其轻轻倒下，再按住蕉穗切断果轴；枣、山楂等小型果实，摇动树枝使之脱离；坚果类的核桃、板栗可用竹竿打落。

为了保证采收质量，采收过程中应注意一些问题，如采收人员最好事先经过技术培训；采收最好选择在晴天的早晨露水干后，避免在雨天和正午采摘；采后应避免日晒雨淋，迅速加工成件，运到阴凉场所散热或冷藏库内贮藏等。

二、果蔬分级

分级就是根据果蔬产品的大小、重量、色泽、形状、成熟度、新鲜度、清洁度、营养成分以及病害虫和机械损伤等情况，按照一定的标准，进行严格的挑选，并分为若干等级。果蔬的分级是果蔬产品实现标准化的重要操作步骤。

（一）果蔬分级方法

目前分级方法主要包括以下方面：

（1）人工分级。人工分级主要依靠人的视觉，同时借助一些简单的分级器具，如分级板、分级环等，将产品分为若干等级。分级板是在一块木板上按要求打上单孔或一系列不同直径的孔而成。水果的分级应先按外观品质分级，主要靠人的视觉对水果的外观品质级别进行感官判断。一般是在果形新鲜度、色泽、品质、病虫害和机械伤等方面分出优劣级别，剔除一些达不到要求的伤害果以及成熟度过高或过低的次果。在此基础上，再根据水果的重量和大小进行分级。

（2）机械分级。机械分级是利用果蔬分级机进行的。机械分级适用于不易受伤的果蔬产品，而且可使分级标准更加一致，其分级过程大多由电脑控制，目前我国很多地方已开始使用。机械分级机一般与清洗、打蜡、烘干、自动贴标机和包装机等装连配套，进行流水作业。

（二）果蔬自动化分选装置

水果和蔬菜的种类、品种繁多，大小、形状、质地差异很大，难以设计出通用的分选装置，目前也难以实现全部过程的自动化，一般都是以人工与机械结合进行分选，主要包括以下方面：

（1）重量分选装置。重量分选装置有机械秤式和电子秤式等不同的类型，多用于苹果、梨、桃子、番茄、甜瓜、西瓜、马铃薯等。机械秤式分选装置主要由固定在传送带上可回转的托盘和设置重量等级分口处的固定秤组成。将果实单个地放进转托盘，当其移动，接触到固定秤，秤上果实的重量达到固定秤的设定重量时，托盘翻转，果实即落下。适用于球形的果蔬产品，缺点是容易造成产品的损伤，而且噪声大。电子秤式重量分选装置则改变了机械秤式装置每一重量等级都要设秤，噪声大的缺点，一台电子秤可分选各重量等级的产品，装置简化，精度也有提高。

（2）形状分选装置。形状分选装置按照被选果蔬的形状、大小（直径、长度等）分选，有机械式和光电式等不同类型。机械式形状分选装置多是以缝隙或筛孔的大小将产品分级，当产品通过由小逐级变大的缝隙或筛孔时，小的先分选出来，最大的最后选出。适于柑橘、李子、梅、樱桃、洋葱、马铃薯、胡萝卜等。

光电式形状分选装置有多种。有的是利用产品通过光电系统时的遮光，测量其外观或大小，根据测得的参数与设定的标准值比较，进行分级。较先进的装置则是利用摄像机拍摄，经电子计算机进行图像处理，求出果实的面积、直径、高度等。例如黄瓜和茄子的形状分选装置，将果实一个个整齐地摆放到传送带的托盘上，当其经过检测装置部位时，安装在传送带上方的黑白摄像机摄取果实的图像，通过计算机处理后可迅速得出其长度、粗度、弯曲程度，实现大小分级与品质（弯曲、畸形）分级同时进行。该装置适于黄瓜、茄子、番茄、菜豆等。

（3）颜色分选装置。根据果实的颜色进行分选，颜色的分选主要代表了成熟度的分选。例如，利用彩色摄像机和电子计算机处理的红、绿（RG）二色型装置可用于番茄、柑橘和柿子的分选，可同时判别出果实的颜色、大小以及表皮有无损伤等。当果实随传送带通过检测装置时，由设在传送带两侧的两架摄像机拍摄。果实的成熟度根据测定装置所测出的果实表面反射的红色光与绿色光的相对强度进行判断；表面损伤的判断是将图像分割成若干小单位，根据单位放射光的强弱算出损伤的面积最精确可判别出 0.2～0.3mm 大小的损伤面；果实的大小以最大直径代表。红、绿、蓝（RGB）三色型机则可用于色彩更为复杂的苹果的分选。

（4）内部品质分级机。这种分选机是用一定波长的光照射产品，在不破坏产品的情况下，通过测定透过光的强度来判断产品中的糖和酸及其他成分的含量。还可测定番茄内部着色情况、果心的褐变和果实内部出现的空洞。

三、果蔬愈伤与晾晒

愈伤的原意是治愈伤口。甘薯、马铃薯、洋葱、大蒜及类似的作物采收后，在贮藏或销售之前，于高温高湿下使受伤的货擦伤的伤口迅速形成木栓层从而使表层愈合称为愈伤，可有效地防止黑斑病等病菌的侵入。柑橘果实在采收后，在 30℃～35℃的温度，90%～95%的相对湿度下放置两天，称之为“发汗”湿度，有助于碰伤、刮伤、指伤的愈合。除甘薯、马铃薯、洋葱外，其他蔬菜也具有愈伤的有利作用，如甘蓝、南瓜等采后在高温高湿或干燥条件下都可加速愈伤组织的形成而有利于贮运。

晾晒主要是针对蔬菜而言，是蔬菜贮运中行之有效又简便易行的预处理。晾晒一般用于含水量很高、生理作用旺盛的叶菜类。因为叶菜类的含水量在采收时很高，组织脆嫩，因此贮运中很容易损伤或发生病害。此外，叶菜类的呼吸作用和蒸腾作用很旺盛，如不经晾晒，直接包装入库，库内或车内就会增大相对湿度，有利于微生物的生长繁殖，导致产品的腐烂。除叶菜类外，葱蒜类蔬菜在贮藏、运输前也要晾晒，使外层鳞片充分干燥，形成膜质保护层，对贮藏运输都很有利。

四、果蔬清洗、灭虫、防腐处理

果蔬采收时有时会带有一些泥土、污物，特别是一些靠近地面生长的果品蔬菜和根茎类蔬菜，严重影响产品的外观。所以果蔬产品在采收后须进行清洗、涂膜处理，容易生虫的果蔬还要进行灭虫处理。

（一）果蔬清洗

大部分果蔬采用水洗法，水洗程序包括入池、洗涤、干燥三个过程。短期贮藏或立即上市的果蔬清洗程序为：采收果实—水池—喷淋洗涤—清水冲洗—干燥—喷涂—打蜡—干燥—分级—包装—上市销售。长期贮藏后再上市的清洗程序为：采收果实—水池—喷淋洗涤—清水冲洗—干燥—分级采收果实—水池—喷淋洗涤—清水冲洗—干燥—大包装采收果实—水池—喷淋洗涤—清水冲洗—干燥—入冷库贮藏。

一般深井水或自来水可直接用于蔬果清洗，但要事先经过检验，而江河、湖泊、水库的水，必须进行净化处理。在清水中加入防腐杀菌剂和保鲜剂，能够明显减少产品的带菌熟，延缓果蔬衰老速度，所以清洗常常和防腐保鲜剂等化学处理一次进行。

清洗的方法包括人工清洗和机械清洗。人工清洗是将洗涤液盛入已消毒的容器中，调好水温，将产品轻轻放入，用软质毛巾、海绵或软质毛刷等迅速洗去果面污物，取出在阴凉通风处晾干。机械清洗的方式可分为浸泡式清洗机、鼓风式清洗机、滚筒清洗机、刷洗式清洗机、喷淋式清洗机。

沾有水珠的果蔬很容易感染微生物引起腐烂，所以清洗后的果蔬应该充分沥干表面水分。沥干水分的方法有自然干燥和机械干燥法。机械清洗干燥一般在气候潮湿、水分蒸发慢的地区可使用。机械干燥的方法一般有辊擦式、振动式和离心分离式。

（二）果蔬灭虫与防腐保鲜处理

果蔬，特别是出口果蔬，在出口前应对果蔬进行适当的杀虫处理，商业上常用的灭虫方法有熏蒸剂处理、低温处理、高温处理和辐照处理。一般而言，为了抑制采收后的果蔬品质的变化，延长果蔬的商品寿命，可在果蔬采收前后进行保鲜防腐处理。但在使用时，应在法规条例或标准等允许的范围内，注意选用高效低毒、低残留的药剂，以保证果蔬的安全。

果蔬贮运中常用的防腐保鲜剂主要包括生理活性调节剂和化学防腐剂。防腐保鲜处理根据施用化学物质的时间可分为采前处理和采后处理两种。一般采后处理要与水预冷和清洗结合起来进行，但也有单独进行。防腐保鲜处理方式有喷淋、浸渍、烟熏和蒸熏等。

五、果蔬打蜡处理

打蜡处理也称涂膜处理，是指通过浸渍、涂刷、喷洒在果蔬表面覆盖上一层薄膜。打蜡处理是果蔬采后商品化处理的一个重要环节，是现代果蔬生产的必备环节，也是根据市场对果蔬商品感官的基本要求。果蔬打蜡能减少果蔬失水，保持果蔬新鲜；能美化外观，提高商品质量；能抑制呼吸，发挥气调作用；减少腐烂，抑制病菌入侵等。打蜡所用蜡液，是各国的专利，并且相互保密。蜡液一般分为果蜡、可食用膜和中药提取液等。

打蜡的方法分为浸涂法、刷涂法、喷涂法。国际上刷涂法的标准流程是：果实搬入—收货—输送机—洗净—干燥—涂蜡—刷果—干燥—选果—装箱。喷涂法的整个工序是在一台机械内完成。世界上的新型喷蜡机，一般由洗果、搽吸干燥、喷蜡、低温干燥、分级和包装等部分联合组成。果实由洗果机送出干燥后，喷布一层均匀而极薄的涂料，干燥后予以包装。

六、果蔬预冷

水果蔬菜的预冷是指将收获后的果蔬产品尽快冷却到适于贮运要求的低温的措施。与冷藏不同的是，预冷指任何能够将田间热更快速去除的方法，而不是简单地将产品放进设定好适宜温度的贮藏室内变凉。预冷应遵循的原则是：采收的果蔬要及早进入预冷过程和尽快达到预冷要求的温度；预冷的最终温度要适当，一般各种果蔬的冷藏温度就是预冷终温的大致标准；预冷后必须立即将产品贮入已经调整好温度的冷藏车或冷库车内。

由于果蔬的品种产地、栽培地、加工处理方式、贮藏期限、市场对象和市场对品质要求不同，需要确定不同的预冷终温。同时，不同的果蔬形态对于预冷方式也有不同的要求。目前，果蔬预冷方法主要有空气预冷、水预冷和碎冰预冷和真空预冷等。

七、果蔬包装

包装是使果蔬产品标准化、商品化、保证安全运输和贮藏、便于销售的主要措施。果蔬包装的原则是：要能够防止产品的机械伤害，要利用温度管理，要能够防止果蔬失水，要能够起到调节气体的作用，要便于特殊处理等。果蔬的包装，是果蔬保鲜的重要一环，是保证安全运输的重要措施。

包装对果蔬来说至少有三方面作用：一是能起到保护作用，可减少在运输、贮藏和销售过程中的互相摩擦、挤压碰撞等所造成的机械损伤、减少病虫害的蔓延；二是可减少水分的蒸发，保持果蔬的新鲜度；三是便于搬运、装卸和销售、充分利用仓储空间和合理堆码；四是美观大方，良好科学的包装，可以提高果蔬的附加值，对于外销的果蔬在国际市场上还可增强竞争力，提高商品价格。

（一）果蔬包装材料与包装容器

1. 果蔬包装材料

农产品传统的包装材料多为草包、麻袋、藤条柳条篓筐和木箱等，至今仍继续使用，一些地区还常用质量较低的简单盛具甚至散装运输，会造成大量泄漏、散落、挤压损伤和腐烂损伤。随着技术、经济的发展，陆续出现了很多新型的包装材料，如纸制材料、合成塑料、轻金属和其他一些轻便适用的材料，从而使果蔬包装进入了一个新的发展阶段。

2. 果蔬包装容器

纸板、塑料和木板是目前最重要的三种包装材料，可用于制造外包装和内包装容器。外包装的目的是保护商品，便于装卸和运输。常用的有瓦楞纸箱、塑料箱、木箱和塑料网袋。瓦楞纸箱最为理想，几乎满足外包装的各种要求。内包装也称零售包装，它要与消费者直接见面，所以除要求保护商品外，还要注意造型与装潢美观，且具有宣传功能，起到促进销售的作用。内包装可以分为以下几种：防止机械损伤的内包装、防失水的内包装、达到气调效果的内包装、方便零售的内包装等。

总之，果蔬包装是以牢固、经济、实用、美观为原则，必须根据果蔬种类、品种、市场需要、贮运条件和流通环节、销售对象等诸多因素设计适宜的包装。

（二）果蔬包装机械

果蔬包装机械主要包括以下方面：

（1）单果包装机械。单果包装机械用纸或塑料膜把果实一个个地包装起来。果实分级是使用单果包装机的重要前提。为了增加抗撕裂性，纸要用蜡处理。

（2）内包装机。用内包装机进行零售包装，有塑料小袋包装机、塑料小网袋包装机、塑料盒包装机、塑料盒网袋混合包装机、塑料膜收缩包装机和塑料自黏膜包装机等。当使用塑料膜做小包装时要考虑其透气性和透湿性，根据果蔬种类、装量、流通温度和流通时间长短选择膜的种类、厚度，必要时要在膜上打孔或用针扎孔。

（3）外包装机。外包装机可把果蔬直接装入大箱。一般经过分级的果蔬经传送带直接进入容器内。可由计数机按个数装箱，或依重量或依体积装箱。当依重量装箱时，则应在装箱机处设一秤。当依事前决定的重量装足时，产品即停止落下。依体积装箱时，需要一个操作人员，以决定正确的装填程度。

（4）托盘裹包机械。为了便于机械搬运，一般要把装产品的箱或网袋放在木制托盘上码起垛来，由裹包机械把塑料网紧紧裹在垛上，使搬运更安全。

（三）果蔬装箱技术与包装要求

果蔬经过挑选分级后即可进行包装，包装方法可根据果蔬的特点来决定。包装方法一般有定位包装、散装和捆扎后包装。不论采用哪种包装方法，都要求果蔬在包装容器内有一定的排列形式，目的在于避免物品相互碰撞挤压或松散、滚动而造成伤害，同时还能通风透气和充分利用容器空间。这对于柔嫩质软、承受振动冲力差的新鲜果蔬是必要的。装箱排列的方式包括以下方面：

（1）直线排列。即产品在箱内直线排列，不互相错位、上下层对齐，便于计数统计。适于小型、条形果蔬。

（2）对角线排列。即将产品逐个错位排放在空隙中，适宜于大中型果蔬装箱，装盛量多，在箱内稳定不易滚动，底层承受力小，通风透气好。

（3）同心圆式排列。多用于圆形篓筐包装，将果实从底层沿篓边排列呈同心圆式直装到沿边，充分利用间隙，装量较多。

（4）格板式排列。箱内有定形隔板，果蔬逐个放入板隔内定位，操作简单，便于计数，安全可靠。

机械化、自动化装箱是高效率的装箱方法，适用于抗机械伤能力较强的果蔬在箱袋内的散装，一般都与机械化商品处理、计量、分级、堆码、装卸等工序配套连续操作，功效极高。大批量的苹果、柑橘、番茄、胡萝卜、马铃薯的包装上也可以采用这类商品化处理生产线及机械化散装法装箱。

此外，包装要在冷凉的条件下进行，避免风吹、日晒和雨淋。包装时应轻拿轻放，装量要适度，防止过满或过少而造成损伤。不耐压的果蔬包装时，包装容器应填加衬垫物，减少产品的摩擦和碰撞。易失水的产品应在包装容器内加衬塑料薄膜等。由于各种果蔬抗机械伤的能力不同，为了避免上部产品将下面的产品压伤，一般果蔬的最大装箱（筐）高度可以设置为：苹果和梨 60cm，柑橘 35cm，洋葱、马铃薯和甘蓝 100cm，胡萝卜 75cm，番茄 40cm。

八、果蔬运输

果蔬运输过程很容易造成损失，主要是由于运输工具不良、包装不善、装卸粗放和管理不当引起的。运输的基本要求包括：三快：快装、快卸、快运；两轻：轻装、轻卸；四防：防热、防冻、防晒、防淋。运输环境的调控是减少或避免果蔬破损、腐烂变质的重要环节，所以在运输中要考虑以下方面的环境条件：

（一）减少振动

振动是运输环境中最为突出的基本条件，它直接造成果蔬的物理性损失，也可以发生由振动引起的品质劣化的反应。不同类型的果蔬对振动的耐受力不同，因此应该针对不同的果蔬种类因地制宜地选择运输方式和路径，并做好果蔬的包装作业和运输中的码垛，尽量减少果蔬在运输中的振动。另外，要杜绝一切不细心装卸，以保持果蔬品质和安全。

（二）温度适宜

采用适宜的低温流通措施对保持果蔬的新鲜度和品质以及降低运输损耗是十分重要的。根据国际制冷学会规定，一般果蔬的运输温度要等于或略高于贮藏温度，且对一些新鲜果蔬的运输和装载温度提出了建议。在运输过程中特别要注意防止温度的波动，尽量维持在运输过程中的恒定适温，防止温度的波动。运输过程中温度的波动频繁或过大都会对保持产品质量不利。因为，在较低温度下，温度每波动 1℃，对果蔬造成的品质下降要比较高温度下严重。总之，不论使用何种运输工具，都要尽量调节温度，使达到或接近果蔬的适宜贮运温度，以保证其质量和安全。

（三）保持湿度

对于果蔬而言，新鲜度和品质的保持需要较高的湿度条件。具体运输时的适宜湿度可根据果蔬贮藏的适宜湿度来选择。另外要注意码垛方式，不要堆积过密，不要损坏果蔬包装，以保持果蔬包装内的湿度。如果需要，有条件的可使用具有加湿装置的冷藏车，也可采用加冰运输车，提高运输环境的湿度。

（四）气体调控

气体环境对果蔬的腐败速度和腐败程度产生很大的影响。如 CO_2 是果品、蔬菜和微生物等呼吸生成的低活性气体，如果在贮运时，适当降低 O_2 的浓度（2%~5%），提高 CO_2 的浓度（5%~10%），可以大幅度降低果蔬及微生物的呼吸作用，抑制催熟激素乙烯的生成，减少病害的发生，延缓果蔬的衰老。对于其他一些加工果蔬，在包装中抽真空或充入惰性气体，如 CO_2 或 N_2，可以延长保质期。所以可以采用调节气体包装、低氧包装、加脱氧剂、真空包装、充氮包装或充 CO_2 包装等形式来调节果蔬所处微环境的气体组分，从而对果蔬达到安全防护目的。

运输中空气成分变化不大，但运输工具和包装不同，也会产生一定的差异，密封性好的设备使 CO_2 浓度增高，振动使乙烯和 CO_2 增高，所以要加强运输过程中的通风和换气，勿使有害气体积累产生伤害；另外在运输过程中要轻装轻卸，防止果蔬的包装破损破坏包装物内的气体组分，从而引起果蔬的腐败变质。

（五）装载和堆码

果蔬的装载首先必须保证果蔬运输的质量，同时兼顾车辆载重力和容积的充分利用。因此必须保证以下方面：

（1）果蔬在堆码时，每件货物都不应直接接触车底板和车壁板，在货件与车底板和车壁板之间必须留有间隙，以免通过车壁和底板进入车内的热量直接传给货物，而使品温上升。

（2）在装载对低温较敏感的水果蔬菜时，货件不能紧靠机械冷藏车的出风口或加冰冷藏车的冰箱挡板，以免导致低温伤害。必要时，可在上述部位的货物上面遮盖草席或草袋，使低温空气不直接与货件接触。

果蔬运输的装车与堆码方法基本上采用留间隙的堆码法，此法适用于冷却和未冷却的果蔬的运输以及外包装为纸箱或塑料箱的普通果蔬的装载码垛。采用这种堆码方法按所留间隙的方式及程度不同又可分为品字形、井字形、"一二三、三二一"法、筐口对装法以及吊挂法（适用于新鲜冷却肉的运输）。国际运输易腐果蔬时多使用托盘，在装车前将货物用托盘码好，用叉车搬运装载，各托盘之间留有间隙供空气循环。这种方法简便易行，而且堆码稳固。

（六）阻挡光线

许多果蔬易受光线的影响，光线可以催化许多化学反应，进而影响果蔬的贮存稳定性。为了抑制果蔬变质，可以采用避光包装，即选择合适的包装材料阻挡某种波长光线的通过或减弱光的强度。在运输中也要采取相应的措施，比如采用密闭性较好的货箱，如果用敞车运输应该覆盖苫布（草帘子、草垫子等），尽量减少光线对果蔬的影响。

第十二章 农超对接信息平台的构建——以辽宁省为例

第一节　辽宁省农超对接信息平台需求分析

辽宁省“农超对接”信息平台建设按照“总体规划、适度集中、分散维护、分级管理”的原则，以提升农民合作社和大型连锁超市对接效率为目的，以现代信息技术为手段，以创新为导向、问题为导向、市场需求为导向，充分考虑平台的先进性、科学性、可扩展性和易维护性，建设一个技术先进、稳定可靠、安全运行、实用灵活的高效率农超对接信息平台。

一、平台技术性能需求分析

辽宁省“农超对接”信息平台以网络平台为核心，融入物联网可追溯功能为特色，利用 Web、浏览器和服务器三层架构的数据层、业务应用层和数据访问层的结构技术。

（一）数据库技术环境

辽宁省“农超对接”信息平台使用 SQL 语言作为访问数据库的标准化语言。SQL Server 为农超对接平台的设计与开发带来极大的方便，具有较大的技术优点，数据库开发工具能够使客户具有充分的空间，并且具有海量的数据存储空间，因此使信息平台设计的伸缩性与可用性能得到有效的提高。

辽宁省“农超对接”信息平台需要安全可靠的数据库为支撑，平台里面具有政府主管部门、大型超市、农民合作社、物流公司基本信息管理、农产品基本信息管理、平台数据信息处理功能。系统设计时需要有在线留言、通知管理、供应信息、求购信息、质量追溯查询等业务。管理员用户主要完成整体数据的安全维护；一般系统管理员和用户可以对自身的信息数据的录入和维护等。

（二）平台开发技术环境

辽宁省农超对接信息平台对信息平台开发技术环境进行细致分析，对当前网络开发主流的三种主流语言进行分析，即 ASP. NET、PHP、JSP，它们存在的各自优点与不足。具体详见表 12-1。

表 12-1　三种开发语言分析对比表

语言 方面	ASP.NET	PHP	JSP
安全性	存在一定安全漏洞	公认的安全性能	安全性最高
平台兼容	不支持跨平台	支持多平台	支持多平台
运行效率	效率一般	效率高	效率最高
成本	软件开销成本高	开源成本低	人力成本、软件成本高

综上所述，我们综合考虑平台的成本、支持性、效率、移植性和加密支持等因素，我们确定选用性价比较高的 PHP 开发语言。PHP 是一种具有开源代码的通用计算机脚本语言，尤其适用于网络开发并可嵌入 HTML 中使用。PHP 的语法借鉴吸收了 C 语言、Java 和 Perl 等流行计算机语言的特点，允许网络开发人员快速编写动态页面，对各种数据库服务器兼容性较好。

二、信息平台参与主体分析

辽宁省“农超对接”信息平台是一个面向全省的信息化管理与应用中心。平台按照一定的信息交换协议或标准从各参与的相关主体处获取信息，通过一些既定算法、程序对这些数据进行交换、组织、存储、发布、分析等处理，然后为不同的用户或服务对象提供不同种类、不同层次的综合性信息服务或相关业务服务等。“农超对接”信息平台的参与主体是指平台在建设、规划、运营、维护等阶段所涉及的主体对象，具体来说就是谁来提供信息和服务。具体包括政府、超市、农民合作社、物流公司、科研院所等，我们对信息平台的参与主体进行了分析，具体分析见表 12-2。

表 12-2　辽宁省农超对接信息平台参与主体分析表

序号	参与主体	提供服务	主要对象
1	政府主管部门	农业行业政策、农产品法规发布、行业动态、行业报告等	辽宁省各级政府、商务局、供销社、农委、服务业委等
2	农产品供应方	农产品基本信息、供应信息、库存信息、质量追溯信息	农产品专业合作社
3	农产品需求方	超市基本信息、采购信息、库存信息	辽宁省大型连锁超市、社区大型商超
4	农产品运输服务提供方	公路货运、城市配送、仓储服务等相关物流运输服务	辽宁省传统运输企业、第三方物流企业、货代企业等
5	农产品研究机构	农产品病虫害防治、农产品技术咨询、农产品疑难问题解答	高等学校、科研院所

三、平台功能建设需求分析

信息平台功能的需求往往会随着平台的不断完善而发生变化，这就需要我们在构建辽宁省“农超对接”信息平台时，一方面需要对平台的功能需求有着准确的定位；另一方面要采用开放性、模块化的设计模式。根据以上对信息平台参与主体的需求分析，辽宁“农超对接”信息平台应包含八大功能模块，具体如图 12-1 所示，信息平台的具体功能需求见表 12-3。

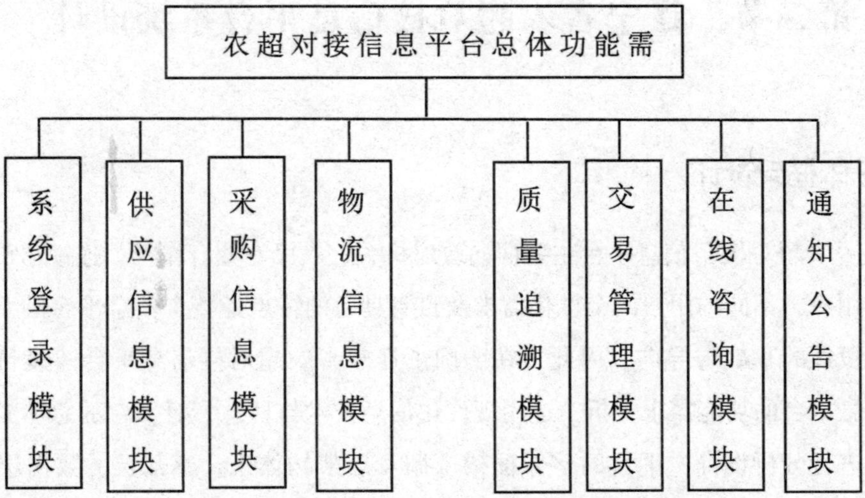

图 12-1　“农超对接”信息平台总体功能需求图

表 12-3　“农超对接”信息平台具体功能需求表

辽宁省农超对接信息平台	基础功能需求	供应信息管理	供应信息发布、查询与维护
		采购信息管理	采购信息发布、查询与维护
		平台在线交易	网上交易、交易管理
			资质、信用管理
		物流信息服务	物流信息发布、查询与维护
			GPS 信息，车辆、货物跟踪
		平台管理维护	用户管理
			数据库管理
			安全防护
			日常运行与维护
	拓展功能需求	网上展会服务	展会企业资质、信用管理
		技术专家服务	技术专家资料发布
			技术专家在线答疑
			农民课堂
		质量追溯服务	质量追溯查询
		辅助信息服务	政府政策法规
			行业报告、行业动态

第二节　辽宁省农超对接信息平台系统设计

一、总体框架设计

辽宁省“农超对接”信息平台主要面向政府机关、农民专业合作社、连锁超市、科研院所等各类用户，不同的用户的个性化需求及自身具备的特点是整个信息平台的系统功能架构和总体设计的基础与导向。因此，在明确了辽宁省农超对接信息平台建设目标基础上，结合信息平台的功能需求分析，运用现代化信息技术与理念，对平台的总体架构及功能服务组成进行分析设计，平台的整体框架遵循 4 层架构体系：感知层、数据层（网络层）、业务应用层和用户层。辽宁省“农超对接”信息平台系统采用 B/S 结构，以 ArcGIS Server10 为 GIS 平台、以 MySQL 为数据库，采用 Windows Server2007 操作系统服务器，采用 WindowsXP/Windows7 客户端。硬件环境的服务器端配置：内存大于 4G、CPU 大于 6G；

客户端系统配置：普通 PC 机，1G 以上内存、700 MHz 以上主频。

（1）感知层。利用各种传感器及传感器网关等设备，利用二维码标签、RFID 标签、读写器、摄像头以及 GPS 终端。

（2）数据层。建立数据库用于存储农超对接信息平台中的信息数据，包括基础数据库、应用数据库和统计数据库。

（3）业务应用层。基于 B/S 模式实现应用层设计。里边包括供求信息模块、资讯中心模块、质量追溯模块、网上展会模块、服务专家模块、农民课堂模块、系统用户管理等模块。

（4）用户层。以农民合作社和大型超市为应用主体，在平台上实现农产品供求信息发布及产品交易，政府和科研机构做好服务，发布政务信息和技术答疑，消费者作为体验方购买质优价廉、质量可追溯的农产品。

二、功能结构设计

辽宁省“农超对接”信息平台分为系统前台模块和系统后台模块，其中前台模块根据业务需求又分为 11 个功能模块，后台模块又分为 4 个功能模块。具体如图 12-2 所示。

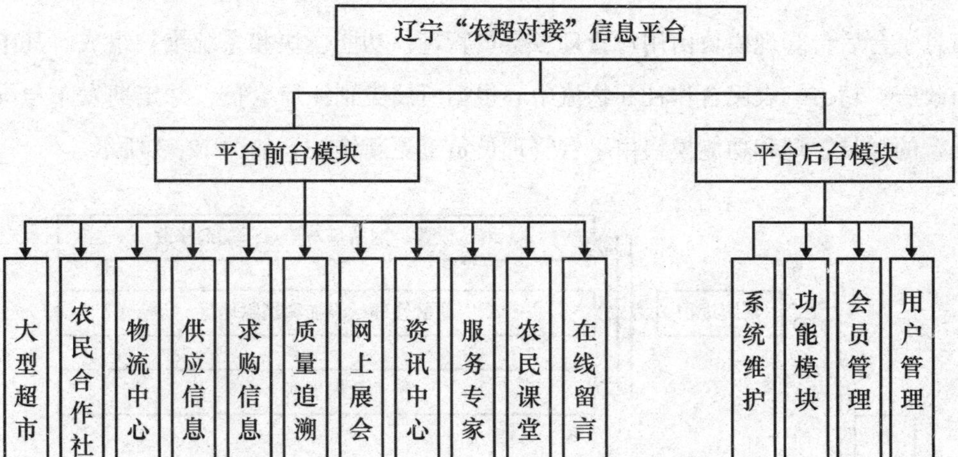

图 12-2　辽宁省“农超对接”信息平台功能结构图

（一）前台管理模块

（1）大型超市。按地区浏览以及关键词搜索，包括超市的基本信息、超市展示和采购信息。

（2）农民合作社。按地区浏览及关键词搜索，包括农民合作社的基本信息、农民合作社展示和供应信息。

（3）物流中心。按地区浏览以及关键词搜索，包括物流中心的基本信息，物流中心展示及能提供的运输和仓储服务。

（4）供应信息。定期发布供应信息，包括供应产品列表和供应产品详细信息。

（5）采购信息。定期发布采购信息，包括采购产品列表和采购产品详细信息。

（6）质量追溯。输入质量追溯码，查询对应农产品的详细信息。

（7）网上展会。网上展会信息列表及展会详细信息。

（8）资讯中心。政府定期发布政策、通知公告及行业信息。

（9）服务专家。农产品服务专家列表、擅长领域、专家互动留言，包括已解决的问题和待解决的问题。

（10）农民课堂。农民课堂包括图文技术教学和视频技术教学。

（11）在线留言。各个“农超对接”相关主体会员留言专区，系统管理员和专家负责解答。

（二）后台管理模块

信息平台后台管理模块由用户管理、会员管理、功能模块和系统维护组成，其中用户管理为政府、超市、农民合作社和物流中心根据所属类别注册会员，并定期发布与维护信息，其余的会员管理和功能模块由平台管理员负责更新维护，如图 12-3 所示。

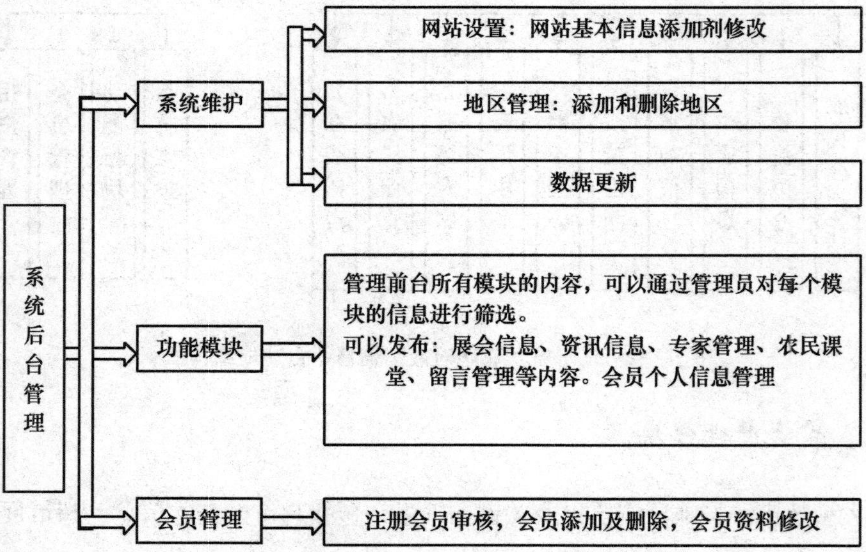

图 12-3　信息平台后台管理功能图

三、主要业务流程设计

辽宁省“农超对接”信息平台的两个最重要的主体“农”和“超”如何高效对接，关键在于流程设计是否科学合理。

（一）农民合作社业务流程

在农超对接信息平台中，农民合作社是属于普通的访问者，其主要的操作业务是通过信息平台发布可供应的农产品，并进行相关信息的咨询，可进行网上在线的交易操作功能。主要的操作业务流程如图 12-4 所示。

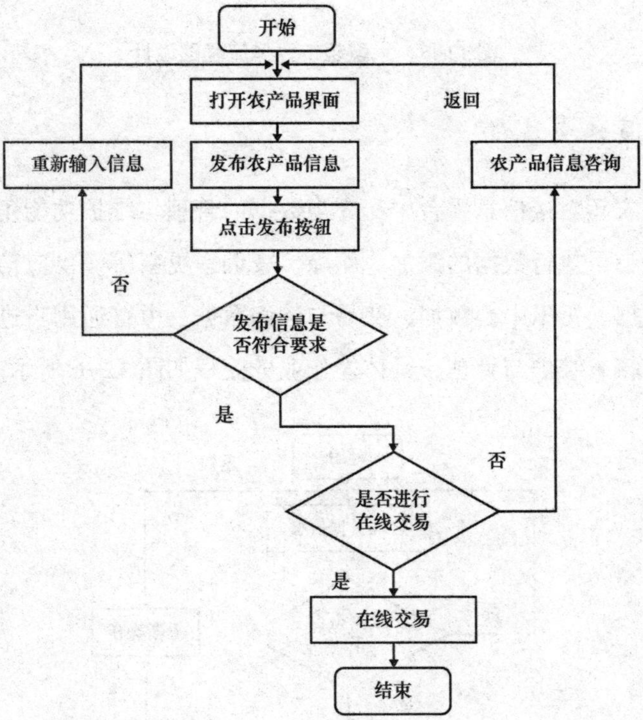

图 12-4　农民合作社业务流程图设计

（二）大型超市业务流程设计

在农超对接信息平台中，大型超市用户也是属于普通的访问者，其最主要的操作业务是通过信息平台，及时发布自身需要采购的农产品信息，并进行相关信息的咨询，通过信息平台与农民合作社进行在线交易，其操作业务流程如图 12-5 所示。

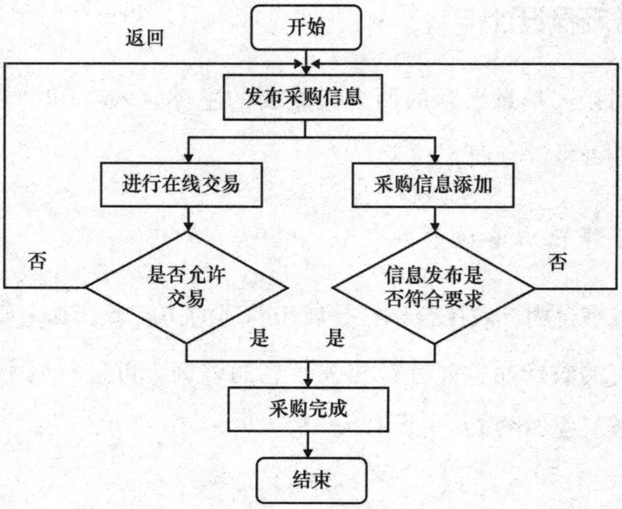

图 12-5　大型超市业务流程图设计

（三）管理员业务流程

管理员用户在农超对接信息平台中，充当数据的管理与维护功能角色，其主要的操作业务是通过信息平台，执行数据的添加、删除、查询、更新等。供应信息数据、采购信息数据、物流配送数据、资讯中心数据、交易与咨询数据，由普通用户进行数据的发布，管理员负责数据的审核、维护与管理。具体操作业务流程如图 12-6 所示。

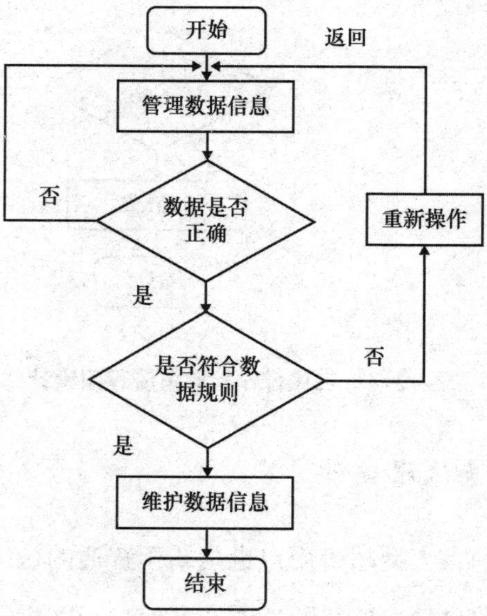

图 12-6　管理员业务流程图设计

四、平台数据库设计

（一）数据 E-R 图设计

信息平台设计的数据信息实体：系统用户数据信息、产品供应数据信息、产品求购数据信息、物流配送数据信息、资讯中心数据信息、农民课堂数据信息等。数据 E-R 关系如图 12-7~12-12 所示，对这些平台的数据信息，数据库的设计需要进行存储和程序处理。

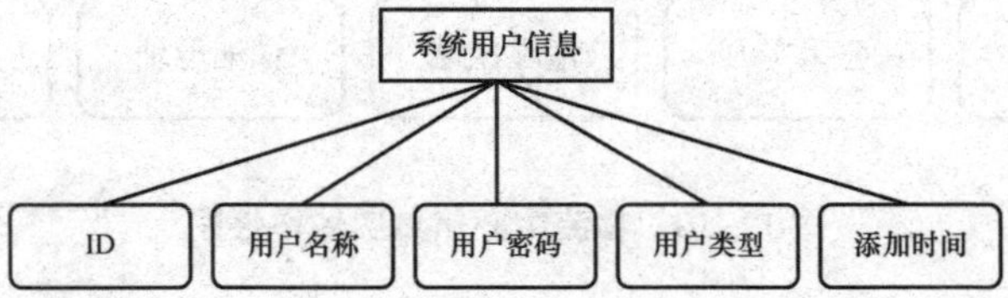

图 12-7　平台用户实体属性图

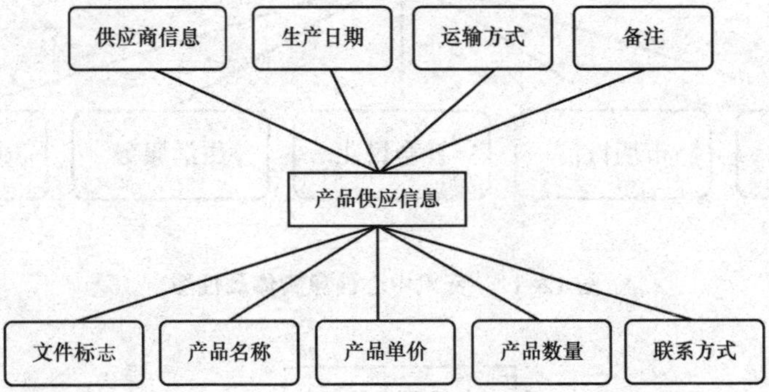

图 12-8　产品供应信息实体属性图

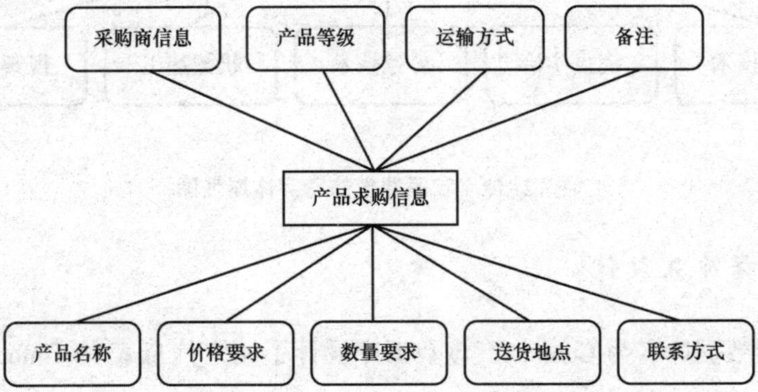

图 12-9　产品求购信息实体属性图

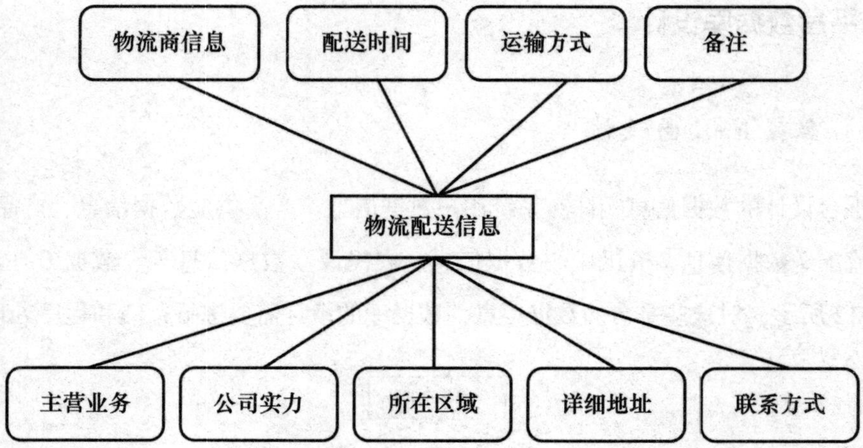

图 12-10　物流中心信息实体属性图

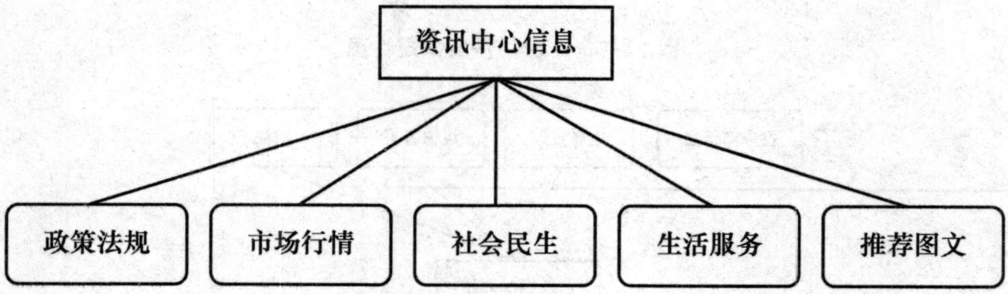

图 12-11　资讯中心信息实体属性图

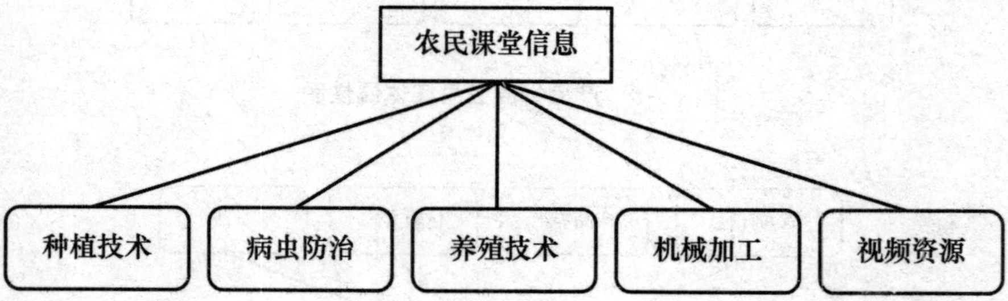

图 12-12　农民课堂信息实体属性图

（二）数据库表设计

首先建立的数据库名为 Connect，该数据库设计了用户信息表 userinfo、产品供应信息表 gongying、产品求购信息表 qiugou 等。

（1）平台用户表 userinfo 主要有文件标志、用户名称、用户密码、用户类型、添加日期等五个字段。平台用户表 userinfo 主要记录平台的用户信息，将用户通过类型字段，分为普通用户和管理员两类，除文件标志 ID 外，其他的字段类型为字符型，满足平台数据要求。平台用户表见表 12-4。

表 12-4　平台用户信息表 userinfo

字段名	中文名称	字段类型	是否为主键	是否允许空
ID	标志	Int	Yes	No
name	用户名称	varchar	No	No
password	用户密码	varchar	No	No
usertype	用户类型	varchar	No	No
intime	添加日期	varchar	No	No
jiaose	角色组	varchar	No	Yes

（2）产品供应信息表 gongying 拥有的关键数据字段包括：联系电话、产品名称、备注、运输方式、生产日期、总数量、产品单价、供应商、文件标志等字段。gongying 产品供应信息表主要用来存储农民合作社发布的产品供应信息，产品供应信息表见表 12-5。

表 12-5　产品供应信息表 gongying

字段名	中文名称	字段类型	是否为主键	是否允许空
ID	标志	Int	Yes	No
name	产品名称	varchar	No	Yes
jiage	产品单价	varchar	No	Yes
num	总数量	varchar	No	Yes
idcard	供应商	varchar	No	Yes
phone	联系电话	varchar	No	Yes
time	生产日期	varchar	No	Yes
yunshu	运输方式	varchar	No	Yes
other	备注	varchar	No	Yes
intime	发布日期	varchar	No	Yes

（3）求购信息表 qiugou 拥有的关键数据字段包括：求购数量、文件标志、联系电话、发布日期、送货地点、产品名称、备注、求购商名称、运输方式等字段。用于超市用户进行产品求购数据的发布，求购信息表见表 12-6。

表 12-6　求购信息表 qiugou

字段名	中文名称	字段类型	是否为主键	是否允许空
ID	标志	Int	Yes	No
name	产品名称	varchar	No	No
shuliang	求购数量	varchar	No	Yes
qgshang	求购商名称	varchar	No	Yes
phone	联系电话	varchar	No	Yes
address	送货地点	varchar	No	Yes
dengji	产品等级	varchar	No	Yes
yunshu	运输方式	varchar	No	Yes
other	备注	varchar	No	Yes
intime	添加日期	Datetime	No	Yes

五、运营方式设计

辽宁省“农超对接”信息平台服务对象涉及政府部门、连锁超市、农民专业合作社、消费者等多个领域，不同服务对象间的服务需求也有所不同，因此若要使辽宁省“农超对接”信息平台的服务能够顺利开展，需要辽宁省“农超对接”信息平台的运营方式具有高效性和可持续性。

（一）政府部门的运营方式

政府相关部门负责监管辽宁省“农超对接”信息平台的建设和发展，由政府部门牵头联系其他相关企业为辽宁省“农超对接”信息平台的建设和维护提供技术支持和资金保障，以政府的公信力作为依托，各相关企业在开展工作时也能更加放开手脚，使得平台的建设更加高效，日后的运营也变得具有可持续性。同时，政府部门负责主导制定辽宁省“农超对接”信息平台准入规则和辽宁省“农超对接”信息共享准则等信息平台相关规范标准，进一步规范辽宁省“农超对接”信息平台的使用和交易流程，进而保障辽宁省“农超对接”信息平台服务对象的利益安全。

（二）连锁超市与科研院所的运营方式

连锁超市和科研院所作为辽宁省“农超对接”信息平台合作联盟的关键成员，需要承担起维系平台合作的重要职责。连锁超市和科研院所在农产品生产管理和获取农产品市场相关信息等方面具有其他合作方所不具有的专业化能力，使得它们能够帮助农民专业合作社进行科学的生产管理，一方面使得农民专业合作社的种植更加规范合理；另一方面提高果蔬类农产品的产品质量。对于消费者，由于连锁超市和科研院所的参与，使得物联网技术能够成功引入到“农超对接”的过程当中，使得消费者都能够通过商品追溯查询功能对农产品的整个运输过程进行跟踪和监控，从而满足了当前农产品市场多层次、高质量、个性化的消费需求。

（三）第三方物流企业的运营方式

作为连锁超市和农民专业合作社物流运输能力的补充，第三方物流企业通过合约的方式参与到辽宁省“农超对接”信息平台的物流体系中，为辽宁省“农超对接”信息平台物流体系的建设与维护提供进一步的保障。连锁超市和农民专业合作社通过与第三方物流企业共享物流信息，能够更加合理地配置运力资源，更加灵活地调整农产品的运输方案，进而保障辽宁省“农超对接”信息平台物流体系的整体规划能力和物流运输的执行能力，最终能够满足农产品运输多样性的市场需求。

基于物联网的辽宁省“农超对接”信息平台的搭建可以实现连锁超市、农民专业合作社、消费者等多方的共赢。通过将物联网引入到“农超对接”的过程当中，改变传统的信息管理方式，将物联网对物质、物资的状态与属性信息进行传感和遥控的特性相结合，把系统所涵盖的对象由人与事提升到整个作业范围内的人、物、事，使得依赖人工方式进行输入的信息通过物联网实现信息自动传达与控制。进而实现辽宁省的农产品供给由主要满足“量”的需求向更加注重“质”的需求所转变，满足了辽宁省推进农业供给侧结构性改革，加快推进农业转型升级的发展要求，从而进一步提升了辽宁省农业现代化的发展水平。

第三节　辽宁省农超对接信息平台系统实现

在信息平台总体架构设计和功能模块的详细设计完成之后，下一步将重点完成关键业务逻辑的实现过程。辽宁省农超对接信息平台采用 PHP 技术架构体系，运用 SQL 实现可扩展的运行于服务器上的 B/S 结构的业务系统。辽宁省农超对接信息平台通过编程、数据采集与填充，基本实现了预先设计的平台功能。

一、连锁超市显示系统实现过程

辽宁省农超对接信息平台的连锁超市模块设计包括了沈阳、大连、鞍山、抚顺、本溪等 14 个城市，基本涵盖了辽宁省的所有地区。用户在后台登录后，可以实时发布农产品求购信息。界面上设计了一个 Text Box 对话框，普通用户可以在此输入查询关键字，进行求购信息查询。连锁超市显示界面编程代码设计如下：

```
<div class=“m”>
<div class=“newgongsiye”>
<div class=“left_ box”>
<div class=“pos”>当前位置：<a href=“{$MODULE [1] [linkurl]}”>首页</a> &raquo; <a href=“{$MOD [linkurl]}”>{$MOD [name]}</a> &raquo; {cat_ pos ($CAT,′&raquo;′)}</div>
<div class=“diqusousuo”>
<div class=“diquzongcheng”>按地区浏览
</div>
<div class=“diquliebiao”>
<ul>{php $mainarea = get_ mainarea (0)}
{loop $mainarea $k $v}
{if $k%10==0} <tr> {/if}
<li><a href=“{$MOD [linkurl]} search. php? areaid={$v [areaid]} &catid={$catid}” rel=“nofollow”>{$v [areaname]}</a></li>
{if $k%10==9} </tr> {/if}
{/loop}
</ul></div></div>
<div style=“clear: both”></div>
<div class=“fsearch”>
<form action=“{$MOD [linkurl]} search. php” id=“fsearch”>
<table cellpadding=“5” cellspacing=“3”>
<tr>
<td width=“120” align=“right”>请 输 入 关 键 词：</td>
<td colspan=“3”>
```

```
<input type= "text" size= "60" name= "kw" value= " {$kw} " class= "pd3" /> 
</td>
<td colspan= "3" >
<input type= "image" src= "{DT_ SKIN} image/btn_ search. gif" />   
</td></tr></table></form>
</div>
{if $page == 1} {ad ($moduleid, $catid, $kw, 6)} {/if}
{if $tags} {template 'list-company', 'tag'} {/if}
<br/>
</div>
</div>
</div>
```

二、农民合作社显示系统实现过程

信息平台的设计包括了沈阳、大连、鞍山等 14 个城市，基本涵盖了辽宁省的所有地区，农民合作社用户在后台登录，可以发布供应信息，大型连锁超市可以查询和浏览供应信息，一方面按照行业浏览，包括粮食、水果、蔬菜、肉蛋和海产品等；另一方面可以按照区域浏览。农民合作社显示界面编程代码设计如下：

```
<div class= "m" >
<div class= "newgongsiye" >
<div class= "left_ box" >
<div class= "pos" >当前位置：<a href= " {$MODULE [1] [linkurl]} " >首页</a> &raquo; <a href= " {$MOD [linkurl]} " > {$MOD [name]} </a> &raquo; {cat_ pos ($CAT, ' &raquo; ')} </div>

<div class= "diqusousuo" >
<div class= "diquzongcheng" >按地区浏览
</div>
<div class= "diquliebiao" >
<ul> {php $mainarea = get_ mainarea (0)}
```

```
{loop $mainarea $k $v}
{if $k%10==0} <tr> {/if}
<li><a href=" {$MOD [linkurl] } search. php? areaid= {$v [areaid] } &catid=
{$catid} " rel="nofollow" > {$v [areaname] } </a></li>
{if $k%10==9} </tr> {/if}
{/loop}
</ul></div></div>
<div style="clear: both" ></div>
<div class="fsearch" >
<form action=" {$MOD [linkurl] } search. php" id="fsearch" >
<table cellpadding="5" cellspacing="3" >
<tr>
<td width="120" align="right" >请 输 入 关 键 词: </td>
<td colspan="1" >
<input type="text" size="60" name="kw" value=" {$kw} " class="pd3" />
 
</td>
<td colspan="1" >
<input type="image" src=" {DT_ SKIN} image/btn_ search. gif" />   
</td></tr></table></form>
</div>
{if $page == 1} {ad ($moduleid, $catid, $kw, 6) } {/if}
{if $tags} {template 'list-farmer cooperative', 'tag'} {/if}
<br/>
</div>
</div>
</div>
```

三、物流中心显示系统实现过程

物流中心用户在后台登录，可以发布物流配送信息，可以发布物流商的主营业务、公司实力、所在区域、运输方式、配送时间、联系方式等基本信息。物流中心显示界面编程代码设计如下：

```
<div class= “m” >
<div class= “newgongsiye” >
<div class= “left_ box” >
<div class= “pos” >当前位置：<a href= “ { $ MODULE [1] [linkurl] } ” >首页</a> &raquo; <a href= “ { $ MOD [linkurl] } ” > { $ MOD [name] } </a> &raquo; {cat_ pos ( $ CAT, ´ &raquo; ´) } </div>

<div class= “diqusousuo” >
<div class= “diquzongcheng” >按地区浏览
</div>
<div class= “diquliebiao” >
<ul> {php $ mainarea = get_ mainarea (0) }
{loop $ mainarea $ k $ v}
{if $ k%10= =0} <tr> {/if}
<li><a href= “ { $ MOD [linkurl] } search. php? areaid= { $ v [areaid] } &catid= { $ catid} ” rel= “nofollow” > { $ v [areaname] } </a></li>
{if $ k%10= =9} </tr> {/if}
{/loop}
</ul></div></div>
<div style= “clear: both” ></div>
<div class= “fsearch” >
<form action= “ { $ MOD [linkurl] } search. php” id= “fsearch” >
<table cellpadding= “5” cellspacing= “3” >
<tr>
<td width= “120” align= “right” >请 输 入 关 键 词：</td>
<td colspan= “2” >
<input type= “text” size= “60” name= “kw” value= “ { $ kw} ” class= “pd3” />  
</td>
<td colspan= “2” >
```

```
<input type= “image” src= “ {DT_ SKIN} image/btn_ search. gif” />   
</td></tr></table></form>
</div>
{if $page == 1} {ad ( $moduleid, $catid, $kw, 6) } {/if}
{if $tags} {template ′list- logistics center′, ′tag′} {/if}
<br/>
</div>
</div>
</div>
```

四、供应信息显示系统实现过程

信息平台的农民合作社用户进入系统后，根据界面上端设计的农户供应信息的添加发布输入对话框，农户可以将产品名称、产品数量、产品单价、联系电话、供应农户、生产日期、运输方式等信息输入，进行数据添加。添加成功后，显示供应产品的详细信息。供应信息显示界面编程代码设计如下：

```
<div class= “category” >
<p><img src= “ {DT_ SKIN} image/arrow. gif” width= “17” height= “12” alt =
“” /> <strong>按行业浏览</strong></p>
<div>
<table width= “100%” cellpadding= “3” >
{loop $maincat $k $v}     {if $k% $MOD [page_ subcat] ==0} <tr> {/if}
<td {if $v [catid] == $catid} class= “f_ b” {/if} >
< a href= “ { $MOD [linkurl] } { $v [linkurl] } ” > { set_ style ( $v [catname],
$v [style] ) } </a>
{if ! $cityid} <span class= “f_ gray px10” > ( { $v [item] } ) </span> {/if} </
td>
{if $k% $MOD [page_ subcat] == ( $MOD [page_ subcat] -1) } </tr> {/if}
{/loop} </table></div></div>
<div class= “type” >
<a href= “ { $MOD [linkurl] } ” class= “ {if $typeid==99} type_ 1 {else} type
_ 2 {/if} ” >全部</a>
```

```
{loop $TYPE $k $v}
<a href= "javascript: Go (´ { $MOD [linkurl] } {rewrite (´index. php? typeid =´. $k. ´&catid =´. $catid) } ´);" class= "{if $typeid = = $k} type_ 1 {else} type_ 2 {/if}" > {$v} </a>
{/loop} </div>

<form method= "post" >
<div class= "sell_ tip" id= "sell_ tip" style= "display: none;" title= "双击关闭" ondblclick= "Dh (this. id);" >
<div>
<p>您可以</p>
<input type= "submit" value= "对比选中" onclick= "this. form. action =´ { $MOD [linkurl] } compare. php´;" class= "btn_ 1" onmouseover= "this. className=´btn_ 2´" onmouseout= "this. className=´btn_ 1´" /> 或
<input type= "submit" value= "批量询价" onclick= "this. form. action =´ { $MOD [linkurl] } inquiry. php´;" class= "btn_ 1" onmouseover= "this. className=´btn_ 2´" onmouseout= "this. className=´btn_ 1´" />
</div>
</div>
<div class= "img_ tip" id= "img_ tip" style= "display: none;" >  </div>
<div class= "tool" >
<table>
<tr height= "30" >
<td width= "25" align= "center" title= "全选/反选" >  <input type= "checkbox" onclick= "checkall (this. form);" /></td>
<td>
<input type= "submit" value= "对比选中" onclick= "this. form. action =´ { $MOD [linkurl] } compare. php´;" class = "btn_ 1" onmouseover = "this. className =´btn_ 2´" onmouseout= "this. className=´btn_ 1´" /> 
<input type= "submit" value= "批量询价" onclick = "this. form. action =´ { $MOD [linkurl] } inquiry. php´;" class = "btn_ 1" onmouseover= "this. className=´btn_ 2´" on-
```

```
mouseout= "this. className='btn_ 1'" />
    </td>
    <td align= "right" >
    <script type= "text/javascript" >var sh = ' { $MOD [linkurl] } search. php? catid=
{ $catid} {if $typeid>-1} &typeid= { $typeid} {/if} '; </script>
    <input type= "checkbox" onclick= "Go (sh+'&price=1') ;" />标价  
    <input type= "checkbox" onclick= "Go (sh+'&thumb=1') ;" />图片  
    <input type= "checkbox" onclick= "Go (sh+'&vip=1') ;" /> {VIP}  
    <select onchange= "Go (sh+'&day='+this. value) " >
    <option value= "0" >更新时间</option>
    <option value= "1" >1 天内</option>
    <option value= "3" >3 天内</option>
    <option value= "7" >7 天内</option>
    <option value= "15" >15 天内</option>
    <option value= "30" >30 天内</option>
    </select> 
    <select onchange= "Go (sh+'&order='+this. value) " >
    <option value= "0" >显示顺序</option>
    <option value= "2" >价格由高到低</option>
    <option value= "3" >价格由低到高</option>
    <option value= "4" > {VIP} 级别由高到低</option>
    <option value= "5" > {VIP} 级别由低到高</option>
    <option value= "6" >供货量由高到低</option>
    <option value= "7" >供货量由低到高</option>
    <option value= "8" >起订量由高到低</option>
    <option value= "9" >起订量由低到高</option>
    </select> 
    <img src= " {DT_ SKIN} image/list_ txt. gif" width= "16" height= "16" alt= "文字
列表" align= "absmiddle" class= "c_ p" onclick= "Go (sh+'&list=2') ;" /> 
    <img src= " {DT_ SKIN} image/list_ img. gif" width= "16" height= "16" alt= "图
片列表" align= "absmiddle" class= "c_ p" onclick= "Go (sh+'&list=1') ;" /> 
```

```
<img src= "{DT_ SKIN} image/list_ mix_ on. gif" width= "16" height= "16" alt= "图文列表" align = "absmiddle" class = "c_ p" onclick = "Go (sh + '&list = 0');" />  
</td>
</tr>
</table>
</div>
{if $page == 1} {ad ($moduleid, 0, '', 6)} {/if}
<div class= "tool" >
<table>
<tr height= "30" >
<td width= "25" align= "center" ></td>
<td>
<input type= "submit" value = "对比选中" onclick = "this. form. action = '{$MOD[linkurl]} compare. php';" class = "btn_ 1" onmouseover = "this. className = 'btn_ 2'" onmouseout= "this. className = 'btn_ 1'" /> 
<input type= "submit" value = "批量询价" onclick = "this. form. action = '{$MOD[linkurl]} inquiry. php';" class = "btn_ 1" onmouseover = "this. className = 'btn_ 2'" onmouseout = "this. className = 'btn_ 1'" />
</td>
</tr>
</table>
</div>
</form>
<br/>
</div>
```

五、求购信息显示系统实现过程

信息平台的连锁超市用户进入系统后，根据界面上端设计的超市求购信息的添加发布输入对话框，超市可以将运输方式、送货地点、联系电话、求购商户、求购数量、产品名称等信息输入，进行数据添加。平台将会把求购信息，显示在下面的产品求购数据绑定控件上，进而界面上显示求购产品的详细信息。求购信息显示界面编程代码设计如下：

```
<div class= "m_ l_ 1 f_ l" >
<div class= “left_ box” >
<div class= “pos” >当前位置：<a href= “ {DT_ PATH} ” >首页</a>
&raquo; <a href= “ { $ MOD [linkurl] } ” > { $ MOD [name] } </a>
{if $ typeid! =99} &raquo; <a href= “ { $ MOD [linkurl] } {rewrite (´index. php? typeid=´. $ typeid) } ” > { $ TYPE [ $ typeid] } </a> {/if}
{if $ catid} &raquo; {cat_ pos ( $ CAT, ´ &raquo; ´) } {/if}
</div>
<div class= “category” >
<p><img src = “ {DT_ SKIN} image/arrow. gif” width = “17” height = “12” alt = “” /> <strong>按行业浏览</strong></p>
<div>
<table width= “100%” cellpadding= “3” >
{loop $ maincat $ k $ v}
{if $ k% $ MOD [page_ subcat] = =0} <tr> {/if}
<td {if $ v [catid] = = $ catid} class = “f_ b” {/if} ><a href = “ { $ MOD [linkurl] } { $ v [linkurl] } ” > {set_ style ( $ v [catname], $ v [style] ) } </a> {if ! $ cityid} <span class= “f_ gray px10” > ( { $ v [item] } ) </span> {/if} </td>
{if $ k% $ MOD [page_ subcat] = = ( $ MOD [page_ subcat] -1) } </tr> {/if}
{/loop}
</table>
</div>
</div>
<div class= “b10” >  </div>
<div class= “type” >
<a href= “ { $ MOD [linkurl] } ” class= “ {if $ typeid= =99} type_ 1 {else} type_ 2 {/if} ” >全部</a>
{loop $ TYPE $ k $ v}
<a href= “javascript: Go (´ { $ MOD [linkurl] } {rewrite (´index. php? typeid=´. $ k. ´&catid=´. $ catid) } ´) ;” class= “ {if $ typeid= = $ k} type_ 1 {else} type_ 2 {/
```

```
if}  ”  >  { $v}  </a>
{/loop}
</div>
<div class= “b10 c_ b” >  </div>
<div class= “img_ tip” id= “img_ tip” style= “display: none;” >  </div>
{if $page = = 1} {ad ( $moduleid, 0, ˝, 6) } {/if}
<br/>
</div>
</div>
```

六、质量追溯显示系统实现过程

质量追溯是信息平台中的一项重要功能，也是农超对接过程中的质量保障。用户通过农产品的质量追溯码的查询，可以追溯该产品的商品产地、生产日期、商品规格、保质期限、合作社信息及详细说明等。质量追溯显示界面编程代码设计如下：

```
<div class= “zhiliang1” >
<form action= “ { $MOD [linkurl] } search. php” id= “fsearch” >
<input type= “hidden” name= “list” id= “list” value= “ { $list} ” />
<table cellpadding= “5” cellspacing= “3” >
<tr>
<td width= “250” align= “right” style= “font-size: 24px; color: #fff” >请输入 10 位
查询号码: </td>
<td colspan = “3” ><input type = “text” size = “60” maxlength = “10” name =
“kw” value= “------------” onfocus= “if (value = =´------------´) {value =´
´} ” onblur= “if (value = =´´) {value =´------------´} ” class= “zhiliang-
sousuo” /> <input type= “text” style= “display: none” name= “fields” value= “6”
/> </td>
<td colspan= “3” >
<input type= “image” src= “ {DT_ SKIN} image/btn_ search. gif” />   
</td>
</table>
</form>
```

```
</div>
</div>
```

七、资讯中心显示系统实现过程

资讯中心是政府主管部门发布信息的模块，显示的有政策法规、市场行情、社会民生和生活服务。用户可以在此查看到各种有关农产品相关的资讯。资讯中心显示界面编程代码设计如下：

```
<div class= “m” >
<div class= “m_ l f_ l” >

<div class= “c_ b” ></div>
{if $MOD [page_ icat] }
<table cellpadding= “0” cellspacing= “0” width= “100%” >
{loop $childcat $i $c}
{if $i%2= =0} <tr> {/if}
<td valign= “top” width= “440” >
<div class= “b10” ></div>
<div class= “box_ head” ><span class= “f_ r” ><a href= “ { $MOD [linkurl] }
{ $c [linkurl] } ” >更多 &raquo; </a></span><strong> { $c [catname] } </strong></
div>
<div class= “box_ body li_ dot f_ gray” ></div>
</td>
{if $i%2= =0} <td>  </td> {/if}
{if $i%2= =1} </tr> {/if}
{/loop}
</table>
{/if}
</div>
<div class= “m_ n f_ l” >  </div>
<div class= “m_ r f_ l” >
{if $MOD [show_ icat] }
```

```
<div class= "box_ head" ><div><strong>按分类浏览</strong></div></div>
<div class= "box_ body" >
<table width= "100%" cellpadding= "3" >
{loop $maincat $k $v}
{if $k%2==0} <tr> {/if}
<td><a href= " {$MOD [linkurl] } {$v [linkurl] } " > {set_ style ( $v [cat-
name], $v [style] ) } </a> {if ! $cityid} <span class= "f_ gray px10" > ( {$v [i-
tem] } ) </span> {/if} </td>
{if $k%2==1} </tr> {/if}
{/loop}
</table>
</div>
<div class= "b10 c_ b" >  </div>
{/if}
{if $MOD [page_ irecimg] }
<div class= "box_ head" ><div><strong>推荐图文</strong></div></div>
<div class= "box_ body thumb" ></div>
<div class="b10 c_ b" > </div>
{/if}
{if $MOD [page_ ihits] }
<div class= "box_ head" ><div><strong>点击排行</strong></div></div>
<div class= "box_ body" >
<div class= "rank_ list" ></div>
</div>
{/if}
</div>
</div>
```

八、服务专家显示系统实现过程

服务专家信息平台不仅是供求双方的交易平台，也是农民合作社中众多农民的技术支持平台。平台设计专家服务模块，将辽宁省农业各方面的专家整合到平台上，在农民的种植、养殖和病虫害的防治等方面提供技术支持。服务专家显示界面编程代码设计如下：

```
<div class= “m” >
{if $MOD [page_ iexpert] }
<div class = “box_ head” ><div><span class = “f_ r” ><a href = “ { $MOD [linkurl] } {rewrite (´expert. php? page=1´) } ” >更多 &raquo; </a></span><strong>推荐专家</strong></div></div>
<div class= “fuwuzhuanjia1” >
{loop $tags $t}
<div class= “fuwuzhuanjia” >
<div class= “fuwuzhuanjia2” >
<a href= “ { $MOD [linkurl] }  {rewrite (´expert. php? itemid=´. $t [´itemid´] ) } ” target= “_ blank” ><img src= “ {useravatar ( $t [username], ´large´) } ” width= “80” alt= “ { $t [alt] } ” /></a>
</div>
<div class= “fuwuzhuanjia3” >
<a href= “ { $MOD [linkurl] }  {rewrite (´expert. php? itemid=´. $t [´itemid´] ) } ” target= “_ blank” title= “ { $t [alt] } ” class= “b” ><strong>姓名: { $t [title] } </strong></a><br/>擅长领域: <br/> {dsubstr ( $t [major], 86, ´.. ´) }
</div>
</div>
{/loop}
<div style= “clear: both” ></div>
</div>
{/if}
<br/>
<div class= “m_ l f_ l” >
{if $MOD [page_ isolve] }
<div class= “box_ head” ><span class= “f_ r” ><a href= “ { $MOD [linkurl] } {rewrite (´search. php? typeid=1´) } ” rel= “nofollow” >更多 &raquo; </a></span><strong>待解决的问题</strong></div>
<div class= “box_ body” ></div>
```

```
<div class= “b10” ></div>
{/if}
{if $MOD [page_ iresolve] }
<div class= “box_ head” ><span class= “f_ r” ><a href= “ { $MOD [linkurl] } {rewrite (´search. php? typeid=0´) } ” rel= “nofollow” >更多 &raquo; </a></span><strong>已解决的问题</strong></div>
<div class= “box_ body” ></div>
<div class= “b10” ></div>
{/if}
</div>
<div class= “m_ n f_ l” >  </div>
<div class= “m_ r f_ l” >
<div class= “box_ head” ><div><strong>问题搜索</strong></div></div>
<div class= “box_ body” >
<div class= “know_ sch” >
<form action= “ { $MODULE [2] [linkurl] } { $DT [file_ my] } ” id= “ask_ form” >
<input type= “hidden” name= “mid” value= “ { $moduleid} ” />
<input type= “hidden” name= “cid” value= “ { $catid} ” />
<input type= “hidden” name= “action” value= “add” />
<input type= “hidden” name= “kw” value= “” id= “ask_ kw” />
</form>
<form action= “ { $MOD [linkurl] } search. php” onsubmit= “return know_ sch_ check ();” >
<input type= “hidden” name= “typeid” value= “99” id= “know_ typeid” />
<input type= “text” name= “kw” id= “know_ kw” value= “请输入问题” class= “know_ sch_ inp” onfocus= “if (this. value= =´请输入问题´) this. value=´´;” />
<div class= “know_ sch_ btn” >
<input type= “submit” value= “搜索答案” onclick= “Dd (´know_ typeid´). value= 99;” /> 
<input type= “submit” value= “我要回答” onclick= “Dd (´know_ typeid´). value=
```

```
3;" /> 
    <input type= "button" value= "我要提问" onclick= "if (know_ sch_ check ( ) ) {Dd ('ask_ kw'). value=Dd ('know_ kw'). value; Dd ('ask_ form'). submit ( );} " />
 
    </div>
    </form>
    <script type= "text/javascript" >
    function know_ sch_ check ( ) {
    if (Dd ('know_ kw'). value == '请输入问题' | | Dd ('know_ kw'). value. length <
1) {
    alert ('请输入问题');
    Dd ('know_ kw'). focus ( );
    return false;
    }
    return true;
    }
    </script>
    <div class= "know_ sch_ item" >
    已解决问题数: {php echo $db->count ( $table, 'status=3 and process=3', 1800);}
     
    待解决问题数: {php echo $db->count ( $table, 'status=3 and process=1', 1800);}
    </div>
    </div>
    </div>
    <div class= "b10" ></div>
    <div class= "box_ head" ><div><strong>问题分类</strong></div></div>
    <div class= "box_ body" >
    <div class= "know_ catalog" >
    {php $child = get_ maincat (0, $moduleid, 1);}
    {loop $child $i $c}
    <p><a href= " {$MOD [linkurl] } {$c [linkurl] } " ><strong class= "px14" >
```

```
{set_ style ($c [catname], $c [style]) } </strong></a> <span class= "f_ gray px10"> ({$c [item]}) </span></p>
{if $c [child]}
<div>
{php $sub = get_ maincat ($c [catid], $moduleid, 1);}
{loop $sub $j $s} <a href= "{$MOD [linkurl]} {$s [linkurl]}"> {set_ style ($s [catname], $s [style]) } </a>  |   {/loop}
</div>
{/if}
{/loop}
</div>
</div>
</div>
</div>
```

九、在线留言显示系统实现过程

在线留言模块针对所有的用户，其中不仅包括信息平台的相关主体，还包括普通的消费者，关于供求信息、物流配送、技术支持，还有农产品质量等问题都可以在这个模块实现。在线留言显示界面编程代码设计如下：

```
<div class= "m">
<table cellpadding= "0" cellspacing= "0" width= "100%">
<tr>
<td valign= "top" class= "left_ menu">
<ul>
<li class= "left_ menu_ li"><a href= "{$MODULE [1] [linkurl]}">网站首页</a></li>
<li class= "left_ menu_ on" id= "type_ guestbook"><a href= "{$EXT [guestbook_ url]}">网站留言</a></li>
</ul>
</td>
<td valign= "top">
```

```
<div class= “left_ box” >
<div class= “pos” >当前位置：<a href= “ { $ MODULE [1] [linkurl] } ” >首页</a> &raquo; <a href= “ { $ EXT [guestbook_ url] } ” >网站留言</a></div>
<div class= “pd20” >
<form action= “ { $ EXT [guestbook_ url] } index. php” method= “post” onsubmit= “return check ( ) ;” >
<table width= “100%” cellpadding= “8” cellspacing= “1” bgcolor= “#E3EEF5” >
<tr>
<td bgcolor= “#F1F7FC” width= “90” align= “right” >留言类型     </td>
<td bgcolor= “#FFFFFF” >
<select name= “post [type] ” id= “type” >
<option value= “” >请选择</option>
{loop $ TYPE $ k $ v}
<option value= “ { $ v} ” > { $ v} </option>
{/loop}
</select>
</td>
</tr>
<tr>
<td bgcolor= “#F1F7FC” align= “right” ><span class= “f_ red” > * </span> 留言内容     </td>
<td bgcolor= “#FFFFFF” title= “留言内容不支持任何语法，仅限文字” ><textarea name= “post [content] ” rows= “5” cols= “70” id= “content” > { $ content} </textarea ><br/>
<span id= “dcontent” class= “f_ red” ></span>
</td>
</tr>
<tr>
<td bgcolor= “#F1F7FC” width= “90” align= “right” >与您联系     </td>
```

```
<td bgcolor= “#FFFFFF” >
<input type= “radio” name= “my” value= “1” id= “my_ 1” onclick= “Ds (´gb_ contact´);” /> <label for= “my_ 1” >需要</label>       
<input type= “radio” name= “my” value= “0” id= “my_ 0” checked onclick= “Dh (´gb_ contact´);” /> <label for= “my_ 0” >不需要</label>
</td>
</tr>
<tbody id= “gb_ contact” style= “display: none;” >
<tr>
<td bgcolor= “#F1F7FC” align= “right” >联系人     </td>
<td bgcolor= “#FFFFFF” >
<input type= “text” name= “post [truename] ” size= “10” id= “truename” value= “ {$truename} ” /> 
<input type = “checkbox” name = “post [hidden] ” value = “1” id = “hidden” checked/><label for= “hidden” title= “选择匿名后，联系人姓名仅网站工作人员可见” >匿名留言</label>
<span id= “dtruename” class= “f_ red” ></span>
</td>
</tr>
<tr>
<td bgcolor= “#F1F7FC” align= “right” >联系电话     </td>
<td bgcolor= “#FFFFFF” >
<input type= “text” name= “post [telephone] ” size= “30” id= “telephone” value= “ {$telephone} ” />
<span id= “dtelephone” class= “f_ red” ></span>
</td>
</tr>
<tr>
```

结束语

物联网不仅仅会降低相关人工、运输成本和管理费用，同时还能够提升供应链效率，实现农产品质量的“可追溯”，提升食品安全。在这种情况下，农超对接供应链还可以逐步建立自己的品牌，实现品牌效应，并实现农产品的“优质优价”，在提升消费者需求（销售量）的同时实现价格的提升，进而获得更大的利润空间。物联网技术可以实现更高的补货速度，提升超市农产品的生鲜度，这均会实现超市销量以及价格的提升。因此，在“农超对接”模式下，结合各地不同的经济情况、生活风俗等因素，重新构建合理、高效的农产品供应链模式，削减农产品中间流通环节，是实现农产品真实价值的基础，也是使农超对接工作富有成效的核心问题。这就需要顺应市场实际情况，选择或构建合适的农产品流通供应链，使农产品在流通中实现农民与消费者利益的双赢。而供销合作社也可在引导农产品直接进入城镇市场的过程中，为实现国家推进农超对接，一方面有效改善农村民生；另一方面可稳定城市农产品物价的初衷，充分发挥其主渠道的作用。

参考文献

[1] 敖贵艳，王静. 鲜活农产品流通渠道创新策略——基于物联网供应管理视角［J］. 商业经济研究，2016，(9)：26-27.

[2] 陈茂强. 基于快速反应的农产品供应链管理研究［J］. 商业时代，2008，(19)：86-87.

[3] 陈娆，杨为民. 基于供应链的“农超对接”机理研究［J］. 农业经济，2012，(1)：121-123.

[4] 程文. 农产品冷链物流中物联网应用体系的构建［J］. 物流技术，2017，36（5）：133-138.

[5] 戴桂芝，陈利梅，李燕. 果蔬采后商品化处理要点综述［J］. 食品研究与开发，2006，(02)：154-156.

[6] 丁珏明. 城市消费者超市购买生鲜农产品行为研究［D］. 杭州：浙江大学，2008：7-18

[7] 冯琳. 基于农超对接的生鲜农产品供应链模式研究［J］. 物流技术，2013，32（12）：348-350.

[8] 付娜. 农产品供应链与物联网应用研究进展［J］. 黑龙江农业科学，2019，(01)：156-159.

[9] 巩文睿，金萍，钟启文. 设施农业物联网技术应用现状与发展建议［J］. 农业科技管理，2017，36（04）：20-23.

[10] 顾海鸿. 供应链管理策略快速反应（QR）与有效客户反应（ECR）研究［J］. 中国高新技术企业，2009，(19)：89-90.

[11] 韩俊德，杜其光. 物联网技术在生鲜农产品配送中的应用［J］. 中国流通经济，2015，29（12）：54-60.

[12] 皇甫军红. 物联网在农产品供应链管理中的应用研究［J］. 山东农业科学，2013，45（09）：12-14.

[13] 黄彬红. 农超对接模式和实践探索 [M]. 杭州：浙江大学出版社，2013.

[14] 黄全高. 物联网技术下我国农产品质量溯源可视化体系构建 [J]. 农业经济，2016，(7)：41-43.

[15] 蒋旭. 基于“农超对接”的供应链管理模式研究 [J]. 价格月刊，2016，(12)：55-58.

[16] 金图南，王延辉，施家威等. 浙江省基于农超对接的农产品准出制度的思考 [J]. 农产品加工，2020 (16)：79-82.

[17] 靳俊喜，宋伦顺. 农超对接模式发展的机理与政策研究 [M]. 北京：经济科学出版社，2016.

[18] 靳俊喜. 农产品“农超对接”模式发展的机理与政策研究 [D]. 重庆：西南大学，2014：133-147.

[19] 李昌兵，汪尔晶，袁嘉彬. 物联网环境下生鲜农产品物流配送路径优化研究 [J]. 商业研究，2017，(4)：1-9.

[20] 李峰泉. 基于物联网的农产品供应链管理研究 [J]. 物流技术，2015，(4)：227-229，240.

[21] 李建军，汪校铃，杨玉等. 基于物联网农产品质量安全追溯体系构建的研究 [J]. 北方园艺，2020，(8)：141-146.

[22] 李圣军. 农产品追溯的物联网应用模式 [J]. 中国流通经济，2015，(10)：7-14.

[23] 李瑶. 基于物联网的物流信息系统的设计与实现 [D]. 长春：吉林大学，2015：5-8.

[24] 林强，邓志虹. 政府推动服务外包行业企业教育发展的政策建议 [J]. 中国科教创新导刊，2012 (10)：13-14.

[25] 刘景殊. 支持农超对接的政策措施有哪些 [J]. 科技致富向导，2011 (28)：16.

[26] 刘芷豪. 物联网在农产品供应链安全中的应用研究 [J]. 现代营销（经营版），2020，(11)：122-123.

[27] 马丽红，高茜茜，常勇等. 基于物联网技术的果园环境监测系统实现探究 [J]. 农业与技术，2019，39 (13)：22-23.

[28] 孟咏文. 供应链环境下超市农产品质量管理研究 [D]. 苏州：苏州大学，2013：13-89.

[29] 苗巨旺. 辽宁果蔬类农产品“农超对接”物流体系构建研究 [D]. 长春：吉林大学，2015：8-11.

[30] 慕静，祁赫. 基于物联网的农产品供应链风险及其防控 [J]. 商业经济研究，2017，(6)：164-165.

[31] 彭璧玉. 有效客户反应系统的构建 [J]. 商业研究，2002，(04)：22-23.

[32] 浦徐进，金德龙. 生鲜农产品供应链的运作效率比较：单一“农超对接”vs. 双渠道 [J]. 中国管理科学，2017，25 (1)：98-105.

[33] 阙丽娟. 物联网技术在物流领域的应用及对策分析 [J]. 现代商业，2016，(26)：14-16.

[34] 隋明利，夏玲玲，张小燕等. 物联网技术在现代农业生产中的应用 [J]. 农村科学实验，2020，(06)：28-29.

[35] 孙利荣. 农超对接模式下农产品质量安全控制研究 [D]. 青岛：中国海洋大学，2012：34-47.

[36] 汪旭晖，杜航. 基于物联网采纳的生鲜农产品冷链物流决策——成本收益分析视角 [J]. 系统工程，2016，34 (6)：89-97.

[37] 王锋. 构建农超对接发展的长效机制研究 [J]. 农业经济，2015，(01)：113-115.

[38] 许慧蕾. 浅析基于快速反应的农产品供应链管理 [J]. 物流工程与管理，2010，32 (07)：77-79.

[39] 严继超，李华，王晓青. 我国“农超对接”典型模式研究 [J]. 北方园艺，2019，(2)：202-207.

[40] 颜波，王欣妮，冯子祺. 物联网环境下的农产品安全可追溯监管体系研究 [J]. 科技管理研究，2016，36 (14)：152-159.

[41] 颜波，王欣妮. 基于物联网的农产品质量安全监管体系研究 [J]. 中国科技论坛，2016，(8)：122-129.

[42] 杨跃之. 供应链视角下的“农超对接”模式研究 [J]. 中国商论，2015，(26)：1-3，4.

[43] 杨子江. 基于农超对接的农产品供应链运作分析 [J]. 商业经济研究，2016，(11)：179-180.

[44] 张步阔. 我国农超对接的供应链模式研究 [J]. 商业经济研究，2016，(12)：157-159.

[45] 张向飞. 基于农业物联网的数据智能传输与大田监测应用 [D]. 上海：东华大学，2016：23-83.

[46] 赵瑞旺，满静. 物联网技术在农产品生产流通信息化中的应用 [J]. 中国商论，

2016，(13)：1-2.

[47] 郑丹，王伟. 我国农民专业合作社发展现状、问题及政策建议 [J]. 中国科技论坛，2011 (02)：138-142.

[48] 周水平，徐新峰. 农民合作社禀赋对其“农超对接”参与意愿和参与程度的影响分析——基于江西的抽样调查 [J]. 江西社会科学，2019，39 (1)：227-232.

[49] 祝坤艳.“农超对接”农产品模式发展机制与对策研究 [J]. 改革与战略，2016，32 (06)：85-89.